Das Chakren-Handbuch

W0108883

Das Buch

Dieses Handbuch führt umfassend und leicht verständlich in die Lehre von den Chakren ein. Es zeigt eine Vielzahl neuer Wege, wie Sie durch Entwicklung Ihrer Chakren die Beziehungen zu Familie, Freunden, Partnern und Kollegen verbessern und heilen können. Ruth White legt überzeugend dar, wie die Arbeit mit den Chakren als Form der Selbstheilung dazu anregt, das eigene Leben positiv zu verändern. Ihre zahlreichen praktischen Hinweise und Übungen ermöglichen körperliches Wohlbefinden und seelische Vitalität.

Die Autorin

Ruth White unterhält eine Beratungspraxis zur psychologischen Lebenshilfe und gibt Workshops zu diesem Thema in England und den USA. Sie erarbeitete bereits eine Vielzahl von Publikationen zu spirituellen Themen. Nach *Arbeit mit den Chakren* ist *Das Chakren-Handbuch* ihre zweite Veröffentlichung in deutscher Sprache.

Ruth White

Das Chakren-Handbuch

Energiearbeit auf physischer,
emotionaler und mentaler Ebene

Aus dem Englischen von Anne Follmann

Econ Taschenbuch

Econ Taschenbücher erscheinen im Ullstein Taschenbuchverlag,
einem Unternehmen der Econ Ullstein List Verlag
GmbH & Co. KG, München

Deutsche Erstausgabe
1. Auflage 2001

© 2001 für die deutsche Ausgabe by Econ Ullstein List Verlag
GmbH & Co. KG, München
© 1998 by Ruth White
Published by Agreement with JUDY PIATKUS (PUBLISHERS) LTD.
Titel der englischen Originalausgabe: A New Approach to Healing Your Life
(Judy Piatkus Ltd., London)
Übersetzung: Anne Follmann
Umschlagkonzept: HildenDesign, München – Stefan Hilden
Umschlaggestaltung: HildenDesign, München – Eva Groschke
Titelabbildung: »Energiewirbel«, Klaus Holitzka
Satz: Schaber Satz- und Datentechnik, Wels
Druck und Bindearbeiten: Ebner Ulm
Printed in Germany
ISBN 3-548-74045-6

Für Penny,
die seit vielen Jahren meine liebe
und hilfsbereite Freundin ist

Inhalt

Danksagung

Den Gruppen, die ich unterrichte, möchte ich für ihre Unterstützung danken und dafür, dass sie im richtigen Moment die richtigen Fragen gestellt haben, so dass sich die Arbeit weiterentwickeln kann.

Namen und andere eindeutige Angaben in den Fallstudien sind abgeändert worden, dennoch möchte ich allen Beteiligten meinen Dank dafür aussprechen, dass sie mir ihre großzügige Erlaubnis gegeben haben, ihre Lebenserfahrung auf diese Weise zu verwenden.

Noch einmal möchte ich meinen Hund Jackson, einem Terrier, dafür danken, dass er mir in meinen Workshops und während des Schreibens am Computer ein so warmherziger, treuer und geduldiger Kamerad war.

Einleitung

Dieses Buch baut auf den Grundlagen auf, die in seinem Vorläufer *Arbeit mit den Chakren* geschaffen wurden. Jedes Buch ist zwar in sich abgeschlossen, doch es empfiehlt sich, beide Bücher zusammen zu verwenden, um ein tieferes Verständnis des Chakrensystems zu erlangen und zu erkennen, dass die Arbeit mit den Chakren Sie in Ihrem Leben und Ihrer spirituellen Entwicklung unterstützen kann.

In *Arbeit mit den Chakren* wurden grundlegende Informationen über die Chakren dargelegt, und es wurde erklärt, wie man Chakrenenergien erkennen, untersuchen und heilen kann, und wie die Funktionen der Chakren unterstützt werden können. Außerdem wurden Chakrenfarben, Düfte, Kristalle und Edelsteine beschrieben, und es wurden Vorschläge gemacht, wie diese in die Chakrenarbeit einfließen können.

Zur leichteren Orientierung sind auch in diesem Buch einige grundlegende Informationen dargestellt, die für die Arbeit mit jedem einzelnen Chakra wichtig sind; doch darüber hinaus wird über die Vermittlung von Techniken zur Chakrensensibilisierung auch beschrieben, wie Sie durch ein tieferes Verständnis der Chakren Ihr körperliches, emotionales, geistiges und spirituelles Potential vollständig ausschöpfen können. Zudem werden Ihnen Werkzeuge an die Hand gegeben, mit denen Sie jede Situation in Ihrem Leben verbessern und heilen können.

In *Arbeit mit den Chakren* wurde jedes einzelne Chakra, von

der Wurzel bis zur Krone, systematisch untersucht. Das vorliegen-
de Buch ist jedoch in verschiedene Kapitel eingeteilt, die unterschiedliche Aspekte des Lebens behandeln. Wenn Sie also Hilfe in
familiären Angelegenheiten brauchen, dann können Sie direkt Kapitel 4 konsultieren, um an den Chakren zu arbeiten, die für den
Aufbau von Stärke wichtig sind oder die Heilkräfte freisetzen.

Doch zuallererst bitte ich Sie, sich zu vergegenwärtigen, wie sich
dieses besondere Chakrensystem entwickelt hat. Auf diese Weise
schaffen Sie die Grundlage für den weiteren Gebrauch dieses
Buches.

KAPITEL 1

Über Chakren und Chakrenarbeit

Gildas, mein nicht inkarnierter Geistführer und Gesprächspartner, unterrichtet mich seit fast vierzig Jahren, indem er direkt mit mir kommuniziert; seiner Gegenwart bin ich mir jedoch schon seit meiner frühen Kindheit bewusst. Er hat mich wissen lassen, dass er bei seiner letzten Inkarnation im Frankreich des 14. Jahrhunderts als Benediktinermönch gelebt habe und jetzt mit einer großen Gruppe von Führern von »der anderen Seite« zusammenarbeite, um klarere Verbindungen zwischen den Dimensionen zu schaffen und uns, die wir in einem Körper leben, spirituelle Hilfe und Erkenntnisse zukommen zu lassen.

Wenn ich mich auf seine Schwingung einstimme, dann höre ich seine Worte und seine Lehren wie eine Art Diktat, das ich auf Band aufnehme oder aufschreibe. Als Teil seiner Botschaft übermittelt mir Gildas Wissen über das Heilen. Er spricht über das Channeln feinstofflicher Energien, die ein Mensch einem anderen übermittelt, um dessen Heilung und Wachstum zu fördern. Das Bewusstsein vom menschlichen Energiesystem, das in den esoterischen Lehren des Ostens schon seit langem als Wissen über die Chakren bekannt ist, ist ein Hilfsmittel, das bei Heilungs- und Wachstumsprozessen unterstützend eingesetzt werden kann. Gildas hat das ursprüngliche Wissen über die Chakren so an die westliche Tradition angepasst, dass es verständlicher und zugänglicher wird, und auf dieses System stütze ich mich in dem vorliegenden Buch. Gildas fordert uns dazu auf, die Chakren als Landkarten des Bewusstseins zu betrachten, mit denen wir mehr über unsere individuelle und kollektive Aufgabe im Leben erfahren können. Außerdem befähigt es uns, die Chakrenarbeit einzusetzen, um in unserem Leben Heilung zu fördern und unser wahres Potential zur Entfaltung zu bringen.

Wenn wir uns für die Wahrnehmung unserer Chakren öffnen, dann erhöht und intensiviert sich unser spirituelles Bewusstsein; aber so wichtig dies auch sein mag, unsere Spiritualität kann nur dann wirklich aufblühen, wenn wir in jedem Bereich unseres Lebens auf dem Weg des Wachstums und der Erfüllung wandeln. Unsere Spiritualität kann nur dann ihren echten Ausdruck finden, wenn wir als Wesen ganz geworden sind und über einen gesunden Geist, einen gesunden Körper, gesunde Emotionen *und* eine gesunde Seele verfügen.

Mit Hilfe der Chakrenarbeit können Sie Ihre familiären Beziehungen sowie die Beziehungen zu Ihren Freunden, Liebhabern, Partnern, Kollegen und Vorgesetzten verbessern. Sie können damit Ihre Blockaden in Bezug auf Themen wie Sexualität, Geld und Angst vor Autoritäten auflösen; Sie können außerdem ein tieferes Verständnis für Ihre eigenen Ziele und Aufgaben erlangen, um in Ihrer Arbeit größere Erfüllung zu erfahren und Sicherheit hinsichtlich der Richtung zu bekommen, die Sie in Ihrem Leben einschlagen möchten. Die Chakrenarbeit hilft Ihnen darüber hinaus, Mut zu sammeln, um größere Veränderungen in Ihrem Leben vorzunehmen, Ihr Vertrauen und Ihre seelische Verfassung zu stärken und subtile Techniken zu entdecken, mit denen Sie sich selbst und andere heilen und so größere Gesundheit und Vitalität herbeiführen können.

Die Ursprünglichen Lehren

Die ursprünglichen Lehren über das feinstoffliche Energiesystem, das unter dem Begriff »Chakren« bekannt ist, stammen aus esoterischen Aufzeichnungen des Ostens, die auf Sanskrit überliefert sind. Der Sanskritbegriff *chakrum* bedeutet »Rad«. Eigentlich ist *chakrum* der Singular und *chakra* der Plural, doch im Westen spricht man normalerweise von einem *Chakra* und mehreren *Chakren*. Diese im Westen übliche Form habe ich in diesem Buch und bei meiner Lehrtätigkeit übernommen. Ein Hellsichtiger sieht die Chakren als wundervolle Räder aus Licht und Farbe, die sich drehen, die schimmern und vibrieren. Sie nähren unsere feinstofflichen Lebensenergien und spiegeln sie gleichzeitig wider.

Die überlieferten Sanskrit-Beschreibungen sprechen in der Regel von sieben Chakren, die das Hauptsystem bilden; einige Lehrer erkennen jedoch ein zusätzliches achtes Chakra an. In jüngster Zeit wurde bei einem Großteil der gechannelten Informationen, einschließlich derjenigen von Gildas, von weiteren Hauptchakren gesprochen, die momentan in einem Prozess des Erwachens begriffen sind. Durch diese zusätzlichen Chakren wird das Hauptsystem auf zwölf erweitert.

Die Aura

Jeder Mensch ist von einem Energiefeld, das als Aura bezeichnet wird, umgeben. Von Hellsichtigen wird es in seinem vollen Farbspektrum oder als nicht deutlich zu erkennendes Licht wahrgenommen. Die Aura erstreckt sich in einer Breite von 10 bis 15 Zentimetern um den physischen Körper herum nach außen. Einige Grundfarben der Aura verändern sich nie, wohingegen andere je nach Stimmung oder Gesundheitszustand wechseln können, was gleichzeitig als diagnostisches Hilfsmittel eingesetzt werden kann. Wenn ein Mensch tot ist, dann hat er keine Aura und kein Energiefeld mehr. Seine Lebenssubstanz ist ihm genommen.

Ein Großteil der Farben und der Energie des Aurafeldes wird von den Chakren geliefert. Chakren sind Licht- und Farbräder, die bis in den physischen Körper hineinreichen und mit diesem in einer Wechselbeziehung stehen. Jedes Chakra steht auch mit bestimmten Drüsen im Körper in Verbindung und kann deshalb auch als feinstoffliche Drüse bezeichnet werden.

Chakrenfarben

Jedes Chakra wird mit einer bestimmten Farbe des Farbspektrums in Verbindung gebracht, und es ist die Aufgabe eines jeden Chakras, diese Farbe für sein Energiefeld zu erzeugen. Das Wurzelchakra erzeugt die Farbe Rot, das Sakralchakra Orange, das Solarplexuschakra Gelb, das Herz Grün, die Kehle Blau, das Stirnchakra Indigo und die Krone Violett. Das Alter-Major-Chakra erzeugt Braun. Wenn die Chakrafarben gesund sind, dann sind sie leuchtend und transparent, vergleichbar mit den Farben eines Regenbogens am Himmel oder denjenigen, die entstehen, wenn Sonnenlicht durch bunte Glasscheiben fällt.

Beim Heilen und bei der Arbeit mit den Chakren müssen diese Grundfarben unter Umständen verändert werden. Es wird auch noch deutlich werden, dass für jedes Chakra nicht nur eine Farbe wichtig ist, sondern dass in jedem Chakra jede beliebige Farbe auf gesunde Art und Weise vorhanden sein kann und dass jedes Chakra sogar sein eigenes Farbspektrum erzeugt. Schwierigkeiten treten dann auf, wenn ein Chakra nicht genug von seiner eigenen Farbe produziert, denn das ist die Voraussetzung für Gesundheit und Wohlbefinden. Ein wesentlicher Teil der Heilarbeit mit den Chakren beruht auf der Verwendung und der Visualisierung von Farben. Die wichtigsten Farben und ihre Bedeutung werden in jedem Abschnitt erläutert.

Bezeichnung und Lage der Chakren

Auf der Abbildung auf Seite 17 sind die sieben Hauptchakren und ihre Lage in Beziehung zum physischen Körper dargestellt sowie als zusätzliches Chakra das Alter-Major-Chakra. Von oben nach unten lauten ihre Namen folgendermaßen: Krone, Stirn, Alter Major, Kehle, Herz, Solarplexus, Sakralchakra und Wurzel. Semantische Schwierigkeiten können einfach aus dem Grunde auftauchen, dass es eine Vielzahl an unterschiedlichen Bezeichnungen für die Chakren gibt, von denen einige aus dem Osten stammen und andere im westlichen Sprachgebrauch bereits stärker verankert sind. Die Begriffe »Sakralchakra«, »Hara« oder »Milz« werden zum Beispiel von einigen Lehrern mit Bezug auf das Chakra verwendet, das sich zwei Fingerbreit unter dem Nabel befindet. Terminologische Verwirrung entsteht manchmal auch hinsichtlich der Begriffe »Stirnchakra«, »Ajna« oder »Drittes Auge«. Probleme tauchen dann auf, wenn diese Begriffe innerhalb des üblichen siebenfachen Systems auch dann verwendet werden, wenn man sich auf kleinere oder zusätzliche Chakren bezieht oder wenn die neuen, im Erwachen begriffenen Chakren, die jetzt Teil des Hauptsystems werden, genannt werden. In Kapitel 12 werden die neuen Chakren beschrieben und einige Begriffe, die vorher austauschbar waren, müssen nun in einer spezifischeren Bedeutung verwendet werden.

In den meisten östlichen Traditionen wird ein aus sieben Hauptchakren bestehendes System beschrieben, zu dem außerdem eine unterschiedlich große Anzahl von kleineren im gesamten Körper verteilten Chakren gehören. Die Schüler der berühmten medialen Seherin und Esoterikerin Alice Bailey (siehe Bibliographie) wissen, dass sie von einem achten Chakra sprach, dem sie den lateinischen Namen »Alta Major« gab. Dieses Chakra wird auch in der vorliegenden Abbildung als Hauptchakra aufgeführt, doch wird es »Alter Major« genannt, was »anderes« bedeutet und nicht »höheres«.

In dem erweiterten System der Hauptchakren geht man von insgesamt zwölf Hauptpunkten aus, auf die wir unsere Aufmerksamkeit richten sollten, um Selbstheilung und Wachstum zu fördern.
Die Zahl zwölf ist sicherlich auch in anderer Hinsicht von Bedeutung. Es gibt zwölf Sternzeichen, zwölf Kalendermonate pro Jahr,
und man geht davon aus, dass letztlich zwölf Planeten entdeckt
werden.

Manchmal wird angenommen, dass die Worte »höheres« oder
»unteres« Chakra in Zusammenhang mit den Chakren bewertende
Begriffe seien. Doch sollten wir uns vergegenwärtigen, dass diese
Begriffe in erster Linie Beschreibungen von der Lage der Chakren
im aufrechten Körper sind. Die Chakren sind kein hierarchisch
angeordnetes System – jedes Chakra ist Teil eines Ganzen.

Hinsichtlich der Frage, ob sich die Chakren an der Vorder-
oder Hinterseite des Körpers und seines Energiefeldes befinden,
herrscht keine Übereinstimmung. Die Abbildung auf Seite 17 soll
darlegen, wie die Chakren mit dem physischen Körper zusammenhängen und sie zeigt, dass sie an der Vorderseite »Blütenblätter«
und an der Rückseite »Stiele« haben, die in die Aura ausstrahlen.

Chakrenblütenblätter, Stiele und Polaritäten

Im physischen Körper gibt es einen zentralen feinstofflichen Energiekanal, der mit diesem in Wechselbeziehung steht und vom
Scheitelpunkt bis zum Beckenboden (dem Bereich zwischen Anus
und Genitalien) verläuft. Jedes Chakra, mit Ausnahme einiger der
neuen Chakren (vgl. Kapitel 12), besteht aus Blütenblättern und einem Stiel. Die Stiele der Krone und der Wurzel sind zwar geöffnet,
sie sind jedoch Bestandteile des zentralen Energiekanals. Die anderen Chakren haben Blütenblätter, die sich zur Vorderseite hin öffnen, und Stiele, die an der Rückseite ausstrahlen. Die Stiele bleiben
normalerweise geschlossen, wohingegen die Blütenblätter flexibel

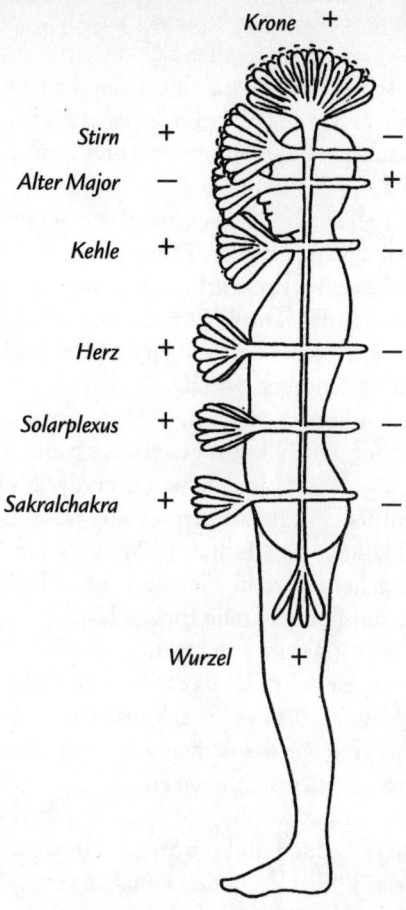

Krone +

Stirn + −

Alter Major − +

Kehle + −

Herz + −

Solarplexus + −

Sakralchakra + −

Wurzel +

Die sieben bekanntesten Chakren und das Alter-Major-Chakra.
Die Energie fließt von positiv nach negativ (+ = positive Ladung,
− = negative Ladung) und am zentralen Energiekanal entlang
nach oben und nach unten. Beachten Sie die umgekehrte Polarität des
Alter-Major-Chakras.

sind. Sie öffnen und schließen sich, sie vibrieren und drehen sich je nach der Lebenssituation, in der man sich jeweils befindet. Ein gesundes Chakra ist flexibel. Wenn eine Krankheit vorliegt, dann wird die Chakrenenergie unflexibel oder ist tatsächlich blockiert, was unsere physische, geistige, emotionale und spirituelle Gesundheit beeinträchtigt.

Auch wenn ein gesunder Chakrenstiel normalerweise geschlossen ist, so ist er mit einem sich selbst öffnenden Ventil vergleichbar, durch das sich ungewollte Energie bzw. eine ungewollte Reaktion hindurchbewegen können. Die Chakrenstiele sind Bestandteil unseres Ausscheidungssystems. Sie können durch Schock oder Traumata, durch den Missbrauch von Drogen und Medikamenten, durch lang anhaltende oder zu häufige Narkosen und den Missbrauch von Alkohol und Nikotin geschädigt werden. In solchen Fällen können sie geöffnet bleiben, wodurch der Mensch gegenüber äußeren Einflüssen jeglicher Art anfällig wird. Dieser offene Zustand der Stiele kann mit Hilfe des Wissens um Farben und Energien ebenso geheilt werden wie durch eine Heilmethode, bei der man Energie durch die Hände fließen lässt. Ein wesentlicher Teil der Chakrenarbeit beruht jedoch auf Eigenarbeit. Mit ein wenig Wissen können Sie sehr viel dazu beitragen, Ihr Leben zum Besseren zu wenden. Zu diesem Zweck machen Sie Übungen, die fast so unmittelbar sind wie das Atmen selbst oder Sie setzen kreative und farbenfrohe Visualisierungen ein.

Mit Ausnahme des Alter-Major-Chakras haben die Blütenblätter eine positive Ladung und die Stiele eine negative (vgl. Abbildung auf Seite 17). Hier sei noch einmal angemerkt, dass diese Begriffe keine wertenden Begriffe sind, sondern aus den Bereichen der Elektrizität und der Magnetik stammen.

Bereiche, denen die Chakren zugeordnet werden

Zu Anfang eines jeden Kapitels finden Sie eine Aufzählung der Bereiche, denen die Chakren zugeordnet werden. Über die Lage im Körper und die Farbe des jeweiligen Chakras hinaus enthält die Liste folgende Hinweise:

Schlüsselbegriffe
Diese Begriffe fassen die wichtigsten Aspekte des Lebens sowie der emotionalen und spirituellen Entwicklung zusammen, mit denen das jeweilige Chakra in Verbindung gebracht wird.

Entwicklungsalter
Die ersten fünf Chakren entwickeln sich in einem bestimmten Lebensalter, was jedoch nicht bedeutet, dass ein Neugeborenes nur ein Wurzelchakra hätte (das Entwicklungsalter liegt zwischen 0 und 3–5 Jahren); denn jeder lebendige Mensch muss alle Chakren zur Verfügung haben, damit das ganze Spektrum funktioniert. Es bedeutet vielmehr, dass sich in einem bestimmten Alter bestimmte Chakren stärker entwickeln und dass die Bereiche, denen die Chakren zugeordnet werden, besonders im Vordergrund stehen. Wenn in der Kindheit die Bedürfnisse auf einer bestimmten Entwicklungsstufe angemessen befriedigt werden, dann werden die Chakren an Stärke gewinnen und eine normale Entwicklung durchlaufen. Wenn es jedoch auf einer oder mehreren Entwicklungsstufen zu Schwierigkeiten kommt, dann können die Chakren hierdurch beeinträchtigt werden. Wenn Sie zu einem späteren Zeitpunkt entdecken, dass in Ihrem Leben etwas aus dem Gleichgewicht geraten ist, dann können Sie den Heilungsprozess des ursächlichen Traumas bzw. Ungleichgewichts unterstützen, indem Sie das entsprechende Chakra heilen. Dasselbe gilt auch für die damit zusammenhängende existenzielle Verunsicherung.

Die Elemente

Jedes Chakra wird einem Element zugeordnet und die anderen diesen Chakren zugeordneten Bereiche stehen ebenfalls mit diesem Element in Verbindung. Lebensthemen, die etwas mit dem Element Erde zu tun haben, gehören in der Regel zum Wurzelchakra. Jedes Element steht symbolisch für bestimmte Themen, die wiederum Themen des entsprechenden Chakras sind. In diesem Sinne ist das Element Erde (Wurzel) mit dem Geruchssinn verbunden und ebenso mit Materie, Nähren, Verwurzelung, mit grundlegenden körperlichen Bedürfnissen und dem physischen Körper. So steht Wasser (Sakralchakra) mit dem Geschmackssinn in Verbindung, den Gefühlen, dem Fluss des Lebens, mit Flexibilität, Sexualität, Kreativität, mit Macht und Ermächtigung sowie mit dem Wasser und dem Blut im Körper. Das Element Feuer (Solarplexus) ist mit dem Sehsinn verbunden, mit Individualität, Identität, Vision, mit dem symbolischen Verdauen des Lebens und dem physischen Verdauungssystem. Das Element Luft (Herz) ist mit dem Tastsinn verbunden und darüber hinaus mit Zärtlichkeit, Loslösung, dem symbolischen Lebensatem und der Atmung und dem Blutkreislauf im physischen Körper.

Akasha, ein eher esoterisches Element (Kehle), wird mit dem Klang und den Farben des Universums in Verbindung gebracht, und es bildet die uns umgebende Schicht, in die das individuelle und das kollektive Gedächtnis eingeprägt sind. Es hängt mit dem Hörsinn und der Ausdrucksfähigkeit zusammen, mit Kommunikation, der Fähigkeit zuzuhören, uns Gehör zu verschaffen und mit dem Verantwortungsgefühl. Radium (Stirn) ist mit höheren Schwingungen verbunden, mit spiritueller Vision, mit Höherentwicklung und Inspiration. Schließlich noch Magnetum (Krone), ein Element, das diesem Chakra von mehreren Führern zugeteilt wurde. In die umfassende Liste der Elemente, so wie wir sie kennen, ist es noch nicht aufgenommen worden, da es von der Wissenschaft erst noch entdeckt werden muss. Es hat etwas mit der Spannung zu tun, die zwischen der Schwerkraft und der Aufhebung der Schwerkraft liegt, und dem Inkarnationsprozess.

Die Sinne

Jedes der ersten fünf Chakren wird mit einem der Sinne assoziiert, welcher seinerseits, wie wir gesehen haben, mit einem der Elemente in Verbindung steht. Das Wurzelchakra steht mit dem Geruchssinn in Verbindung, das Sakralchakra mit dem Geschmackssinn, der Solarplexus mit dem Sehsinn, das Herz mit dem Tastsinn und die Kehle mit dem Hörsinn.

Der Körper

Wir haben bereits über die Aura und die feinstofflichen Schichten, aus denen sie besteht, gesprochen. Jede Auraschicht und jedes Chakra sind mit einem feinstofflichen Körper bzw. einer feinstofflichen Ebene verbunden. Die zwischen diesen Körpern und Schichten bestehenden Beziehungen können äußerst komplex sein. Auch auf das Risiko hin, stark zu vereinfachen, hier eine kurze Zusammenfassung:

- **Das Wurzelchakra und die roten Bereiche der Aura** sind mit dem physischen Körper verbunden.
- **Das Sakralchakra und die orangefarbenen Bereiche der Aura** sind mit dem ätherischen Körper verbunden. Dieser Körper, der in seiner Schwingung dem physischen am ähnlichsten ist, enthält eine feinstoffliche Nachbildung bzw. ein ätherisches Doppel eines jeden Organs im Körper sowie des Körpers selbst. Der ätherische Aspekt eines Organs wird dem Körper auch dann nicht entzogen, wenn das physische Organ entfernt wurde. Der ätherische Körper entschwindet erst mit dem Tod vollständig.
- **Der Solarplexus und die gelben Bereiche der Aura** sind mit dem Astralkörper und der Astralebene verbunden. Unser Astralkörper ist verfeinert und von seiner Substanz her gasförmig.

Menschen, die ein Nah-Tod-Erlebnis haben, gehen in den Astralkörper hinein. Manchmal lösen auch Narkosen oder Erfahrungen wie Missbrauch, Schockzustände, Unfälle oder Traumzustände die Erfahrung aus, über dem physischen Körper zu schweben; dabei kann dann alles, was mit diesem passiert, beobachtet werden, ohne dass jedoch Schmerz oder andere Gefühle verspürt werden. Der Astralkörper ist über eine feinstoffliche Energieschnur mit dem physischen Körper verbunden. Im Tod wird diese Schnur endgültig durchtrennt und der beseelte Geist bzw. das Wesen der Person sind nicht mehr in der Lage, in den gegenwärtigen physischen Körper zurückzukehren. Stattdessen bewegt er sich in die Astralebene hinein, wo er willkommen geheißen und dabei unterstützt wird, durch das Anfangsstadium des Todes hindurchzugehen. In den höheren Astralebenen befinden sich viele Heiltempel. Die niederen Astralebenen enthalten besonders an der Schnittstelle zwischen der ätherischen und der astralen Schicht Gedankenformen, die in vielen Fällen negativ sind.

- **Das Herz und die grünen Bereiche der Aura** sind mit dem Fühlkörper verbunden. Das sollte jedoch nicht mit der emotionalen Schicht unseres Wesens verwechselt werden. Wenn man das Fühlen in diesem Sinne verwendet, dann steht es für die Fähigkeit zu fühlen, ohne von Emotionen beherrscht zu werden und in einem Ausmaß mitzuempfinden, dass wir tatsächlich das Wissen darum fühlen, wie ein anderer Mensch funktioniert und wie es sich anfühlt, diese Person zu sein. Beim Geschlechtsverkehr kann dieser Zustand ebenso erfahren werden wie beim Betrachten und Hineinversetzen in Bäume, Pflanzen, Tiere oder Kristalle. Wir gehen in den Fühlkörper hinein, wenn wir uns in einem wirklichen Meditationszustand befinden und manchmal auch beim Träumen oder dann, wenn wir mit Geistführern und Engeln kommunizieren oder höhere Bewusstseinszustände erfahren. Geistführer und Engel benutzen die Fühlebene als Schnittstelle, über die sie hereinkommen, um uns zu begegnen.

- **Die Kehle und die blauen Bereiche der Aura** sind mit dem niederen Mentalkörper oder der niederen Mentalebene verbunden. Hier handelt es sich um Bereiche, in denen die Fähigkeit angesiedelt ist, Dinge zu benennen. Hat die Sache einmal einen Namen, dann wird sie zu einem Bestandteil unserer Welt und unseres Verständnisses. Bevor sie benannt werden kann, ist sie zu abstrakt für uns, als dass wir sie im vollen Bewusstsein unseres begrenzten Verstandes erfahren könnten. Symbole zu erhalten, ist einer der Schritte in Richtung Benennung. Der niedere Mentalkörper ist das Gefährt, mit dessen Hilfe wir Wahrheiten und Erkenntnisse aus unserem persönlichen Unbewussten, dem kollektiven Unbewussten und aus der Funktionsweise des Universums selbst erfahren.

- **Die Stirn und die indigofarbenen Bereiche der Aura** sind mit dem Geist und dem höheren Mentalkörper verbunden, die Stufe über dem niederen Mentalkörper, auf der sich Energien und Kräfte befinden, die über unseren begrenzten Verstand hinausgehen. Ein Teil des engelhaften Bewusstseinsstroms existiert auf dieser Ebene ebenso wie die reine Energie der göttlichen Prinzipien. Engel und Geistführer helfen uns dabei, den Übergang zwischen den höheren und niederen Mentalebenen zum begrenzten Verstand hin vorzunehmen.

- **Die Krone und die violetten Bereiche der Aura** sind mit der Seele und dem Kausalkörper verbunden. Die Seele enthält eine Aufzeichnung unserer Evolution, sie kennt die Ursachen, die wir in Bewegung gesetzt haben, und die Wirkungen, die wir ausgleichen, aufarbeiten und transzendieren müssen. Auf dieser Ebene treffen wir viele Entscheidungen, die unsere Lebensbedingungen auf der Erde beeinflussen (vgl. Kapitel 2 und den Eintrag »Karma« im Glossar).

Die zugeordneten Drüsen

Jedes Chakra ist mit einer oder mehreren Drüsen im physischen Körper verbunden. Die Chakren können deshalb als feinstoffliche Ergänzung zum Drüsensystem angesehen werden. Die Heilung des entsprechenden Chakras wirkt sich auch positiv auf die Drüsenfunktion aus.

In dem von Gildas verwendeten System ist das Wurzelchakra mit den Geschlechtsdrüsen (den Eierstöcken bei der Frau und den Hoden beim Mann) verbunden; das Sakralchakra mit dem Lymphsystem, der Solarplexus mit den Nebennieren, das Herz mit der Thymusdrüse, die Kehle mit der Schilddrüse, die Stirn mit der Zirbeldrüse und die Krone mit der Hypophyse.

Beruhigende und anregende Düfte

Um die Chakren ins Gleichgewicht zu bringen, werden bestimmte Düfte empfohlen. Am besten kauft man sie als konzentriertes Öl, so wie sie auch in der Aromatherapie Anwendung finden. Wenn Sie sie mit einem Trägeröl wie mit süßem Mandelöl oder Jojobaöl vermischen, dann können Sie sie auch direkt auf dem Körper für Massagen oder Bäder anwenden. In unverdünnter Form können Sie ein paar Tropfen zusammen mit Wasser in eine Duftlampe geben, um den Raum zu aromatisieren. Viele dieser Düfte können Sie auch als Räucherstäbchen oder Duftkerzen kaufen. Vorschläge, wie Sie die Düfte für bestimmte Zwecke am besten einsetzen können, finden Sie im Übungsteil eines jeden Kapitels.

Edelsteine und Kristalle

Für jedes Chakra gibt es spezielle Edelsteine und Kristalle (für Vorschläge, wie Sie mit Kristallen und Edelsteinen arbeiten können, vergleichen Sie bitte das Glossar und den Übungsteil eines jeden Kapitels).

Affirmationen und Gebete

Affirmationen sind Sätze, die wir uns im Geiste immer wieder aufsagen, wenn wir unser Verhalten oder unser Glaubenssystem verändern wollen. Mit Gebeten rufen wir eine höhere Autorität an, damit diese uns hilft, neue Einsichten zu gewinnen oder uns dabei unterstützt, unser Leben zu verändern. Die Worte, die für jedes Chakra aufgeführt sind, können als Affirmationen und/oder Gebete verwendet werden.

Chakrenpaare

Die wichtigen Verbindungen zwischen bestimmten Chakrenpaaren und -gruppen werden eingehend untersucht, und dabei werden auch die Lebensbereiche, bei denen diese Verbindung eine Rolle spielt, angesprochen.

Zuerst muss jedes Chakra als Teil eines Paares mit dem vorherigen und nachfolgenden Chakra im Energiesystem angesehen werden. In dem siebenfachen System bildet demnach also das Wurzelchakra ein Paar mit dem Sakralchakra, das Sakralchakra mit dem Solarplexus, der Solarplexus mit dem Herzen, das Herz mit der Kehle, die Kehle mit der Stirn und das Stirnchakra mit der Krone. Wenn man das Alter Major hinzunimmt, dann bilden die Kehle und das Alter-Major-Chakra ein Paar sowie das Alter-Major-Chakra und das Stirnchakra.

Weitere Chakrenpaare entstehen aufgrund der Farben. Im Farbspektrum hat jede Farbe ihre wissenschaftliche Komplementärfarbe. Wenn Sie beispielsweise auf etwas leuchtend Rotes schauen und dann Ihre Augen schließen oder auf eine weiße Wand blicken, dann werden Sie als »Nachbild« Grün sehen oder umgekehrt. So sind also Rot und Grün Komplementärfarben. Das Wurzelchakra hat die Farbe Rot und das Herzchakra die Farbe Grün, deshalb bilden die Wurzel und das Herz ein wichtiges Paar im Chakrensystem.

Entsprechend sind auch Orange und Blau Komplementärfarben und die Verbindung zwischen dem Sakralchakra und dem Kehlchakra ist tatsächlich sehr stark. Gelb und Violett ergänzen einander, der gelbe Solarplexus bildet also mit den violettfarbenen Chakren, nämlich dem Stirnchakra und der Krone, ein Paar.

Da der Strom der Lebensenergie zwischen Wurzel und Krone und Krone und Wurzel fließt, bilden diese beiden Energiezentren ein weiteres wichtiges Chakrenpaar.

Das Kronenchakra ist der Sitz des höheren Willens, wohingegen sich im Herzen der Sitz der verkörperten Weisheit befindet. Fortschritte in unserer Evolution hängen entscheidend davon ab, ob es uns gelingen wird, eine Verbindung zwischen diesen beiden Chakren zu schaffen.

Der Solarplexus ist der Sitz des niederen Willens. Wie erfolgreich wir beim Erfüllen unserer höchsten Absicht sind, hängt davon ab, ob der höhere und der niedere Wille gut zusammenarbeiten; so bilden auch Krone und Solarplexus ein Paar, das miteinander verbunden ist.

Die Wurzel und das Alter-Major-Chakra sind beide mit unseren Instinkten verbunden, mit unserem Selbsterhaltungstrieb und den Frühwarnsystemen im Körper, und deshalb bilden sie ein Paar, das wichtig ist, um unsere Verbindung zur Erde und zur Natur zu stärken.

Da auch zwischen Wurzel und Herz, zwischen Wurzel und Krone und Krone und Herz beachtenswerte Verbindungen bestehen, bilden diese drei Chakren ebenfalls eine Chakrengruppe. Weitere Gruppen sind: Solarplexus, Stirnchakra und Krone; die ersten fünf Chakren (Wurzel, Sakralchakra, Solarplexus, Herz und Kehle) und die drei Hauptchakren im Kopf (Kehle, Stirn und Krone).

Jedes dieser Paare oder jede dieser Gruppen spiegelt einen bestimmten Lebensbereich wider.

Archetypen

Laut Wörterbuchdefinition handelt es sich dabei um »ursprüngliche Bilder, die unser gemeinsames Erbe sind«. Jede menschliche Gesellschaft wird durch Kräfte wie Frieden, Krieg, Schönheit, Gerechtigkeit, Weisheit, Heilung, Tod, Geburt, Liebe und Macht beeinflusst. Das Wesen dieser Kräfte entzieht sich jeglicher Definition, und wir brauchen Bilder, Mythen, Symbole und Personifizierungen, um sie tief und umfassend zu verstehen. Bei den Tarotkarten, deren Ursprung sehr weit zurückliegt, gibt es in den Großen Arkana 22 personifizierte bzw. symbolisch dargestellte Archetypen. Diese decken die meisten Aspekte menschlicher Erfahrung ab.

Wir können ein tieferes Verständnis der Chakren erlangen, wenn wir die Archetypen, die auf sehr direkte und tiefe Weise mit den Chakren verbunden sind, untersuchen. Wenn wir Paare und Gruppen von Chakren betrachten, dann kann die Arbeit mit bestimmten Archetypen dazu dienen, die Chakrenbeziehungen zu klären und ein umfassenderes Verständnis für unsere Lebensziele, Antriebe und Blockaden zu gewinnen. Archetypen können große Heiler sein, wenn wir ausreichendes Wissen über sie besitzen; dann können wir sie zu unserer Unterstützung verwenden und sie kreativ einsetzen.

Höhere Archetypen sind die reinen Energien, die vom Göttlichen ausströmen, zum Beispiel in Form von Liebe, Schönheit und Frieden. Niedere oder degradierte Archetypen leiten sich aus den höheren Eigenschaften ab; sie sind häufig personifiziert und entstehen aus unserem Bemühen, die archetypischen Kräften zu verstehen und mit ihnen zurechtzukommen. So wird aus der Liebe der Geliebte, aus der Schönheit die Jungfrau, die Jugend, die Prinzessin oder der Prinz und aus dem Frieden der Friedensstifter.

Den zentralen Energiekanal reinigen

Die erste Regel bei der Chakrenarbeit besteht darin, den zentralen Energiekanal in energetischer Hinsicht rein zu halten. Jedes Chakra speist sich aus diesem Energiekanal und wird von ihm gespeist. Wenn man mit Hilfe des Atems die Energie in diesem Kanal frei fließen lässt, dann können dadurch Blockaden in den Chakren verhindert und geheilt werden, und es entstehen ein neues Gleichgewicht und neue Lebenskraft. Die Chakrenenergien müssen im Körper mit Leichtigkeit sowohl aufwärts als auch abwärts strömen. Die nachfolgenden Übungen sind wichtig, um diese Bewegung in Gang zu setzen und den zentralen Energiekanal zu reinigen. Sie sollten sie als Vorbereitung für die Meditation und das Heilen anwenden, und bevor Sie die anderen im diesem Buch beschriebenen Übungen ausführen. Diese Art des Atmens wird im Folgenden als »Beatmung des zentralen Energiekanals« bezeichnet.

ÜBUNG 1   *Beatmung des zentralen Energiekanals*

Nehmen Sie eine Position im Stehen oder Sitzen ein, bei der Ihr Rücken gerade ist und Ihr Körper im Gleichgewicht. Vermeiden Sie es dabei, Ihre Beine, wenn Sie auf einem Stuhl sitzen, bzw. Ihre Fußgelenke, wenn Sie auf dem Boden sitzen, zu kreuzen, außer wenn Sie den Schneidersitz oder Lotossitz eingenommen haben.

* Beginnen Sie die Übung damit, dass Sie bewusst Ihren Atemrhythmus wahrnehmen und ihn allmählich zur Ruhe kommen lassen.
* Nehmen Sie jetzt einen Atemzug und stellen Sie sich vor, dass er von dem Bereich über Ihrer Krone in Ihren Kopf hineinströmt; ziehen Sie ihn über die Mitte Ihres Körpers hinunter. Beginnen Sie an einem Punkt mit der Ausatmung, an dem es sich für Sie natürlich anfühlt, und atmen Sie direkt nach unten aus, durch Ihre Beine hindurch in die Erde hinein. (Der Atem kann nicht durch Ihre Beine fließen, wenn Sie mit übereinander gekreuzten Beinen oder in der Lotoshaltung sitzen, doch durch diese Haltungen werden die Energien im Körper und in den Chakren automatisch ins Gleichgewicht gebracht.) Atmen Sie fünfmal auf diese Weise ein und aus. (Eine Ein- und Ausatmung gilt als ein Atemzug.)
* Beginnen Sie jetzt bei umgekehrter Atemfolge damit, dass Sie den Atem durch die Erde einströmen und durch die Mitte Ihres Körpers fließen lassen; atmen Sie dann durch die Krone Ihres Kopfes aus.
* Atmen Sie ungefähr fünf Minuten auf diese Weise weiter, ohne sich anzustrengen oder Druck auszuüben. Beenden Sie die Übung mit einer Ausatmung und wiederholen Sie sie in dieser Richtung beliebig oft.
* Spüren Sie das Gefühl von Ausgeglichensein in Ihrem Körper, kommen Sie zu Ihrem normalen Atemrhythmus zurück und legen Sie eine kurze Pause ein, bevor Sie mit einer Meditation, einer geführten Reise oder einer Chakrenübung weitermachen oder auch zu Ihren Alltagsaufgaben zurückkehren.

ÜBUNG 2   *Visualisierung*
             des zentralen Energiekanals

Wenn das Wetter schön ist und Sie einen geeigneten Baum kennen, dann ist es empfehlenswert, diese Übung mit dem Rücken gegen einen Baum und nackten Füßen auf der Erde auszuführen. Wenn dies nicht möglich ist, dann folgen Sie hinsichtlich der Körperhaltung den Anweisungen aus Übung 1.

• Beginnen Sie die Übung damit, dass Sie bewusst Ihren Atemrhythmus wahrnehmen; lassen Sie zu, dass er sich stabilisiert und vielleicht beruhigt.

• Visualisieren Sie sich selbst als Baum. Ihre Äste strecken sich weit nach oben, Ihre Wurzeln reichen bis tief in die Erde hinein, Ihr Stamm ist aufrecht und stark. Sie werden von den vier Elementen genährt. Die Sonne (Feuer) wärmt Sie und die Luft erfrischt Sie. Ihre Wurzeln befinden sich in der Erde, und sie suchen den unterirdischen Wasserstrom, die Quellen lebendigen Wassers.

• Atmen Sie durch Ihre Äste ein, aus den Elementen Luft und Sonne; lassen Sie Ihren Atem direkt nach unten durch Ihren Stamm fließen, und atmen Sie tief in Ihre Wurzeln aus, in die Erde und die Ströme lebendigen Wassers hinein.

• Atmen Sie jetzt von der Erde und dem lebendigen Wasser ein. Führen Sie den Atem nach oben, durch Ihre Wurzeln hindurch und in Ihre Äste hinein und atmen Sie in die Elemente Luft und Sonne aus.

• Wiederholen Sie diese beiden Atemfolgen fünf bis zehn Minuten lang. Lassen Sie die Visualisierung dann mehr und mehr verblassen. Spüren Sie, wie Ihre Füße fest auf dem Boden stehen und fühlen Sie Ihren eigenen Raum um sich herum. Gehen Sie nun, mit einem Gefühl von Zentriertheit, zur Chakrenarbeit, Meditation oder Ihren täglichen Aktivitäten über.

Auf der Erde sein:
Seinen Lebenssinn finden

Schlüsselthemen:
Inkarnation, Sinn und Wahlmöglichkeiten

Chakrenpaare:
Wurzel und Krone

Archetypen:
Die Sonne, der Mond und die Sterne

Dieses Kapitel wird Ihnen helfen:

- in größerem Einklang mit Ihrem physischen Körper zu sein
- sich der Elemente bewusster zu werden
- sich auf Veränderungen im Leben vorzubereiten und sich ihnen zu stellen
- ein besseres Verständnis für den spirituellen Sinn in Ihrem Leben zu bekommen
- mehr über die Bedeutung und den Sinn des Lebens auf dieser Erde zu erfahren

Bereiche, denen die Chakren zugeordnet werden

Das Wurzelchakra

Lage: Am Beckenboden (dem Bereich zwischen Anus und Genitalien). Die Blütenblätter befinden sich zwischen den Beinen und weisen nach unten; der Stiel weist nach oben in den zentralen Energiekanal und ist im natürlichen und gesunden Zustand leicht geöffnet.

Farben: Rot, Braun, Malve

Schlüsselbegriffe: Verwurzeltsein, Inkarnation, Akzeptanz, Selbsterhaltung, Absicht

Entwicklungsalter: Von 0 bis 3–5 Jahre

Element: Erde

Sinn: Geruchssinn

Körper: Physischer Körper

Zugeordnete Drüse: Geschlechtsdrüsen

Beruhigende Düfte: Zedernholz, Patchouli

Anregende Düfte: Moschus, Lavendel, Hyazinthe

Edelsteine und Kristalle: Rauchquarz, Granat, Alexandrit, Rubin, Blutachat, Onyx, Tigerauge, Rosenquarz

Gebet bzw. Affirmation

Möge der Geist durch den Akt der Inkarnation in die Materie hineingebracht werden. Möge die Lebenskraft durch die Verbindung mit der Erde energetisch aufgeladen und ausgetauscht werden. Wir erkennen die Ganzheit an und streben danach, akzeptiert zu werden und andere zu akzeptieren.

Das Kronenchakra

Lage: Am Scheitelpunkt des Kopfes mit unzähligen Blütenblättern (die tausendblättrige Lotosblume), nach oben weisend mit einem Stiel, der nach unten in den zentralen Energiekanal gerichtet ist

Farben: Violett, Weiß, Gold

Schlüsselworte: Seele, Hingabe, Loslassen, einströmender Wille
Element: Magnetum
Körper: Seelenkörper, ketherischer Körper oder Kausalkörper
Drüsenverbindung: Hypophyse
Beruhigende Düfte: Rosmarin, Bergamotte
Anregende Düfte: Veilchen, Ambra
Edelsteine und Kristalle: Diamant, weißer Turmalin, weiße Jade, Schneequarz, Zölestin

Gebet bzw. Affirmation
Lasse durch Hingabe und Loslassen den einströmenden Wille wirklich den Willen Gottes sein, der in uns und durch uns arbeitet und uns auf diesem Wege ein immer größeres Wissen von der mystischen Vereinigung und der mystischen Hochzeit vermittelt.

Wurzel und Krone als Chakrenpaar

Durch die Übung, bei der wir den Atem durch den zentralen Energiekanal lenken, wird eine grundlegende Verbindung zwischen dem Wurzel- und dem Kronenchakra hergestellt.

Die Entwicklungsphase des Wurzelchakras beginnt mit der Geburt und geht bis zum 3. bis 5. Lebensjahr. Das bedeutet jedoch nicht, dass ein Neugeborenes nur ein Chakra, nämlich das Wurzelchakra hätte. Der aus sieben Schichten bestehende Energiekörper, dessen Hauptbestandteil die Chakren sind, ist lebenswichtig. Ein Baby wird mit einem vollständigen Chakrensystem geboren, wobei jedoch die ersten Lebensmonate und -jahre einen außerordentlich starken Einfluss auf die Funktion und das Potential des Wurzelchakras haben. Wenn in diesen Jahren die wesentlichen Bedürfnisse des Babys befriedigt werden und sie von Liebe und Fürsorge geprägt sind, dann blüht das Wurzelchakra auf und die Grundlagen für spätere Stärken werden auf befriedigende Weise gelegt.

Als Hellsichtiger erkennt man, dass das Wurzelchakra von allen Chakren dasjenige mit der einfachsten Struktur ist. Seine Blütenblätter sind vom Beckenboden aus nach unten zur Erde hin gerichtet und im Idealfall immer zumindest teilweise geöffnet. Der Stiel weist in den zentralen Energiekanal nach oben. Ein von der Wurzel direkt nach oben gerichteter Energiestrom, der durch den zentralen Energiekanal in den offenen Stiel und die Blütenblätter der Krone hinein verläuft, schafft zusammen mit dem Gegenenergiefluss eine lebenswichtige Verbindung. Dieser fließt von der Krone abwärts durch den zentralen Energiekanal, den Stiel und die Blütenblätter der Wurzel in die Erde hinein. Eine Frage für den mit dem Wurzelchakra verbundenen Sinneseindruck lautet: »Wie rieche ich die Welt und wie riecht die Welt mich?«

Hinsichtlich Geschwindigkeit und die Farbschwingung ist das Wurzelchakra innerhalb des Chakrensystems das langsamste und die Krone das schnellste Chakra. Die Krone ist als »der tausendblättrige Lotos« beschrieben worden. In ausgeglichenem und gesundem Zustand ist sie permanent geöffnet, sie ist in Bewegung und schwingt mit großer Intensität. Die Farbe Rot (Wurzel) hat im Farbspektrum die niedrigste Frequenz und Violett (Krone) die höchste.

Das Kronenchakra ist das Tor, durch das die Energien der Seele und des Höheren Selbst in unser spirituelles Bewusstsein hineinströmen und unser Menschsein inspirieren. Diese Energien müssen geerdet werden, und das Wurzelchakra fungiert in diesem Zusammenhang als das komplementäre Tor, durch das die Erdung erfolgt.

Schlüsselthemen

Auf der spirituellen Ebene sind die wichtigsten Lebensthemen, die durch die Verbindung zwischen Wurzel- und Kronenchakra als

Paar aufgeworfen werden, die Themen Inkarnation, Lebenssinn und die Wahlmöglichkeiten, über die wir verfügen.

Inkarnation

»Inkarnation« bedeutet wörtlich übersetzt »Verkörperung«. Daher werden mit diesem Begriff alle Fragen in Verbindung gebracht, die etwas damit zu tun haben, einen Körper anzunehmen, geboren zu werden und unseren Platz im Leben zu finden. Über die spirituelle Komponente hinaus gibt es emotionale und physische Faktoren, die hier in Betracht gezogen werden müssen.

Die Suche nach einem tieferen Sinn im Leben führt uns unweigerlich zu dem Bedürfnis nach spirituellen Lebensentwürfen und Hypothesen. Wir brauchen eine *spirituelle* Sprache anstelle einer spezifisch *religiösen Sprache*, damit wir zu einer philosophischen Diskussion und einem größeren Verständnis gelangen können. Der Begriff Chakra stammt, wie bereits an früherer Stelle erläutert, aus dem Sanskrit und den östlichen spirituellen Philosophien, und deshalb werden bei der Beschreibung des größeren Zusammenhangs und der Funktion eines jeden Chakras natürlich eher Begriffe verwendet, die östlichen Ursprungs sind. Neben dem Wort »Inkarnation« gebrauchen wir auch solche Begriffe wie »Reinkarnation«, »Karma«, »höheres Selbst«, »Seele«, »Geist«, »Schicksal« und »Evolution«, um unser Verständnis hinsichtlich dessen, wie und warum wir auf die Erde gekommen sind, zu erweitern.

Gildas hat einige dieser gedanklichen Vorstellungen zusammengefasst. Er erläutert, dass der Impuls, sich zu inkarnieren, von der Seele ausgeht, die über das Wesen hinausgeht, das eine menschliche Form angenommen hat.

Die Absicht der Seele, deren Weisheit und Erfahrung durch die weitblickende Intelligenz zusammengeführt wird und die als höheres Selbst bekannt ist, besteht in der Weiterentwicklung zu Ganzheit und Perfektion. Für die Weiterentwicklung sind viele Leben vonnöten, und in jedem Leben werden wir uns immer stärker unseres Bedürfnisses nach Gemeinschaft mit unserer Seele bewusst und wir gewinnen ein größeres Verständnis für unseren Lebenssinn.

Der Geist ist die reine, beseelte Essenz des Seins, die in jedem von uns in jeder Inkarnation vollständig vorhanden ist. Die Seele verbleibt jedoch auf einer anderen Bewusstseinsstufe und überwacht den Evolutionsprozess.

Das Ziel der Evolution ist die Erleuchtung, Vervollkommnung oder Ganzheit – ein Seinszustand, in dem wir nicht mehr der Anhaftung und den Grenzen des endlichen Verstandes unterliegen, in dem wir kein Bedürfnis mehr danach haben, uns zu inkarnieren und uns auf die Reise zur Vereinigung mit der göttlichen Quelle allen Seins zu bewegen.

Die Fallen, in die wir beim Lernprozess hineingeraten können, zeigen an, dass das Karma (vgl. Glossar), das spirituelle Gesetz von Ursache und Wirkung, aktiviert worden ist.

Aus dem Karma erwächst das Konzept von der Reinkarnation – oder von vielen Leben –, im Laufe derer Erfahrungen gesammelt und die Folgen von Missbrauch oder Fehlinterpretation der göttlichen Prinzipien verstanden werden sollen.

Die göttlichen Prinzipien (oder höheren Archetypen) sind reine, abstrakte Kräfte, die uns ständig beeinflussen und motivieren. So wie wir sie deuten, benennen wir sie auch: Liebe, Gerechtigkeit, Frieden, Schönheit, Harmonie, Macht, Dienen, Ganzheit und Perfektion. Wir bemühen uns, nach diesen Prinzipien zu leben und, um sie zu verstehen, zerlegen wir sie in ihre Bestandteile, und so sind die Archetypen entstanden (wie beispielsweise die 22 Archetypen in den Großen Arkana des Tarot, vgl. Seite 48 und Glossar).

Das höhere Selbst verschafft sich vor und nach jeder Inkarnation einen Gesamtüberblick, um die Fortschritte einzuschätzen, Entscheidungen zu treffen, Möglichkeiten zu eröffnen oder bestimmte Lernsituationen, die für die Entwicklung unserer Seele wichtig sind, bereitzustellen. Daraus ergibt sich, dass jedes sich in-karnierende Wesen die Samen seines Schicksals bereits in sich trägt.

Lebenssinn

Das Schicksal ist die Gesamtsumme der Entscheidungen, die vom höheren Selbst für eine bestimmte Inkarnation getroffen werden. Dazu gehören die Lektionen, die für die Weiterentwicklung gelernt werden sollen, das zurückzuzahlende Karma, die zu korrigieren-den Unausgewogenheiten und der Dienst, den wir vielleicht der Menschheit oder der Erde erweisen möchten. Unser höheres Selbst strebt ebenfalls danach, dass wir uns mit einem oder mehreren göttlichen Prinzipien oder mit den für einen Archetypus charakte-ristischen Themen besonders auseinander setzen. Wenn wir ein Verständnis des Archetypus erlangen, der unser Leben bestimmt, dann können wir bewusster an unserer Entwicklung und unserer spirituellen Erfüllung arbeiten.

Jeder von uns wird mit einem »einströmenden Willen, etwas Be-stimmtes zu tun« oder unter dem Einfluss eines über ihm leuch-tenden Engels inkarniert. Wenn wir lernen, damit in Einklang zu leben, dann wird unser gesamtes Leben in sich stimmiger. So kann der einströmende Wille in uns den starken Wunsch auslösen zu leh-ren, zu lernen, zu heilen, Schönheit oder Harmonie zu erschaffen, zu regieren, uns für Gerechtigkeit oder für Frieden zu engagieren, zu dienen, zu forschen, zu philosophieren, Macht auszuüben, Lie-be zu geben …

Unseren umfassenden »Willen, etwas Bestimmtes zu tun«, mit anderen Worten unser Lebensthema zu kennen, zu erkennen bzw. anzuerkennen und Kontakt mit unserem Lichtengel aufzunehmen, ist ein wichtiges Thema (vgl. Übung 4, Seite 55). Viele von uns seh-nen sich danach, von der Last der Entscheidungsfindung befreit zu werden. »Wenn mir nur jemand sagen würde, was ich tun soll, dann könnte ich weitermachen und es tun«, ist eine Bitte, die ich bei mei-

ner Arbeit ständig zu hören bekomme. Doch ganz so einfach ist
es nicht.

Entscheidungen

Selbst wenn wir unseren einströmenden Willen oder unser Schlüsselwort erkannt und zu unserem Lichtengel auf kreative Weise
Kontakt aufgenommen haben, müssen wir dennoch anerkennen,
dass jeder Bereich eine Vielzahl an Möglichkeiten in sich birgt. Wir
müssen immer noch Entscheidungen treffen, unsere Motivation
finden und unser Leben gestalten.

Viele der Menschen, die zu einer persönlichen Beratung mit
meinem Geistführer Gildas kommen, stellen folgende Frage:
»Worin besteht der Sinn meines Lebens?« Normalerweise kann
Gildas den einströmenden Fluss aus dem höheren Selbst sehen und
sogar mit dem Lichtengel Kontakt aufnehmen. Dann kann er die
wesentlichen Schlüsselbegriffe bzw. Aufgaben für die gegenwärtige
Inkarnation deuten und sie dem betreffenden Menschen mitteilen.
Außerdem betont er sehr deutlich, dass für jeden von uns der über-
geordnete Sinn des Lebens in der Weiterentwicklung liegt. Um uns
zu entwickeln, müssen wir Erfahrungen sammeln, und deshalb ist
jeder Tag, jede Stunde und jede Minute unseres Lebens eine Leistung im Hinblick auf das Erreichen unseres Lebensziels. Unsere
Hauptaufgabe besteht darin, uns unserer selbst und unserer Erfahrungen stärker bewusst zu werden, um so unsere Entscheidungs-
kraft zu aktivieren. Viele von uns empfinden gerade diese Kraft als
besonders furchterregend. Wie treffen wir Entscheidungen? Was
passiert, wenn wir eine falsche Entscheidung getroffen haben?

Gildas übermittelt uns, dass es keine falschen Entscheidungen
gibt. Mit einigen Lebensentscheidungen quälen wir uns unnötig ab,
da wir uns sagen, dass es an jeder Lebenskreuzung eine falsche und
eine richtige Richtung geben muss. Manchmal stecken wir an
Kreuzungen fest und sind nicht in der Lage, die Zeichen zu lesen
oder eine Entscheidung hinsichtlich der Richtung, die wir ein-

schlagen wollen, zu treffen. Da wir dem Einfluss der christlichen Lehre, so wie sie die Kirche interpretiert, ausgesetzt sind, neigen wir bei unseren Entscheidungen dazu zu glauben, dass Aufopferung und der schwierigste Weg irgendwie tugendhafter seien als der Weg der wahren Freude und der inneren Erfüllung. Wir betrachten Gott, Geistführer, das höhere Selbst, Engel und spirituelle Helfer als Spielverderber, die ständig Ansprüche an uns stellen, und in unserer Vorstellung können die wirksamsten Lektionen nur durch Schmerz und Leid erlernt werden. Wenn die Medizin nicht abscheulich schmeckt, dann meinen wir, dass sie nicht helfen wird! Wenn wir jedoch die Wirkungsweise des höheren Selbst besser verstehen lernen, dann können wir unsere Entscheidungen mit mehr Freiheit und Kreativität treffen. Wir verlangen uns häufig selbst mehr ab als allen anderen.

Gildas sagt Folgendes dazu:

❥ *Wenn wir uns auf der Erde inkarniert haben, dann machen Entscheidungen einen großen Teil unseres Lebens aus. Im weitesten Sinne gibt es jedoch keine falschen Entscheidungen. Bevor du dich inkarniert hast, hat dein höheres Selbst schon Entscheidungen getroffen, die sicherstellen, dass du die für deine Entwicklung notwendigen Erfahrungen machen kannst. Die geschichtliche Epoche und der Kulturkreis, in die wir hineingeboren werden, sind ebenso von uns ausgewählt worden wie unser anfängliches soziales Umfeld. Kinder wählen ihre Eltern aus. Eltern wählen ihre Kinder aus. Über Geschlecht, Körpertyp und geistige Ausrichtung wird ebenfalls entschieden, bevor noch die körperliche Empfängnis stattfindet. Selbst die astrologischen Einflüsse zum Zeitpunkt der Geburt sind schon ausgewählt und gelenkt worden.*

Auf diese Weise werden unsere Lebensumstände geschaffen. Einige Entscheidungen wird das inkarnierte Selbst nie treffen können; dagegen führt jede Entscheidung, die innerhalb der

gegebenen Möglichkeiten getroffen wird, zu einer wertvollen
Erfahrung, die unsere Seele für ihre Weiterentwicklung
braucht. Jedes Mal, wenn du dich an einer Wegkreuzung
befindest, hast du die Möglichkeit, egal, welche Richtung du
einschlägst, zwischen unterschiedlichen, jedoch gleichermaßen
wertvollen Entscheidungen zu wählen. Es liegt dann an dir,
an deiner inkarnierten Persönlichkeit zu entscheiden, welche
Richtung dir die größte Erfüllung bringen wird und wie viel
Anstrengung du in Kauf nehmen möchtest bzw. nicht. Das
höhere Selbst möchte, dass sich das Wesen bei der Inkarnation
selbst verwirklicht, doch erwartet niemand, dass du dich
deswegen in etwas Schlimmes hineinstürzst. Alle Führer und
Ratgeber auf dieser Seite des Lebens hoffen, dass du Freude und
Bewusstheit aus deinem Leben im Körper und deiner Verbindung zur Erde und zu allem, was sie zu bieten hat, ziehen
kannst.

Falsche Entscheidungen werden nur dann getroffen, wenn
du dich in vollem Bewusstsein der dunklen bzw. unheilvollen
Seite des Lebens zuwendest und Disharmonie schaffen oder
willentlich Schaden anrichtest. Ein Grundsatz der menschlichen
Natur besagt, dass wir keinen Schaden anrichten wollen.
Es gibt zahlreiche Komplikationen, die sich aus der Einhaltung
dieses Gesetzes ergeben können, doch wenn du in jedem
Moment danach zu leben versuchst, soweit es dir deine Bewusstheit erlaubt, dann wirst du einfach keine Fehlent-
scheidungen treffen. Wende dich vertrauensvoll den Möglichkeiten des Lebens zu, und wenn du weder Angst vor
Veränderungen hast, noch dich von ihnen abhängig machst,
dann hast du die besten Chancen, die Entwicklungsmöglichkeiten, die sich dir bieten, zu nutzen und die vor
dir liegenden Aufgaben zu meistern. ❧

Höhere Archetypen und der einströmende Wille

Eine vollständigere Liste der Schlüsselbegriffe, die sich auf den einströmenden Willen beziehen oder das Wesen des Lichtengels beschreiben, können Sie der Beschreibung der göttlichen Prinzipien oder der höheren Archetypen entnehmen. Keine Liste könnte jedoch wirklich vollständig sein, und wir müssen den Schlüsselbegriff finden, der uns auf einer persönlichen Ebene anspricht und uns tatsächlich motiviert. Jede Liste lässt daher Raum für Kreativität, und es wird immer noch weitere Begriffe geben, die der Bedeutung des einen oder anderen Begriffs nahe kommen bzw. für einen bestimmten Menschen aussagekräftiger oder passender sind.

Für einige Menschen, wie beispielsweise für John (vgl. Fallstudie, Seite 44), hat das Schlüsselwort einen direkteren Bezug zu seinem Leben und steht mit den grundlegenden Eigenschaften der höheren Archetypen in engerem Zusammenhang. Für andere wiederum ist es nicht so leicht fassbar oder auch subtiler. In solchen Fällen ist viel Reflexion oder Meditation erforderlich, um zu dem Begriff zu gelangen, der den tieferen Sinn des Lebens ausdrückt oder ihn lebendig werden lässt. Im nächsten Absatz schlage ich Ihnen eine Reihe von Begriffen vor, die den verschiedenen Archetypen höherer Qualität entsprechen und die Ihnen bei Ihrem Bemühen, den einströmenden Willen zu verstehen, behilflich sein können. Dadurch können Sie einen direkteren Kontakt zu Ihrem Lichtengel aufbauen, der den Sinn Ihres Lebens verkörpert. Einige Begriffe werden Sie unter mehreren Beschreibungen aufgeführt finden, da die Archetypen unter Umständen ähnliche Eigenschaften aufweisen. Es ist ein kleiner, jedoch feiner und bedeutsamer Unterschied, ob Sie an Ihrer Kreativität unter dem Archetypus »Liebe« oder unter dem Archetypus »Macht« arbeiten. Jeder Begriff hat seine Daseinsberechtigung; keiner ist besser als der andere, sie erfüllen einfach nur einen anderen Zweck.

Vom höheren Archetypus der **Liebe** leiten sich folgende Begriffe ab: Liebe zu Gott, Liebe zu anderen Menschen, Selbstaufopferung, Zärtlichkeit, Mütterlichkeit, Nähren, Anteilnahme, Kreativität, Hingabe, Berufung, Engagement, Heilen, Liebe zur Erde und zu Dingen, die wachsen, Liebe zu Tieren, Naturschutz, Transformation, Geben, Zufriedenheit.

Vom höheren Archetypus der **Gerechtigkeit** leiten sich folgende Begriffe ab: Gleichheit, Fairness, Verwaltung, Gesetz, Ordnung, Obhut, Autorität, Führung, Reformen, soziales Gewissen, Politik, Strafmilderung, Schlichtung, Kriegertum, Menschenrechte, Diskussion, Fürsorge, Idealismus.

Vom höheren Archetypus des **Friedens** leiten sich folgende Begriffe ab: Frieden schaffen, Kriegertum, Schlichtung, Staatsbürgerschaft, Verteidigung, Obhut, Heilen, Planen, Ordnung, Freiheit, Beziehung, Vereinigung, Nächstenliebe, Sicherheit, Gebet, Meditation, Stille.

Vom höheren Archetypus der **Schönheit** leiten sich folgende Begriffe ab: Erhaltung, Kreativität, Formen, Kunstfertigkeit, Geschicklichkeit, Beobachtung, Anmut, Transformation, Wertschätzung, Farbe, Entwurf, Architektur, Bauen, Vision, Einschätzung, Perspektive, Bewusstheit.

Vom höheren Archetypus der **Harmonie** leiten sich folgende Begriffe ab: Musik, Kreativität, Frieden schaffen, Tanz, Kunst, Farbe, Entwurf, Symmetrie, Schlichtung, Beraten, innere Suche, Heilen, Freundschaft, Einfühlungsvermögen, Rhythmus, Verständnis, Toleranz.

Vom höheren Archetypus der **Macht** leiten sich folgende Begriffe ab: Herrschaft, Führung, Lehren, Priesterschaft, Regierung, Selbstbefähigung, Befähigung anderer, Selbstverwirklichung (vgl. Glossar), Ehrgeiz, Initiation, Wettkampf, Erwerb, Verantwortung, Richtung, Inspiration, Vision, Hoffnung, Hingabe, Idealismus, Glaube, Mut, Vertrauen, Gesetz und Ordnung, Kompetenz.

Vom höheren Archetypus des **Dienens** leiten sich folgende Begriffe ab: Hingabe, Absicht, Dienst an anderen, Verantwortung, Verwaltung, Gesetz und Ordnung, Transformation, Verwandlung, Heilen, Beraten, Geben, Selbstaufopferung, soziales Gewissen, Glaube, soziale Reformen, Verbesserung, Idealismus, Patriotismus, Nächstenliebe, Liebe zu anderen Menschen.

Vom höheren Archetypus der **Ganzheit** leiten sich folgende Begriffe ab: Eigenes Wachstum, Gleichheit, Ausgeglichenheit, Einbeziehen, Heilen, Wahrnehmung, Verschmelzen, Akzeptanz, Suche, Erforschen, Angleichung, Vervollständigung, Vision, Toleranz, breit gefächertes Wissen, Symbolik, Kreativität.

Vom höheren Archetyp der **Vollkommenheit** leiten sich folgende Begriffe ab: Idealismus, Gottesbewusstsein, Hingabe, Streben, Heilen, Bemühen, Vision, Gelassenheit, Emsigkeit, nach dem Höchsten streben, Güte, Glaube, Maßstäbe setzen, Ziele, Ziele stecken, Vertrauen, Fokus, Rat erteilen, Führung, künstlerische Fähigkeiten, Wert, Naturschutz, Erhalten, sich eng an einen vorgeschriebenem Weg halten, Eifer, Fleiß.

Ich habe mich darum bemüht, Begriffe zu vermeiden, die eine negative Konnotation haben, doch fast alles kann, wenn es ein bestimmtes Maß übersteigt, ins Negative umschlagen. All diese Aspekte haben eine positive und ausgeglichene Wirkung, wenn man sie im richtigen Maß und in angemessenem Zusammenhang verwendet.

Auch wenn Sie den für Sie zutreffenden Archetypus oder Begriff entdeckt haben, der Ihnen Ihre Verbindung zu Ihrem einströmenden Willen bzw. Lichtengel verdeutlicht, dann heißt das noch lange nicht, dass er Sie unmittelbar zum perfekten Studium, der perfekten Arbeit bzw. Karriere führen wird. Der entsprechende Begriff oder Archetypus vermittelt Ihnen jedoch auf klarere Weise, warum Sie hier sind, und er vermittelt Ihnen ein besseres Verständnis hinsichtlich der Ziele Ihres höheren Selbst. Sie können die Schlüsselbegriffe in beliebiger Kombination auf eine Reihe von Berufen anwenden. Das wird Sie bei der Art und Weise, in der Sie die Arbeit angehen, die Sie sich selbst ausgesucht haben oder die Sie im gegenwärtigen Augenblick nicht aufgeben können, unterstützen.

Unsere Gesellschaft ist auf das *Tun* ausgerichtet. Stellen Sie jedoch sicher, dass Sie die Schlüsselbegriffe auch auf eine Arbeit oder Lebensweise anwenden, die auf das *Sein* ausgerichtet ist. Ein schönes Zuhause zu schaffen und es zu erhalten, sich um einen Garten zu kümmern und Kinder aufzuziehen, sind auf einer bestimmten Ebene sehr aktive und anspruchsvolle Tätigkeiten, doch auf einer anderen Ebene werden Menschen gerade von der Qualität des Seins, die mit dem Schaffen eines gemütlichen Heims einhergeht, tief berührt. Einige Menschen wissen auch, dass die Art der von Ihnen verrichteten Arbeit weniger wichtig ist als die Qualität des Seins, die sie dieser Arbeit verleihen. Einige Menschen lernen das *Sein* über das *Tun*, andere lernen das *Tun* über das *Sein*.

FALLSTUDIE   ***Kommen Sie mit Ihrem einströmenden Willen in Kontakt***

John, Anfang vierzig, war in seiner Laufbahn als Lehrer recht erfolgreich. Er leitete die Fachabteilung einer großen Gesamtschule und genoss dort großes Ansehen. Nach außen hin sah es so aus, als ob er der Inbegriff des erfolgreichen Lehrers sei, auf den weitere Beförderungen und erfolgreiche Schritte warteten. Er war glücklich mit Ursula verheiratet, die ebenfalls Lehrerin war und vor kurzem zur Rektorin der Dorfschule am Ort befördert worden war. Sie hatten ein gemütliches Zuhause und ihr Sohn und ihre Tochter zeigten in ihrem Studium gute Leistungen. Für den Außenstehenden schienen sie die Art von wohliger Zufriedenheit im Leben erreicht zu haben, die sich so schwer beschreiben lässt.

Als John einen Termin mit mir vereinbarte, hatte er kurze Zeit zuvor sein Interesse an transpersonaler Therapie und Beratung entdeckt (vgl.

Glossar). Als sein Hauptproblem nannte er »Desillusionierung und Richtungsverlust«. Er hatte das Gefühl, dass sein Leben und sein Beruf ihren Sinn für ihn verloren hätten und fragte sich sogar, ob er überhaupt je wirklichen Sinn in seiner tiefsten Bedeutung erfahren hatte. Er besuchte regelmäßig den Gottesdienst in der Anglikanischen Kirche an seinem Wohnort, doch die Unterstützung, der Trost und die Inspiration, die er in früher beim konventionellen Gottesdienst erfahren hatte, waren ihm verloren gegangen.

John fühlte sich depressiv, isoliert und so, als ob er in einer Sackgasse steckte. Nach außen hin versuchte er, sich weiterhin normal zu verhalten, doch im Inneren verspürte er enormen Druck. Die Vorstellung, seinen Beruf zu wechseln oder seinem Leben eine andere Richtung zu geben, erschien ihm zu schrecklich, als dass er sie auch nur in Erwägung ziehen wollte. Seine Frau Ursula und seine Kinder hatten ihren Platz gefunden und waren glücklich. John hatte das Gefühl, dass, wenn er sich veränderte, sich das zwangsläufig ungünstig auf seine gesamte Familie auswirken würde. Er war nicht dazu bereit, eine Familienkrise auszulösen und das Leben seiner Liebsten durcheinander zu bringen. Außerdem gab es außer Unterrichten nichts, was John mit leidenschaftlichem Interesse erfüllt hätte. Doch wenn er in seinem jetzigen Beruf blieb, dann hatte er keine Hoffnung mehr, dass er die äußere und innere Stärke aufbringen würde, um die hohen Maßstäbe, die er sich immer gesetzt hatte und die jetzt automatisch von ihm erwartet wurden, aufrechterhalten zu können.

Ich hatte das Gefühl, dass John sich gerade in einer spirituellen Krise im weitesten Sinne befand und dass er an geistiger und körperlicher Erschöpfung litt. Der letztgenannte Zustand musste auf einer praktischen Ebene angegangen werden, so dass Maßnahmen ergriffen werden konnten, um körperliche Stresssymptome abzumildern oder zu verhindern. Die langen Schulferien standen bevor, jedoch verbrachte John den Großteil dieser Zeit normalerweise damit, frühere Unterrichtsmaterialien zu überarbeiten und das kommende Schuljahr vorzubereiten. Außerdem waren zwei Wochen für den Familienurlaub reserviert. Dieses Jahr brachen seine Kinder, die die Universität besuchten, allerdings mit der Familientradition und hatten ihre eigenen Pläne gemacht. John hatte das Gefühl, dass er und Ursula dann einfach zu Hause bleiben und sich um den Garten kümmern würden. Doch nachdem er gehört hatte, was ich über seine Erschöpfungszustände gesagt hatte, entgegnete John, dass er in Erwägung ziehen würde, mit Ursula einen längeren Urlaub, vielleicht sogar einen Auslandsurlaub, zu planen und dass er damit seine kürzliche Beförderung feiern würde.

Nachdem ich betont hatte, dass die körperlichen Bedürfnisse wichtig seien, sprach ich mit John über die Archetypen, die unseren Lebenssinn symbolisieren. Nun sagte er, dass er sich seinem Gefühl nach ohne zu überlegen in den Lehrberuf habe hineintreiben lassen, denn als Schüler habe er weder Arzt noch Anwalt noch Priester werden wollen und damals erschien ihm der Lehrberuf als einzig mögliche Alternative. Bis vor kurzem hatte ihn das Unterrichten ausgefüllt, doch jetzt fiel es ihm schwer, seine Arbeit mit dem früheren Schwung zu erledigen; eine ausbaufähige Alternative war jedoch nicht in Sicht. Seine Beziehung zum Archetypus Lehrer war aus irgendwelchen Gründen nie wirklich auf einer tieferen Ebene verankert worden; er fühlte sich von ihm mitgerissen und hatte den Eindruck, dass er sein Leben kontrolliere und durch ihn alle anderen Wege abgeschnitten seien. Irgendwie fühlte er sich als Opfer dieses Archetypus.

Schließlich entschlossen sich John und Ursula dazu, vier Wochen Urlaub im Ausland zu machen, und vor seiner Abreise bat ich ihn, über das Unterrichten als überordneten Archetypus nachzudenken und sich anzusehen, ob es irgendwelche Aspekte gebe, die ihm bei seiner Tätigkeit aufregender erschienen als andere. Er stimmte außerdem zu, sich darüber hinaus die anderen wichtigen übergeordneten Archetypen anzuschauen, um herauszufinden, welcher die größte Energie für ihn hatte.

Mit Beginn des neuen Schuljahres nahm John die Sitzungen bei mir wieder auf. Seine Gedanken über die Archetypen, die den Lebenssinn symbolisieren, hatten sich als fruchtbar erwiesen. Gründliches Nachdenken hatte ihn davon überzeugt, dass er sich nicht aufgrund mangelnder Alternativen in den Lehrberuf hatte hineintreiben lassen, sondern dass ihn dieser Beruf auf subtile Weise gerufen hatte. »Ich fühle mich als Pädagoge«, sagte er. Der Aspekt, der ihm an seinem Beruf in letzter Zeit am aufregendsten erschien, war die Arbeit, die er mit jüngeren Lehrern verrichtete; er half ihnen nämlich dabei, in dem von ihnen gewählten Beruf Fuß zu fassen und unterstützte sie in der Entwicklung ihrer Fähigkeiten und Stärken als Lehrer. Beim Lesen von pädagogischen Fachzeitschriften wurde seine Aufmerksamkeit auf Anzeigen gelenkt, in denen Stellen für Dozenten im Bereich der Lehrerausbildung ausgeschrieben waren. Er hatte das Gefühl, dass er erst einige Halbtagskurse würde belegen müssen, bevor er sich auf eine solche Stelle bewerben könnte; doch er war sich jetzt vollkommen im Klaren darüber, dass er in Zukunft Lehrer ausbilden wollte.

In der Zwischenzeit würde es eine angemessene Herausforderung für ihn sein, seine Tätigkeit fortzusetzen und den jüngeren Kollegen in seiner Schule weiterhin mit Rat und Tat zur Seite zu stehen. Er spürte, dass er eine neue Beziehung zum Archetypus Lehren bzw. Erziehen aufbaute, und es gelang ihm, in der Zukunft das Gefühl, Opfer zu sein, zu vermeiden; stattdessen schöpfte er aus seiner Tätigkeit wirkliche Inspiration und ein Gefühl, darin einen Lebenssinn zu finden. Wenn er sich in den Bereich der Lehrerausbildung hineinwagte, dann würde das ein verantwortungsvoller Schritt sein, der das Leben seiner Familie nicht durcheinander brächte. Er verspürte neue Lebensenergie in sich und hatte das Gefühl, dass seine Sackgasse zu einer Wegkreuzung geworden war, an der er mit Zuversicht die von ihm gewählte Richtung einschlagen konnte.

John kam weiterhin zu Sitzungen, um über die spirituelle Seite des Lebens zu sprechen. Er ging weiterhin zur Kirche, übte sich jedoch auch in der Meditation und las spirituelle Literatur aus den unterschiedlichsten Bereichen. Seine Sicht des Universums und des diesem zugrunde liegenden Sinns veränderte und erweiterte sich.

Anderthalb Jahre später, als John nur noch unregelmäßig zu Sitzungen zu mir kam, rief er mich an, um mir mitzuteilen, dass er erfolgreich gewesen sei und eine Stelle in der Lehrerausbildung bekommen habe; er sei voller Neugier und Vorfreude und seine Freunde und Kollegen seien begeistert. Mit ihren guten Wünschen trat er diese Veränderung an, obwohl es seinem Vorgesetzten und seinen Kollegen Leid tat, ein so wertvolles Mitglied des Lehrerkollegiums zu verlieren.

Die Archetypen: die Sonne, der Mond und die Sterne

Während die Qualitäten Liebe, Gerechtigkeit, Frieden, Schönheit, Harmonie, Macht, Dienen, Ganzheit und Vollkommenheit göttliche Prinzipien bzw. Archetypen höherer Qualität sind, verbergen sich hinter ihnen noch eine ganze Reihe von Archetypen persönlicher Natur. Sie werden häufig als »Urbilder, die wir alle geerbt haben« beschrieben. C. G. Jung betrachtete sie als universelle Energiekräfte, die uns alle ausnahmslos sowohl bei Tag als auch bei Nacht beeinflussen. Diese Archetypen stehen stellvertretend für Prinzipien, Ideen oder Kräfte, mit denen wir im Laufe unseres Lebens auf der Erde zurechtkommen müssen.

Die Liste der 22 Archetypen, die die Großen Arkana bilden, ist relativ vollständig, doch gibt es noch weitere Archetypen, die hinzugefügt werden könnten. Beim Tarotkartenlegen können wir feststellen, welche Archetypen unser Leben zu einem bestimmten Zeitpunkt am stärksten beeinflussen. Die 22 Archetypen der Großen Arkana im Tarotspiel sind folgende: der Narr, der Magier, die Hohepriesterin, die Herrscherin, der Herrscher, der Hierophant, die Liebenden, der Wagen, die Kraft, der Eremit, das Schicksalsrad, die Gerechtigkeit, der Gehängte, der Tod, die Alchemie, der Teufel, der Turm, der Stern, der Mond, die Sonne, das Gericht, die Welt.

Die Chakren haben einen Bezug zu den Archetypen und deren Nebenbedeutungen. Wenn ich Ihnen Archetypen für bestimmte

Chakrenpaare oder -gruppen vorstelle, dann möchte ich Ihnen damit einen größeren Einblick in die feinstoffliche Bedeutung der Archetypen und die weit gefächerten Bereiche, die sie abdecken, verschaffen. Indem wir Verbindungen zwischen den Chakren und den Farben, den Kristallen bzw. Edelsteinen und den Archetypen herstellen, eröffnen sich uns vielfältige Möglichkeiten der Arbeit mit jedem Chakra, Chakrenpaar oder jeder Chakrengruppe; und eine dieser Möglichkeiten wird auch Sie in Ihrem Wachstum auf angemessene Art unterstützen.

Die Archetypen, die für das Thema »Auf der Erde sein« als Aspekte des Wurzel- und des Kronenchakras ausgewählt worden sind, sind die Sonne, der Mond und die Sterne.

Die Sonne

Für diese Chakren ist die Sonne als Archetypus ausgewählt worden, weil sie innerhalb von 24 Stunden »stirbt« und »geboren« wird und deshalb Tod und Wiedergeburt symbolisiert.

Das astrologische Symbol für die Sonne ist ein Punkt in der Mitte eines Kreises. Wenn wir alte Konditionierungen loslassen und unseren eigentlichen Lebenssinn finden, dann müssen wir vielleicht einen Teil unseres Selbst sterben lassen, um wiedergeboren zu werden. Gildas teilt uns mit, dass das höhere Selbst aufgrund der bereits von ihm festgelegten Bedingungen die Wahlmöglichkeiten in unserem Leben *einschränkt*. Der Punkt in der Mitte des Kreises ist der Teil in uns, der »Ich« sagt. Wenn wir den Kreis der Möglichkeiten eingehender erforscht haben, dann können wir wirklich »Ich bin« sagen und Vertrauen aus unserer größeren Selbstkenntnis beziehen.

Die Sonne kann als das höhere Selbst betrachtet werden, das durch die Krone in uns hineinscheint und das Wurzelchakra, dessen Element die Erde ist, fruchtbar macht, belebt und aufweckt.

Die dem Wurzelchakra zugrunde liegende Symbolik ergibt sich teilweise aus der Notwendigkeit, unsere Wurzeln tief in der Erde zu verankern, so dass der Baum des Selbst hoch, stark und harmonisch wachsen und seine Äste der Sonne, die ihn nährt, entgegenstrecken kann.

In den meisten Traditionen verkörpert die Sonne den universellen Vater bzw. das männliche Prinzip, wohingegen der Mond den Hauptaspekt der großen Mutter darstellt und das Symbol für das weibliche Prinzip ist. Aus der gegenseitigen Beeinflussung dieser beiden Urprinzipien entsteht Kreativität.

In der Psychologie repräsentiert die Sonne den bewussten, aktiven Verstand und der Mond den unbewussten, träumerischen.

Der Mond

Der Mond ist als Archetypus mit dem Kronen- und dem Wurzelchakra ausgewählt worden, da er die rezeptiven, beschaulichen, träumerischen und unbewussten Aspekte des Menschen darstellt. Wenn wir unseren Platz auf der Erde gefunden haben und uns weiterentwickeln, dann müssen diese Aspekte zum Aufblühen gebracht werden.

Der Mond symbolisiert auf der ganzen Welt die Rhythmen und Zyklen des Lebens. Indem der Mond zunimmt, abnimmt und sich in seine dunklen Phasen zurückzieht, zeigt er das permanent vorhandene Bedürfnis auf, Unbewusstes ins Licht der Bewusstheit zu rücken.

Indem der Mond das Licht der Sonne reflektiert, stellt er die Reise der inkarnierten Persönlichkeit durch die Zyklen ihrer Entwicklung dar; wenn sie versucht die Absichten des höheren Selbst zu verstehen und sie in die Tat umzusetzen.

Die Sterne

Die Sterne sind als drittes archetypisches Symbol für das Wurzel- und das Kronenchakra ausgewählt worden, da Sterne am Himmel unser wahres bzw. aufsteigendes Selbst symbolisieren können, das sich in voller Harmonie mit dem Leben und seinen Möglichkeiten befindet. Außerdem sind sie die Augen der Nacht, die uns Hoffnung und Klarheit bringen, wenn wir verwirrt oder durcheinander sind.

Der Polar- bzw. Nordstern gibt uns die Richtung vor; wenn wir ihn am Himmel ausfindig machen, dann wissen wir immer, wohin unsere Reise geht. Sterne werden auch mit uraltem Wissen in Verbindung gebracht. Da sie Zeugen der gesamten Geschichte des Universums sind, können sie uns zu kreativen Entscheidungen inspirieren und uns zeigen, wo unsere wahren Talente liegen.

ÜBUNG 3   *Nehmen Sie Ihren Körper wahr*

Es empfiehlt sich, diese Übung im Liegen auszuführen und zwar entweder auf dem Boden oder auf einem Bett oder Sofa. Sorgen Sie dafür, dass Sie ungestört bleiben; legen Sie sich Papier und Schreibutensilien zurecht und decken Sie sich mit einer Decke zu, so dass Sie es bequemer haben und Ihnen nicht kalt wird.

- Spüren Sie Ihren Atemrhythmus. Versuchen Sie nicht, ihn zu verändern, sondern beobachten Sie ihn einfach nur. Entspannen Sie Ihren gesamten Körper. Beginnen Sie bei den Füßen und gehen Sie dann weiter nach oben; machen Sie sich Spannungen in Ihrem Körper bewusst und lösen Sie sie mit jeder Ausatmung. Atmen Sie mit jeder Einatmung ein Gefühl von Wärme und Entspannung ein.
- Beginnen Sie, sich im Geiste die Stellen zu merken, an denen Sie die größte Spannung wahrnehmen, oder bitten Sie Ihren Körper darum, sich diese Stellen zu merken. Sind es Ihre Füße, Ihre Knie, Ihre Oberschenkel oder Ihre ganzen Beine? Ihre Genitalien oder Ihr Po? Ist es Ihr Bauch, Ihr oberer oder unterer Rücken? Sind es Solarplexus, der Brustkorb, Arme, Ellenbogen oder Hände? Sind es Ihre Schultern, Ihr Kopf oder der Bereich um die Augen herum? Oder befinden sich die größten Spannungen um Ihren Mund herum, in den Lippen, der Zunge oder den Zähnen?
- Stellen Sie sich vor, dass Sie während der ganzen Übung mit jeder Ausatmung automatisch Spannung wegatmen und mit jeder Einatmung weiterhin Wärme und Entspannung einatmen.
- Nehmen Sie sich weitere fünf Minuten Zeit, um bewusst Ihren Atem wahrzunehmen und konzentrieren Sie sich dabei auf das Element **Luft** in Ihrem Körper. Ist Ihr Atem normalerweise tief oder flach? Atmen Sie schnell oder langsam? Wenn Sie Ihre Hände auf den unteren Teil Ihrer Rippen legen, können Sie dann spüren, wie Ihr Zwerchfell bei der Ein- und Ausatmung arbeitet? Spüren Sie die Luft,

wie Sie in Ihre Nasenlöcher eintritt und in Ihre Lungen transportiert wird. Stellen Sie sich vor, wie Ihr Körper Sauerstoff aufnimmt und Kohlendioxid und andere Schadstoffe ausstößt; dadurch wird Ihre Lebenskraft und -energie aufrechterhalten. Sie können nur sehr kurze Zeit leben, ohne zu atmen. Wertschätzen Sie die Luft, die Sie einatmen und die automatische Funktion, die Ihr Körper beim Ein- und Ausatmen ausführt. (Wenn Sie sich Notizen machen möchten, bevor wir zum Element Feuer übergehen, dann nehmen Sie sich jetzt einen Augenblick Zeit, um dies zu tun und entspannen Sie sich dann wieder.)

- Wenn Sie bereit sind, dann fangen Sie an, über das Element **Feuer** in Ihrem Körper nachzudenken. Die Feuerenergie hält Sie warm, verdaut Ihre Nahrung, versorgt den Stoffwechsel mit Energie und ist der Grund dafür, dass Ihr Blut zirkuliert; sie ist Ihre Grundenergie, Ihre Initiative, Ihr »Aufstehen und Losgehen«; sie bringt Ihnen Licht und Visionskraft, sie fördert Ihre Kreativität und wirkt sich auf Ihre Sexualität aus; und im Hinblick auf die Chakren besteht die größte Verbindung zum Solarplexus. Nachdem Sie fünf Minuten lang über das Element Feuer reflektiert haben, können Sie sich Zeit nehmen, um Notizen zu machen. Begeben Sie sich dann wieder in Ihre Entspannungsposition und bereiten Sie sich darauf vor, über das Element Wasser nachzudenken.

- Es heißt, dass unser Körper zu 80 bis 90 Prozent aus **Wasser** besteht. Stellen Sie sich das Wasser und die Flüssigkeiten in Ihrem Körper vor. Die Aufgabe des Wassers besteht in der Reinigung, in der Verdauung, im Stoffwechsel und in der Ausschwemmung von Schadstoffen aus dem Körper. Denken Sie an den Harntrakt und daran, wie der Körper mit Hilfe des Elements Wasser Schadstoffe ausscheidet.

- Blut zirkuliert, es nährt und versorgt jeden Körperbereich mit Leben: Wenn wir verletzt sind und zu viel Blut verlieren, dann können wir nicht überleben; wenn wir unter Blutarmut leiden, dann erschöpfen sich unsere Energien in bedenklichem Ausmaß. Wenn Sie eine Frau sind, dann denken Sie über Ihren Menstruationszyklus nach und über die Rolle, die das Blut bei Schwangerschaft und Geburt spielt.

- Nachdem Sie fünf Minuten lang über das Element Wasser nachgedacht haben, nehmen Sie sich Zeit, um Notizen zu machen und begeben Sie sich dann wieder in Ihre Entspannungslage, um sich darauf vorzubereiten, über das Element Erde zu reflektieren.

- Im Körper sind die Knochen, die Muskeln, das Fleisch und die physische Substanz dem Element **Erde** zugeordnet. Welche Art von Körper haben Sie? Sind Sie groß oder klein? Schlank, mager oder beleibt? Kräftig gebaut, stark oder athletisch? Sind Sie gesund? Sind Sie zierlich, zerbrechlich, voller Energie oder lethargisch?

- Nehmen Sie die Beschaffenheit Ihrer Haut und Ihrer Haare wahr; werden Sie sich Ihrer Knochen bewusst. Welche Gefühle haben Sie in Bezug auf Ihren Körper? Bringt er Sie auf leichte Art durchs Leben? Sind Sie im Grunde genommen mit ihm zufrieden? Gibt es Verbesserungen, nach denen Sie sich sehnen? Können Sie sich Ihren Körper als Freund vorstellen oder müssen Sie an dieser Vorstellung noch arbeiten?

- Nachdem Sie fünf Minuten auf diese Weise Ihren Körper betrachtet haben, können Sie nun die Dinge aufschreiben, die Ihnen an Ihrem Körper gefallen und die Dinge, die Ihnen nicht gefallen. Welche Liste ist länger? Wie leicht oder wie schwer fällt es Ihnen, die Dinge zuzugeben, die Sie mögen bzw. nicht mögen?

- Nachdem Sie sich nun Ihres Körpers und seiner Elemente bewusst geworden sind, denken Sie über seine Stärken und Unausgewogenheiten nach. Treffen Sie jetzt an diesem Punkt, sofern Sie dazu in der Lage sind, Entscheidungen darüber, wie Sie Ihren Körper darin unterstützen können, die verschiedenen Elemente ins Gleichgewicht zu bringen. Auf die Chakren bezogen, unterstützt die Arbeit mit dem Wurzelchakra das Element Erde; die Arbeit mit dem Sakralchakra bringt das Element Wasser ins Gleichgewicht; die Arbeit mit dem Solarplexus unterstützt die Feuerenergie und die Arbeit mit dem Herzen das Element Luft.

- Denken Sie über die Dinge nach, die Ihr Körper mit Leichtigkeit tut und über die Dinge, die ihm schwer fallen. Machen Sie sich Gedanken darüber, auf welche Art und Weise Ihr Körper Sie zu bestimmten Beschäftigungen oder Interessen hinführt bzw. davon wegführt und inwiefern das die Führung bzw. eine Entscheidung Ihres höheren Selbst widerspiegeln könnte.

ÜBUNG 4   ***Nehmen Sie Kontakt zu Ihrem Lichtengel auf***

Sorgen Sie dafür, dass Sie ungestört bleiben und legen Sie sich Schreib- und Malutensilien zurecht. Diese Übung können Sie im Sitzen oder im Liegen ausführen. Achten Sie darauf, dass Ihr Körper symmetrisch ausgerichtet ist. Wenn Sie möchten, können Sie sich im Schneidersitz hinsetzen oder die Lotosposition einnehmen; wenn Sie sich auf einen Stuhl setzen oder sich hinlegen sollten, achten Sie darauf, dass sich Ihre Beine in Höhe der Füße oder Knie nicht kreuzen. Ihr Kopf sollte sich in der Verlängerung der Wirbelsäule befinden und in einer Sitzposition in ausgeglichener Lage sein oder abgestützt werden.

- Führen Sie die Übung zur Beatmung des zentralen Energiekanals aus.
- Wenn Sie bereit sind, dann bringen Sie Ihre Aufmerksamkeit in Ihr Kronenchakra und fühlen Sie seine Qualität und Bewegung.
  Sehen Sie, visualisieren Sie oder stellen Sie sich den sich in ständiger Bewegung befindlichen tausendblättrigen Lotos vor, der hauptsächlich die Farben Violett, Gold und Weiß ausstrahlt. Fühlen Sie, wie ein Strom goldenen Lichts von oben in die Mitte Ihres Kronenchakras hineinfließt. Dieses Licht strömt direkt in das Chakra hinein, dann den zentralen Energiekanal hinunter und aus dem Wurzelchakra wieder heraus.

- Versuchen Sie, ein engelhaftes Wesen wahrzunehmen, von dem ein Teil dieses goldenen Lichts ausgeht. Spüren Sie, wie sich das Licht wie ein Mantel aus goldenem Licht um Sie legt ... Lassen Sie zu, dass es in jeden Teil und jede Zelle Ihres Körpers eindringt und Ihnen Licht, Wärme und Heilung schenkt ... Bitten Sie darum, dass Ihnen die wichtigen Schlüsselbegriffe und der Sinn Ihres Lebens bewusst gemacht werden. Entwickeln Sie ein Gefühl dafür, welche Dinge in Ihrem Leben Ihre Kreativität unterstützen und Ihnen ein Gefühl von Erfüllung vermitteln ... Bitten Sie um Worte oder Symbole, die es Ihnen ermöglichen, in Bezug auf Ihren Lebenssinn mehr Klarheit zu gewinnen ...

- Nach fünf bis zehn Minuten lassen Sie das Licht allmählich stärker verblassen; machen Sie sich Ihr Kronenchakra noch einmal vollständig bewusst und visualisieren Sie über Ihrem Kronenchakra ein Lichtkreuz inmitten eines Lichtkreises, das Sie segnet ... Danken Sie Ihrem über Ihnen leuchtenden Engel und Ihrem höheren Selbst für ihr Licht und ihre Weisheit ... Werden Sie sich Ihres Körpers auf dem Stuhl oder Boden bewusst und spüren Sie Ihre Verbindung zur Erde; hüllen Sie sich in einen Mantel aus Licht, dessen Kapuze Ihren Kopf umhüllt; so bleiben Sie im Licht und sind nicht verletzbar. Gleichzeitig haben Sie Licht zur Verfügung, das Sie, wohin Sie auch gehen, mitnehmen können.

- Machen Sie sich Notizen oder malen Sie das auf, was Ihnen dabei helfen kann, sich an Ihre Erfahrungen während der Meditation zu erinnern. Es kann sein, dass Sie diese Übung mehrere Male bei unterschiedlichen Gelegenheiten wiederholen müssen, bevor Sie die Antworten oder Sicherheiten bekommen, die Sie suchen.

Übung 5   *Der Archetypus der Sonne*

Folgen Sie hinsichtlich der Körperhaltung den Anweisungen aus Übung 3 (Seite 52 ff.) und sorgen Sie dafür, dass Sie ungestört bleiben. Legen Sie sich Schreib- und Malutensilien zurecht.

- Spüren Sie Ihren Atemrhythmus und beobachten Sie jede Ein- und Ausatmung. Erlauben Sie sich, einen stillen und meditativen Platz in Ihrem Inneren einzunehmen.
- Vergegenwärtigen Sie sich die Reise, auf die die Sonne im Laufe des Tages und des Jahres geht. Denken Sie darüber nach, welche Tageszeit Sie am liebsten mögen. Was ist Ihre Lieblingsjahreszeit? In welcher Position steht die Sonne zu dieser Zeit des Tages bzw. Jahres?
- Ein Tag bricht an, ein Tag geht zu Ende, ein neuer Tag folgt… Denken Sie über Ihre Lebensphasen nach… Wo stehen Sie im Augenblick? Stehen Sie gerade an einem Neubeginn? Befinden Sie sich in einer florierenden Phase, in der die Sonne am Zenit steht? Oder fühlen Sie langsam in sich die Bereitschaft aufsteigen, eine Ruhepause einzulegen, eine Urlaubsreise zu unternehmen oder Ihr Leben erneut zu überdenken? Ist gerade erst etwas zu Ende gegangen, oder sind Sie sich nicht sicher, ob eine Wiedergeburt oder ein Neuanfang wirklich in Sicht sind? Vergleichen Sie Ihre derzeitige Lebensphase mit einer Tageszeit und denken Sie über die Eigenschaften dieser Tageszeit nach und was Sie Ihnen zu bieten hat…
- Wenn Sie Ihre Lieblingsjahreszeit kennen und Sie Ihrer derzeitigen Lebensphase symbolisch eine Jahreszeit zuordnen, dann können Sie ein tieferes Verständnis davon gewinnen, was Sie tun oder akzeptieren müssen, bevor Ihre Lieblingsjahreszeit wieder anfängt.
- Wenn Sie mit diesen Betrachtungen zu Ende gekommen sind, dann malen Sie auf meditative Art die Sonne und versuchen in der Tiefe zu spüren, was sie für Sie und das Leben im Allgemeinen bedeutet.

Übung 6   *Der Archetypus des Mondes*

Treffen Sie ähnliche Vorbereitungen wie die, die in Übung 3 beschrieben werden (Seite 52 ff.).

- Nehmen Sie Ihren Atemrhythmus zu Hilfe, um zu einem medatitiven Platz in Ihrem Inneren zu gelangen ... Stellen Sie sich vor Ihrem inneren Auge den Mond vor, der in einer klaren Nacht hell über einer Landschaft leuchtet und von Sternen umgeben ist ... Stellen Sie fest, um welche Jahreszeit es sich handeln könnte ... Es ist eine Vollmondnacht. Denken Sie, während Sie das silbern scheinende Licht des Mondes in sich aufnehmen, über die anderen Mondphasen nach – den abnehmenden Mond, den Neumond, die neue Mondsichel und den zunehmenden Mond und dann wieder den Vollmond ...
- Denken Sie darüber nach, wie Ereignisse und Erinnerungen im Leben einem manchmal in vollem Bewusstsein erscheinen und sie später dann immer weniger bewusst und schließlich vergessen werden, so wie es beim abnehmenden Mond oder beim Neumond der Fall ist. Erinnern Sie sich an die Freude angesichts einer neuen Idee oder einer neuen Leidenschaft, die zuerst wie der Neumond ist, dann zu ihrer vollen Größe heranwächst und wieder abnimmt ... Überlegen Sie, wie Ihr bewusster Verstand und Ihr Unbewusstes sich gegenseitig beeinflussen, und wie Träume und Meditationen manchmal wichtiges Material aus dem Unbewussten in eine Form, eine Erinnerung oder Inspiration bringen können, wie sie Ihre Kreativität anfachen und Sie an den Reichtum, den Sie in sich haben, erinnern.
- Wenn Sie in einem meditativen Zustand ein Bild des Mondes malen, dann fragen Sie sich, ob Sie Ihren Träumen mehr Aufmerksamkeit zukommen lassen sollten. Brauchen Sie mehr Zeit für sich selbst, zum Rückzug oder für die Meditation?
- Stellen Sie sich in Gedanken die Phasen des Mondes als Phasen der Inkarnation, Reinkarnation oder Evolution vor. Versuchen Sie, ein

Gefühl dafür zu gewinnen, was vorher passiert sein muss, damit Sie den Platz im evolutionären und karmischen Zyklus einnehmen konnten, an dem Sie jetzt stehen.

ÜBUNG 7   *Der Archetypus der Sterne*

Treffen Sie die bereits in Übung 3 (Seite 52 ff.) beschriebenen Vorbereitungen.

- Nehmen Sie Ihren Atemrhythmus zu Hilfe, um zu einem ruhigen, meditativen Platz in Ihrem Inneren zu gelangen ... Vergegenwärtigen Sie sich noch einmal eine Nacht mit klarem Sternenhimmel ... Machen Sie den Nord- bzw. den Polarstern ausfindig ... Stellen Sie sich vor, dass Sie auf einem Lichtstrahl zu diesem Stern reisen ... Wenn Sie dort angekommen sind, dann blicken Sie von oben auf die Erde herab und versuchen Sie, ein Gefühl für die Richtung zu bekommen, die Sie gegenwärtig eingeschlagen haben und die Richtung, die Sie vielleicht einschlagen sollten ... Weist Ihnen Ihr Stern denselben Weg? Oder ist eine leichte Richtungsänderung angedeutet? Zeigt das Sternenlicht eine komplette Richtungsänderung an, die Sie realisieren bzw. verfolgen könnten?
- Denken Sie darüber nach, wie es sich anfühlt, ein aufgehender Stern zu sein, der seinen Weg und seinen Platz im Universum kennt ...
- Wenn Sie die Sterne am Himmel malen und der Nordstern Ihnen Ihre Richtung weist, dann reflektieren Sie über die Zeiten in Ihrem Leben, in denen Sie wirklich das Gefühl hatten, auf dem richtigen Weg zu sein, so wie ein Stern am Himmel. Welche Dinge brauchen Sie in Ihrer Umgebung, um ein Gefühl von Erfüllung zu haben? Welche dieser Dinge sind im Moment besonders stark vorhanden und welche fehlen?

Farben

Die Hauptfarben des Wurzelchakras sind Rot, Braun und Malve.

In positiver Hinsicht wird Rot mit Wärme, Aktivität und Wachstum in Verbindung gebracht, in negativer Hinsicht mit Wut, Gefahr und Notsituationen.

Rot eignet sich besonders gut für die Heilung von Knochen, Muskeln und Körpergewebe; dabei empfiehlt es sich jedoch, zu Heilungszwecken ein leuchtendes Rot oder Purpurrot in ein weicheres, reicheres Rot abzuändern, das schon in Rosa übergeht.

In positiver Hinsicht ist Braun die Farbe der Erde – sie ist fruchtbar, schöpferisch und produktiv. In negativer Hinsicht steht Braun für Depression, Stagnation oder Begrenzung.

Die positiven Eigenschaften von Malve sind Kühle, Ruhe und Reinigung. Die negativen Ausprägungen sind Kälte, Unbestimmtheit, Sterilität und Unruhe.

Malve ist diejenige Farbe des Wurzelchakras, das am engsten mit der Krone verbunden ist, denn Violett ist eine tiefere Schwingung und Höherentwicklung von Malve.

Die Hauptfarben des Kronenchakras sind Violett, Weiß und Gold.

In positiver Hinsicht ist Violett warm, anregend, königlich, majestätisch; es erweckt schlummernde Spiritualität und fördert die Visionskraft. In negativer Hinsicht steht Violett für Distanz, negative Überlegenheit, Feindseligkeit und Überstimulierung.

In positiver Hinsicht bedeutet Weiß Reinheit und Reflexion; es ist das Symbol für Unschuld und Perfektion und für Yang oder das maskuline Prinzip. In negativer Hinsicht bedeutet es Feigheit, Unverständnis, mangelnde Tiefe und Leere.

Weiß und Schwarz sind keine Farben im eigentlichen Sinne. Weiß reflektiert alle Farben und Schwarz absorbiert alle.

Das Gold in der Krone ist ein reines metallisches Gold. In positiver Hinsicht bedeutet es das Erreichen von Zielen, Perfektion, die

Sonne, Reinheit, Wert und Integrität. In negativer Hinsicht kann es Anhaftung, Weltlichkeit, falsche Wertvorstellungen, Verführung, Verwirrung und Verblendung anzeigen.

ÜBUNG 8   *Farben einsetzen*

Es wäre hilfreich, wenn Sie für diese oder auch für andere Übungen in diesem Buch einen Kasten mit leuchtenden Pastellkreiden zur Verfügung hätten. Da sich Pastellkreiden mischen lassen, ist es möglich, eine ganz breite Farbpalette zu erzielen.

Die Farben, die sich in den Chakren reflektieren, sind voller Licht und Lebenskraft. Sie wirken wie bunte Glasscheiben, durch die Sonnenlicht hineinfällt.

- Betrachten Sie diese Farben und malen Sie auf meditative Weise ihre zahlreichen Schattierungen und Abstufungen auf. Stellen Sie beim Malen fest, welche Schattierungen bzw. Abstufungen Ihnen am besten gefallen.
- Um eine Verbindung zwischen dem Wurzel- und dem Kronenchakra zu schaffen, ist es besonders hilfreich, alle Farbschattierungen aufzumalen, die zwischen einem hellen Purpurrot und dem leuchtenden Violett eines afrikanischen Veilchens liegen.
- Verwenden Sie diese Farben, um Ihr Wurzel- und Ihr Kronenchakra zu heilen, indem Sie sie durch die Blütenblätter ein- und durch die Stiele wieder ausatmen. Atmen Sie jede von Ihnen gewählte Farbe für fünf Atemzüge in das entsprechende Chakra ein. Ziehen Sie die Farbe beim Einatmen durch die Blütenblätter in sich hinein, halten Sie sie in der Mitte des Chakras, dort wo es sich mit dem physischen Körper verbindet, und zählen Sie bis drei. Atmen Sie sie dann durch den Stiel wieder aus. Das entspricht einem Atemzug.

Düfte

Wenn Sie sich über Ihren Lebenssinn und über das Menschsein insgesamt Sorgen machen; wenn Sie Schwierigkeiten haben, Wurzeln zu schlagen und mit den praktischen Dingen des Lebens zurechtzukommen; wenn Sie häufig auf Ihre Lebensumstände oder Ihren Körper wütend sind, dann brauchen Ihr Wurzelchakra und Ihr Kronenchakra anregende Düfte: Moschus, Lavendel und Hyazinthe für das Wurzelchakra und Veilchen und Ambra für die Krone.

Wenn Sie hinsichtlich Ihres Lebenssinns übereifrig sind und sich ständig an andere Menschen weggeben; wenn es Ihnen schwer fällt, Trost und Fürsorge anzunehmen, dann braucht Ihr Kronenchakra beruhigende Düfte wie Rosmarin und Bergamotte und Ihr Wurzelchakra braucht anregende Düfte wie Moschus, Lavendel und Hyazinthe.

Wenn Sie sich zu viele Gedanken über Ihre Umgebung machen; wenn Sie ständig Gegenstände sauber machen, die bereits blitzblank sind, Sie einen zu großen Ordnungssinn haben, ein makelloses Leben führen, Sie sich den Herausforderungen des Lebens jedoch häufig nicht gewachsen fühlen, dann braucht Ihr Wurzelchakra beruhigende Düfte wie Zedernholz und Patchouli.

Diese für das Wurzelchakra beruhigenden Düfte können auch bei Magersucht und zwanghaftem Essverhalten Linderung schaffen, wenn sie zusammen mit den für den Solarplexus beruhigenden Düften Vetiver und Rose verwendet werden. Für das Wurzelchakra beruhigende Düfte können obsessive oder zwanghafte Verhaltensmuster lindern, wenn sie zusammen mit den für das Sakralchakra beruhigenden Düften Moschus und Ambra angewandt werden.

Sie müssen für ein Chakra oder für einen bestimmten Zweck nicht alle Düfte einsetzen. Sie können sich den Duft aussuchen, der

Ihnen am meisten zusagt. Mischen Sie verschiedene Düfte oder verwenden Sie sie einzeln (vgl. Seite 43 für weitere Hinweise und Vorschläge, wie Sie mit Düften arbeiten können).

Edelsteine und Kristalle

Im Glossar finden Sie Hinweise darauf, wie Sie Edelsteine und Kristalle gründlich reinigen können. Grundsätzlich empfiehlt es sich jedoch, einen Edelstein oder einen Kristall einige Momente unter kaltes, fließendes Wasser zu halten, bevor Sie ihn für eine Übung einsetzen möchten, und ihn dann mit einem Stück Stoff aus Naturfasern abzutrocknen.

Um sich die Vorteile eines Edelsteins zunutze zu machen, müssen Sie keinen besonderen Kunstgriff anwenden. Halten Sie den Edelstein einfach nur in Ihrer Hand oder betrachten Sie ihn, stellen Sie ihn in Ihrer Umgebung auf, wo Sie ihn leicht sehen können, legen Sie ihn an Ihr Bett, halten Sie ihn während der Meditation in Ihrer Hand, führen Sie ihn in Ihrem Auto mit oder wickeln Sie ihn in Seide ein und stecken Sie ihn in Ihre Hosentasche, um ihn überallhin mitzunehmen. Verwenden Sie nur einen oder zwei Edelsteine gleichzeitig, wenn Sie Ihren Fokus darauf richten, eine Verbesserung oder Veränderung in Ihrem Leben herbeizuführen.

Wenn Sie das Gefühl von Zufriedenheit bzw. Ihre Akzeptanz in Bezug auf die Tatsache, dass Sie inkarniert sind, stärken und zwischen Ihrem Wurzel- und Kronenchakra eine Verbindung schaffen möchten, dann nehmen Sie einen der folgenden Steine zu Hilfe:

Onyx: Bringt Stärke und fördert Ihre Durchhaltekraft; lindert den Druck, der mit der Bewältigung von verantwortungsvollen Aufgaben in der Welt einhergeht.

Tigerauge: Fördert die kreative Entscheidungsfindung. Stellt zwischen Ihrem niederen und höheren Selbst Harmonie her. Verleiht Stärke, um den Herausforderungen des Lebens zu begegnen.

Schneequarz: Heilt Gefühle von Widerwillen im Hinblick darauf, inkarniert zu sein, und stärkt Ihre Beziehung zum höheren Selbst.

Zölestin: Ist bei der Meditation ganz allgemein hilfreich und dient im Besonderen dazu, Kontakt mit Ihrem Lichtengel aufzunehmen.

Gebete bzw. Affirmationen

Ein Gebet bzw. eine Affirmation für das Wurzelchakra und auch für das Kronenchakra finden Sie auf Seite 102.

Wenn Sie die Worte als Affirmation verwenden möchten, dann sprechen oder lesen Sie sie dreimal hintereinander zwei- bis dreimal am Tag.

Wenn Sie die Worte als Gebet verwenden möchten, dann lesen Sie sie langsam durch und meditieren Sie ein wenig nach jedem Satz. Bitten Sie die Tugendengel, die für die Energie des Gebets zuständig sind, Ihr Gebet der göttlichen Quelle zu übermitteln und eine Antwort aus der Quelle in Ihr Leben hineinfließen zu lassen. (Weitere Informationen über Engel finden Sie in meinen Büchern *The River of Life* und *Working With Guides and Angels* in der Bibliographie.)

KAPITEL 3

Beweismaterial:
Körperliche Leiden heilen

Schlüsselthemen:
Der Körper und sein Bedürfnis nach Heilung

Chakrenpaare:
Wurzel und Krone

Archetypus:
Heilen

Dieses Kapitel wird Ihnen helfen:

- Ihren Körper und Ihr Frausein bzw. Mannsein besser zu verstehen und zu akzeptieren
- zu erkennen, dass Ihr Körper Ihnen dabei hilft, Ihren Sinn und Ihre Bestimmung im Leben zu finden
- etwas von der Weisheit zu verstehen, die Krankheiten innewohnt, und mit Symbolen für die Selbstheilung zu arbeiten

Bereiche, denen die Chakren zugeordnet werden

Eine Liste der Bereiche, denen das Wurzel- und das Kronenchakra
zugeordnet werden, finden Sie auf den Seiten 32 f.

Das Wurzelchakra und der physische Körper

Unsere Aura und unsere feinstofflichen Energiefelder umgeben
unseren physischen Körper und sind mit ihm verwoben. Über die
einzelnen Chakren und die ihnen zugehörige Auraschicht können
wir mit einer bestimmten Energieebene, Schicht, Schwingung oder
einem bestimmten Energiekörper in Verbindung treten. Die sechs
Energieebenen bzw. Energiekörper, die über den materiellen und
physischen Körper hinaus existieren, werden als »feinstofflich« bezeichnet. Hellsichtige, Hellfühlige, Heiler und diejenigen, die an
sich arbeiten, um ein größeres spirituelles Bewusstsein zu entwickeln, werden sich der feinstofflichen Felder immer stärker bewusst. Sie bekommen auch immer stärker mit, wie sich in diesen
Feldern das, was auf der physischen oder emotionalen Ebene eventuell passieren könnte oder passieren wird, widerspiegelt. Die Heilung muss häufig über die feinstofflichen Körper erfolgen, bevor
sie sich im physischen Körper manifestiert. Deshalb arbeiten viele
Heiler zumindest teilweise auf der Auraebene, ohne ihre Hände
direkt auf den physischen Körper zu legen.

   Das Wurzelchakra hat eine direkte Verbindung zum physischen
Körper und zur materiellen Ebene. Wie wir bereits in Kapitel 2 gesehen haben, besteht zwischen dem Kronenchakra (dem Sitz des
höheren Selbst) und dem Wurzelchakra (dem Sitz der Energien für
die Verkörperung) ein reger Austausch. Entscheidungen, die vom
höheren Selbst getroffen wurden, manifestieren sich im physischen
Körper und statten diesen mit bestimmten Anlagen, Talenten und
Begrenzungen aus. Die anderen Chakren sind mit dem emotionalen, dem biochemischen sowie dem Drüsensystem des physischen

Körpers verbunden. Es ist jedoch die Verbindung zwischen Krone und Wurzel, die den größten Einfluss auf die grundlegenden Gegebenheiten hat.

Der Zwang zur Konformität

Wir können Heilung in uns selbst und für unsere höchsten physischen Aufgaben erfahren, doch viele unserer grundlegenden Stärken und angeborenen Schwächen müssen wir in hohem Maße akzeptieren, verstehen und dazu verwenden, unserem Leben eine Form zu geben. Unsere geistigen und intellektuellen Fähigkeiten spielen bei der Festlegung unserer Chancen und Betätigungsmöglichkeiten in unserer Kultur eine große Rolle, doch auf den Körper, den wir bewohnen, die äußere Hülle, fällt der Blick als Erstes. Der erste Eindruck kann sich sehr stark einprägen, und unsere äußere Erscheinung kann sich auf die Faktoren auswirken – unabhängig davon, ob sich diese nun stillschweigend im Inneren formieren oder sehr deutlich zum Ausdruck gebracht werden –, die unsere Mitmenschen dazu veranlassen, uns entweder zu akzeptieren oder abzulehnen.

Unsere Gesellschaft hat die Verwirrung stiftende Tendenz, einerseits nach Konformität zu streben und Schönheitsideale und Leistungsstandards aufzustellen, und andererseits die Einzigartigkeit eines jeden Menschen zu betonen. Die Festlegung von Normen und das Bemühen, diesen zu entsprechen, stehen in direktem Gegensatz zu den Theorien des karmischen Lernens und der Weiterentwicklung über viele Leben hinweg. Ein vollkommener Körper kann wichtiger erscheinen als die Qualitäten des Geistes. Menschen können gegenüber denen, die von der Norm – sei es nun in körperlicher oder geistiger Hinsicht – abweichen, sehr grausam sein; doch in einigen Fällen geht man auch davon aus, dass solche Menschen mit besonderen Fähigkeiten ausgestattet sind.

In einigen Gesellschaften oder historischen Epochen – insbesondere im mittelalterlichen Europa – riefen »behinderte«, »verkrüppelte« und »geisteskranke« Menschen Angst hervor. Man meinte, dass diese Menschen vom Teufel berührt seien, dass dieser möglicherweise in ihnen wohne und sie verleite, Böses zu tun. In Gesellschaften mit schamanistischen Traditionen wählte man diejenigen, die mit einer gewissen »Anomalie« geboren worden waren oder eine solche entwickelten, unter Umständen als potentielle Heiler, spirituelle Arbeiter oder Stammesträumer aus.

Behinderte bzw. benachteiligte Menschen machen häufiger die Erfahrung, dass sie ausgeschlossen werden oder dass man ihnen mit Vorurteilen begegnet; außerdem sind sie zu Einsamkeit und Selbstzweifeln, und zwar nicht nur aufgrund ihrer körperlichen Beeinträchtigung, verdammt. Auch als etwas »Besonderes« angesehen zu werden, kann zur Last werden und eine Einschränkung darstellen.

Als Teenager werden wir, obwohl wir uns im Grunde darum bemühen, der Norm zu entsprechen, meist von unerträglichen Selbstzweifeln gequält, weil wir uns unserer physischen Eigenschaften und Vorzüge unsicher sind. Wir plagen uns mit Kleinigkeiten wie der Länge oder der Weite unserer Hosen bzw. Röcke ab und sind verzweifelt darum bemüht, zu der Gruppe zu gehören, die gerade »in« ist.

Sind körperliche Eigenarten ungerechte Zufälle, die von unseren Erbanlagen oder Schwierigkeiten bei der Geburt herrühren? Ist Gott ein Schöpfer, der auf unfaire Art und Weise bestimmte Menschen bevorzugt und andere benachteiligt? Oder trägt unser Körper eine subtilere Botschaft und Bedeutung in sich?

Wenn wir anfangen, an die Vorstellung des Karma und der Weiterentwicklung über viele Leben hinweg zu glauben, dann werden wir diese Launen und scheinbaren Wechselfälle des Lebens nicht länger als »unfair« ansehen müssen oder meinen, dass sie uns von einem urteilenden und selektiv vorgehenden Schöpfer zugeteilt worden sind. Existentielle Vielfalt ist für das Gesetz von Ursache und Wirkung von zentraler Bedeutung. In unserem höheren Selbst wählen wir bereits vor unserer Inkarnation aktiv einen Themenkreis aus, der uns in bestimmten Bereichen Lernerfahrungen bringen soll, so dass Unausgewogenheiten aus anderen Leben ausgeglichen werden können.

Mannsein / Frausein

Weiter unten vermittelt uns Gildas, dass das grundlegende Anfangsbewusstsein Ihrer individuellen Seele zu Beginn der Entwicklung entweder ein Yin-Funke (weibliches Prinzip) oder ein Yang-Funke (männliches Prinzip) ist. Ein Yin-Funke kann jedoch – und den esoterischen Theorien zufolge muss er das auch – männliche Inkarnationen durchlaufen und ein Yang-Funke weibliche Inkarnationen. Auf diese Weise können wir eine breite Palette von Erfahrungen machen und etwas über das Wesen der göttlichen Prinzipien lernen, deren Vereinigung der Ausgangspunkt für jegliche Kreativität ist.

Daraus folgt, dass eine der wichtigsten Entscheidungen, die wir für die jeweilige Inkarnation treffen können, die Wahl unseres Geschlechts ist. In den unterschiedlichen historischen Epochen und Kulturen bzw. in Abhängigkeit vom sozialen Umfeld können jeweils die Vor- bzw. die Nachteile, die sich daraus ergeben, als Frau oder als Mann geboren zu werden, überwiegen und eine unterschiedliche Bedeutung haben. Von vielen meiner Klienten habe ich erfahren, dass ihr Selbstwertgefühl oder sogar ihre sexuelle Identität in der engeren Familie dadurch beeinträchtigt worden ist, dass sich ihre Eltern eigentlich ein Kind des anderen Geschlechts gewünscht hatten.

Da sich die dysfunktionale Menschheitsfamilie um Achtsamkeit und Integration bemüht, sind die heiß umstrittenen Themen unserer Zeit Geschlecht, Rasse, Hautfarbe und Konfession. Unsere persönliche Ebene, die Seelenebene und die Wahl des Geschlechts mit den damit verbundenen Fragen stehen in engem Zusammenhang mit unserem Lebenssinn, unserem Karma und unserer Weiterentwicklung.

Wir können sehr viel lernen, wenn wir darüber nachdenken, wie wir uns als Mann bzw. als Frau fühlen; wie wir auf die Anforderungen, die Erwartungen und die Vorurteile reagieren, die die Gesellschaft im Hinblick auf Männer bzw. Frauen aufstellt. Wir können uns auch fragen, wie wir auf das andere Geschlecht reagieren bzw. welche Gefühle wir diesem gegenüber haben; das gilt sowohl für die persönliche Ebene als auch in Bezug auf die Vorbildfunktion. Wie wohl fühlen wir uns mit unserer Sexualität; welche Ausdrucksformen wählen wir auf sexueller Ebene? Wie sehen unsere Vorlieben und Vorurteile im Hinblick auf die Thematik Homosexualität und ihre Praxis aus? Und die Reihe der Fragen könnte man beliebig fortsetzen.

Gildas, der mit vielen anderen Geistführern auf ähnliche Weise spricht, teilt uns Folgendes mit:

❥ *Die menschliche Seele ist ein Funke, der sich von der Quelle abspaltet und die menschliche Inkarnation als seine Bestimmung erwählt. Wenn er seine Entwicklungsreise beginnt, die ihn letztlich wieder zur Quelle zurückbringen wird, teilt sich der Funke noch einmal. Das Yin bzw. die weibliche Essenz spaltet sich vom Yang bzw. der männlichen Essenz ab. Diese zwei Teile begeben sich auf eine unterschiedliche, sich jedoch ergänzende Reise, auf der sie sich immer wieder begegnen. Jedes Teil ist wie ein Stiel, der mit der Wurzel verbunden ist, oder wie zwei Perlenschnüre einer Halskette, die am Verschluss zusammengeführt werden. Jede Blume, die der einzelne Stiel hervorbringt, steht stellvertretend für eine Inkarnation. Die Perlen auf jeder Schnur stellen Gelegenheiten zur Inkarnation dar. Obwohl im Grunde genommen ein Stiel*

bzw. eine Schnur Yin ist und die andere Yang, bedeutet das
nicht, dass die Blumen vom Yin-Stiel bzw. die Perlen auf der
Yin-Schnur immer eine weibliche Inkarnation durchlaufen
oder auswählen werden; und genauso wenig wird der Yang-Teil
immer einen männlichen Körper wählen – doch auf der tiefsten
Ebene werden sie immer einen stärkeren Yin- bzw. Yang-
Abdruck in sich tragen.

Das wichtigste der göttliche Prinzipien ist das Schöpfungs-
prinzip. Wenn die Yin- und Yang-Energien miteinander in
Kontakt treten, dann bringen sie etwas Neues hervor. Ein Teil
des Lebenssinns im Hinblick auf die Weiterentwicklung des
Menschen besteht darin, diese heiligen und göttlichen Energien
zu verstehen, sie zu erfahren und dann auf harmonische Weise
anzuwenden. Indem wir ein Geschlecht annehmen, begeben
wir uns auf einen der möglichen Wege, um diese Lernerfahrungen zu machen. Wenn man bedenkt, dass jeder Stiel bzw.
jede Schnur mehr zu dem einen oder anderen Prinzip neigt,
und dass es für Zwillingsseelen und Seelenaspekte, die dasselbe
Geschlecht haben, möglich ist, sich in einer Inkarnation zu
begegnen, dann erfährt das Phänomen der Homosexualität
eine ganz andere Bedeutung. Diese Dinge sind Teil der
Erfahrung und der Erforschungsreise; es handelt sich bei ihnen
nicht um Erscheinungen, die verurteilt oder kategorisch als
abnorm, unnatürlich oder gefährlich abgestempelt werden
müssten. Wenn ein Mensch bei seiner Reise durch das Leben
versteht, dass er und seine Mitmenschen alle möglichen Erfahrungen brauchen, dann können sich viel leichter ein
tiefes Mitempfinden und Toleranz entwickeln (vgl. Kapitel 6
für weitere Informationen über Zwillingsseelen).

Der Gesamtsinn der Evolution besteht für die Seele darin, sich
in vollem Bewusstsein wieder mit der Quelle allen Seins zu
vereinigen. Die Menschheit hat den Pfad des Wissens gewählt.
Wenn nicht alle Erfahrungen durchlebt und verstanden worden

sind, dann kann die Rückkehr zur Quelle nicht vollzogen werden. Wenn die Anzahl der Erfahrungen wächst, dann können klarere Entscheidungen getroffen werden. Der Impuls zur Liebe, der die Grundlage der universellen Muster ist, lässt nicht zu, dass diejenigen, die noch keine Erfahrungen und Erlebnisse haben, in eine Inkarnation hineinrutschen, die voller Schwierigkeiten und voller Schrecken ist. Allmählich übernimmt die Schnur, auf der die Perlen aufgezogen sind oder der Stiel, der die Blume nährt, einen größeren Anteil bei der Auswahl der Inkarnationen, die für die Weiterentwicklung den größten Wert besitzen. Die Kraft, die als Karma bzw. »Ursache und Wirkung« bekannt ist, wird aktiviert.

Eine Persönlichkeitsperle oder -blume nimmt eine Inkarnation an, lebt ihr Leben und stirbt wieder. In der Phase dazwischen, die sich auf der Astralebene abspielt, betrachten die Persönlichkeitsperle bzw. die Seelenschnur die gemachten Erfahrungen und bewerten alle Aspekte der Ernte, die eingebracht worden ist. Auf der Grundlage dieser Bewertung wird das nächste Leben ausgewählt. Eine neue Persönlichkeitsperle bereitet sich auf ihre Inkarnation vor. Ihre erste Anweisung besteht darin, ihren Erfahrungshorizont zu erweitern, doch gleichzeitig trägt sie auch das Wissen in sich, dass einige Dinge, die aufgrund von Entscheidungen, die die vorherige Perle in ihrer Inkarnation getroffen hat, aus dem Gleichgewicht geraten sind, richtig gestellt bzw. wieder gutgemacht werden müssen. Das Wesen, das sich inkarniert, trägt die Motivation in sich, bestimmte Arten von Erfahrungen zu meiden, andere zu akzeptieren und sich mit wieder anderen zu konfrontieren. Die Wahl der historischen Epoche, der sozialen Stellung, des Körpers, der Eltern und Geschwister sind vom höheren Selbst getroffen worden, um die Vorhaben und die Aufgaben des sich inkarnierenden Wesens zu beschleunigen. Dazu gehört das Wissen um andere höhere Selbst, die in etwa zur gleichen Zeit

Persönlichkeitsperlen oder -blumen in die Inkarnation schicken. Es mag Übereinstimmung dahingehend herrschen, dass man anderen Menschen beim Lernen ihrer Lektion hilft oder sie bei den Erfahrungen, die sie machen müssen, unterstützt. Sollte es einen gemeinsamen Sinn für eine Seelengruppe geben, dann wird das beachtet, so dass den Mitgliedern derselben Gruppe bzw. Familie der Gruppenlernprozess durch eine gemeinsame Inkarnation erleichtert wird (vgl. ebenfalls hierzu Kapitel 4 für weitere Informationen über Gruppen und Familien-karma).

Die höheren Selbste, die diese Pläne aufstellen, können als Schauspieler am Bühnenrand angesehen werden, die sich überlegen, welche Rolle sie spielen, wo sie eingreifen möchten und wann sie tatsächlich auf die Bühne treten werden. Die Weiterentwicklung ist zwar ein persönliches Bemühen, das auf persönlicher Verantwortung beruht, doch gleichzeitig ist sie auch eine kollektive Reise. ❻

Körperliche Behinderungen

Dennoch können wir uns immer noch fragen: »Wie kommt es dann dazu, dass jemand die Entscheidung trifft, sich in einem unvollkommenen und nicht optimal funktionierenden Körper zu inkarnieren?«

Geistesführer und spirituelle Lehrer geben auf diese Frage normalerweise Antworten wie die folgenden: »Um eine Erfahrung zu machen und die Leiden wieder gutzumachen, die man anderen als Persönlichkeitsperle in einem früheren Leben zugefügt hat.« Oder: »Um anderen Menschen das Mitgefühl beizubringen, das einer früheren Perle auf Ihrer Schnur bzw. Ihrem Stiel fehlte.« – »Damit der Stiel Ihrer Seele größere Bewusstheit und größeren Respekt im Hinblick auf den physischen Körper erfährt und diesen nicht als selbstverständlich betrachtet.« – »Um die Lektion der Demut zu lernen.« – »Um Genusssucht oder falsche Eitelkeit aus einem anderen Leben auszugleichen.« Oder: »Damit die betreffende Person in diesem Leben größeres Augenmerk auf die zu lernenden Lektionen und die zu erfüllenden Aufgaben richtet.«

Wenn wir uns mit früheren Leben zu sehr identifizieren, dann tragen wir unter Umständen entweder eine schwere Last mit uns herum oder wir leiden an Überheblichkeit. Es ist wichtig, sich zu vergegenwärtigen, dass nicht ich – nämlich das Ich, das ich jetzt bin – es war, das andere im Mittelalter körperlich misshandelt hat. Und genauso wenig war ich – als das Ich, das ich jetzt bin – es, das im alten Persien ein weiser Alchimist war. Das waren andere Blumen auf dem Stiel bzw. andere Perlen auf der Schnur der Seele. Es kann sein, dass ich zu dem Wissen, das ich als Alchimist gewonnen habe, einen gewissen Zugang habe, jedoch ist die Reise der Evolution weder linear noch hierarchisch geordnet. Jede Persönlichkeitsperle, die sich manifestiert, kann bewusst oder unbewusst Eigenschaften aus der Vergangenheit in sich tragen, doch so muss es nicht sein. Manchmal ist es jedoch auch so, dass wir, wenn wir die Erfahrung der Weisheit gemacht haben, zum Ausgleich erfahren müssen, was es bedeutet, dumm zu sein. Da für die Weiterentwicklung *alle* Erfahrungen vonnöten sind, kann auf eine sanfte Inkarnation eine gewaltsamere folgen, die ebenfalls einfach ihren Platz im bunten Lebensteppich einnimmt – und diesen können wir mit unserem begrenzten Verstand ohnehin nur teilweise verstehen.

Das Kronenchakra hilft uns dabei, mit unserem höheren Selbst (vgl. Glossar), seinen Absichten und seiner Unterstützung für die gegenwärtige Inkarnation einen engeren Kontakt aufzubauen. Das Wurzelchakra verleiht uns die Stärke, um vollständig in unserem physischen Körper zu sein, ihn seiner Gaben *und* seiner Begrenzungen wegen zu lieben, die Erde zu lieben und vollkommen in unserem Körper präsent zu sein. Das sind einige der wichtigsten Lektionen für jede Inkarnation. Den Körper, in dem wir uns inkarniert haben, zu verstehen und zu akzeptieren, ist eine ganz wesentliche Aufgabe. Die folgende persönliche Geschichte kann dazu beitragen, einige der oben beschriebenen Punkte deutlicher und greifbarer zu machen.

FALLSTUDIE   ***Den Körper lieben und akzeptieren***

Ich kam mit einer angeborenen Sehschwäche auf dem rechten Auge zur Welt, doch eine umfassende Diagnose wurde erst in meinem zwölften Lebensjahr gestellt. Bis dahin war ich auf dem linken Auge ebenfalls stark kurzsichtig geworden. In meinen ersten Schuljahren meinte man, dass mein rechtes Auge »faul« sei, und mein linkes sehendes Auge wurde mit einer Augenklappe verdeckt, damit das rechte Auge zu arbeiten anfinge. Als die Behandlung mit der Augenklappe nicht funktionierte, identifizierte ich mich mit meinem rechten Auge und meinte, dass *ich* irgendwie faul sei oder dass etwas an *mir* falsch sei. Mit der Augenklappe über meinem sehenden Auge war ich praktisch blind, und so zog ich mich immer mehr in meine innere Welt zurück, die bereits sehr klar, reich und befriedigend war.

Unter anderem war meine mangelnde Sehkraft dafür ausschlaggebend, dass ich meine Körperbewegungen nicht richtig koordinieren konnte. Ich sehnte mich danach, im Sport, in der Gymnastik, bei Ballspielen und körperlichen Einsatz erfordernden Meisterleistungen gut zu sein. Ich war bestürzt darüber, dass ich nicht in der Lage war, mit meinem Körper die notwendige Koordination zwischen Augen und Hand herzustellen. Ich liebte Tiere und sehnte mich danach, gut reiten zu können, doch ich besaß keinerlei natürliche Begabung dafür. Bis Ende dreißig bestand ich darauf, mir diesen Traum zu erfüllen und bin nun durch Narben gezeichnet, die ich mir durch gefährliche Stürze zugezogen habe. In meinen Träumen konnte ich mich mit den geschmeidigsten Athleten messen und die wildesten Pferde reiten.

Ich hatte nie Schwierigkeiten damit, zu meditieren oder Dinge auf der feinstofflichen Ebene wahrzunehmen. Wenn ich das tue und auf der Erde sitze, umgibt mich ein Gefühl von Leichtigkeit, mein physischer Körper ist hingegen schwer, und Übergewicht ist mein ständiger Begleiter. Obwohl es mir oft schwer gefallen ist zu verstehen, warum mein höheres Selbst diesen Körper ausgesucht hat, habe ich allmählich akzeptiert, dass die lebendigen Bilder von körperlicher Verwegenheit, die ich in meinen Träumen habe, vergangenen Leben anderer Perlen auf meiner Seelenschnur angehören. Meine Seelenschnur hat diese Erfahrung bereits gespeichert. In diesem Leben bestand für mich die Notwendigkeit, nach innen zu schauen und meine innere Visionskraft zu entwickeln. Wenn ich den Körper und die physischen Fähigkeiten meiner Träume besäße, dann würde ich auf wilden Pferden reiten, Berge besteigen, Wettrennen fahren und Flüsse mit dem Kanu durchqueren. Doch solche Aktivitäten sind nicht Teil meiner jetzigen Aufgabe.

Mir fällt es nicht leicht, hier auf der Erde zu sein. Es fällt mir schwer, Wurzeln zu schlagen und mich dafür zu entscheiden, längere Zeit an einem Ort zu bleiben. Jetzt verstehe ich, dass ein Grund für die Schwere meines Körpers darin besteht, mich unten zu halten und mir dabei zu helfen, die Erde und die Materie kennen zu lernen, indem ich mich in meinem Körper damit auseinander setzen muss.

Die Lektionen für diese Inkarnation, die von meinem Körper bestimmt werden, habe ich folgendermaßen interpretiert:

- eine lebendige innere Welt zu entwickeln
- einen klareren Blick für die feinstofflichen Dinge zu bekommen als für die äußere Welt
- diese Gaben als Teil meines Dienstes an anderen einzusetzen und anderen beizubringen, wie sie solche Gaben entwickeln können
- mit der Erde verbunden zu sein und geerdet zu bleiben, so dass ich Spiritualität nicht als etwas erlebe, das nichts mit der Erde zu tun hat oder im Gegensatz zu ihr steht, sondern dass sie vielmehr ein Instrument ist, um das Leben auf der Erde und die Liebe zur Erde stärker zu empfinden
- nicht von der besonderen Erfahrung abgelenkt zu werden, bei der

meine Aufgabe darin besteht, sie zu meiner Seelenschnur zurückzubringen

Ein Hauptfaktor des Selbstheilungsprozesses besteht in der Fähigkeit, die Dinge ohne irgendwelchen Groll akzeptieren zu lernen. Als ich vierzehn Jahre alt war, war ich wegen meines Innenlebens und meiner Erfahrung mit Gildas, der, solange ich denken kann, da ist, in Unruhe. Augenspezialisten äußerten die Besorgnis, dass ich erblinden könnte. Mit 19 Jahren lernte ich Dr. Mary Swainson kennen, eine Jungsche Therapeutin, mit einem esoterischen und spirituellen Hintergrund. Sie unterstützte mich darin, meine subtilen Fähigkeiten als Geschenk anzusehen. Und als ich das tat, stabilisierte sich meine Sehkraft; obwohl ich immer eine Brille oder Kontaktlinsen werde tragen müssen, ist dieses Problem seitdem nie mehr Anlass zu allzu großer Sorge gewesen. Meine größte physische Schwäche und Anomalie hat mir also meine reichsten Gaben beschert und mir dabei geholfen, meine größten Stärken zu entdecken.

Andere Lektionen nehmen mehr Zeit in Anspruch. In meinem sechzigsten Lebensjahr denke und hoffe ich, dass ich jetzt allmählich mein Problem der Wurzellosigkeit in den Griff bekommen werde. Ich habe außerdem gelernt, meinen Körper, so wie er ist, zu lieben und zu respektieren. Die Qualität der Durchhaltekraft, mit der er mich ausgestattet hat, habe ich schätzen gelernt. Während ich dies nun tue, habe ich das Gefühl, dass ich einen Teil meines Körpergewichts verlieren werde, das jedem Widerstand trotzte. Merkwürdigerweise ist es an diesem Punkt nicht länger von großer Bedeutung, ob sich mein Gewicht verändert oder nicht – doch das Anerkennen bzw. Akzeptieren ist gleichfalls eine der großen Lektionen, die mir mein Körper geben konnte.

Akzeptieren

Es ist wirklich oft so: Wenn wir aufhören zu kämpfen und die Persönlichkeit oder das »kleine Ego« aufhört zu rebellieren, dann sind

Wunder, durch die körperliche Schwächen geheilt werden, nicht länger vonnöten, oder sie ereignen sich spontan dort, wo keine Hoffnung mehr zu bestehen schien.

Über die Größe, das Wesen, die Form, die Begrenzungen und die Gaben unseres Körpers hinaus bestehen Stärken und Schwächen in bestimmten Körpersystemen. Obwohl auch andere Chakren eine Verbindung zum biochemischen Aufbau unseres Körpers haben, ist die Krone der Ort, an dem Entscheidungen getroffen werden, und die Wurzel ist der Sitz von Manifestation und Verkörperung. Wenn das Kronen- und das Wurzelchakra harmonisch zusammenarbeiten, dann entsteht eine solide Grundlage, von der aus Verständnis und Heilung möglich werden.

Gildas gibt uns »Akzeptanz« als einen der Schlüsselbegriffe für spirituelles Wachstum mit. Er meint damit nicht, dass wir eine passive Haltung einnehmen sollen. Dieser Schlüsselbegriff kann uns lehren, dass Blockaden gelöst werden können und Kreativität sich entfalten kann, wenn wir mit Anmut den Status quo akzeptieren. Wenn wir eine aktive Haltung einnehmen und akzeptieren, dann lernen wir mit den grundlegenden Materialien und Gaben, die wir zur Verfügung haben, geschickter umzugehen, anstatt uns nach etwas anderem zu sehnen. Kurz gesagt, wir lernen, uns selbst zu akzeptieren und wertzuschätzen.

Akzeptieren muss nicht heißen, dass wir unseren Glauben an Heilung aufgeben. Heilung kann jedoch erst dann wirklich geschehen, wenn wir einige der Unausgewogenheiten und der damit verbundenen Prozesse akzeptiert haben. Eine vollständige Heilung kann nur dann stattfinden, wenn das Wesen der Unausgewogenheiten bzw. Krankheit verstanden worden ist. Unausgewogenheit und Krankheit tragen Weisheit und Führung in sich. Um sich dieses Wissen zugänglich zu machen und die Selbstheilungskraft des Körpers vollständig zu befreien, müssen wir erst die unseren Krankheiten zugrunde liegende Symbolik ergründen.

Die Weisheit hinter Unausgewogenheit und Krankheit verstehen lernen

Wenn man sich auf die Suche nach der Weisheit begibt, die sich hinter einer Krankheit oder einem Ungleichgewicht verbirgt, dann müssen wir die Krankheitssymptome als Symbole interpretieren. Unser Körper spricht eine sehr einfache, wenn nicht sogar primitive Sprache. Wenn wir uns auf unser Wurzelchakra einstimmen, dann können wir einen engeren Kontakt zu unserem Körper und der Sprache, die er spricht, herstellen. Symbole liefern uns dann die meisten Informationen, wenn wir uns darum bemühen, eine Zeit lang in ihrer Nähe zu verweilen und nicht den Versuch unternehmen, sie in großer Eile mit Hilfe unseres Intellekts zu interpretieren. Symbole sind reich und vielseitig, doch andererseits auch kurz und knapp; aus scheinbarer Einfachheit kann man jedoch sehr viel herausholen. Wenn wir erkennen, dass wir es mit einem Symbol zu tun haben, dann setzt diese Erkenntnis in unserem Inneren einen Kommunikationsprozess mit dem Symbol in Gang.

Wenn wir auf Schwierigkeiten oder Gegenwehr stoßen und damit nicht sofort umgehen können oder sie lieber ignorieren möchten, dann neigt unser Körper dazu, Symptome zu entwickeln. In den Bereichen, in denen wir durch unsere Eltern oder die Gesellschaft starken Konditionierungen ausgesetzt worden sind, in dem Sinne, dass wir ein bestimmtes Leben leben oder bestimmte Leistungen erbringen sollten, versucht unser Verstand, mit Hilfe der Willenskraft Kontrolle über unsere Emotionen und sogar die Materie zu gewinnen. Unsere Emotionen unterstützen uns dabei, die alte Ordnung in Frage zu stellen, und sie ermutigen uns dazu, unsere persönliche Wahrheit zu finden und nach unseren eigenen Wertvorstellungen zu leben. Zwischen Körper und Emotionen besteht eine sehr enge Verbindung und ein reger Austausch. Wenn die körperlichen Symptome schließlich zu groß werden, dann *müssen* wir unseren Lebensstil ändern, auch wenn die Änderung vielleicht nur darin besteht, dass wir uns ein paar Tage krankschreiben lassen.

Unser Körper erkrankt nicht ohne Grund. Einige Schwachstellen des Körpers mögen karmisch bedingt sein und müssen im Lichte dessen, was in diesem Kapitel bereits erläutert worden ist, gesehen werden. Die meisten von uns haben aufgrund ihrer jeweiligen Konstitution verletzliche Stellen, und wenn wir uns durch das Leben oder unsere Beziehungen zu sehr unter Druck gesetzt fühlen, dann neigen wir zu einer bestimmten Art von Symptomen. Wenn wir uns bereits von Anfang an der Sprache unserer Symptome widmen, dann können wir die symbolische Botschaft, die sie aussenden, besser verstehen.

Mein Rücken und mein Hals bzw. Nacken sind meine empfindlichsten Bereiche. Wenn ich Schmerzen im Nacken bekomme, habe ich gelernt, mir folgende Fragen zu stellen:

- Bin ich in irgendeiner Sache halsstarrig?
- Hätte ich irgendwelche Vorteile davon, wenn ich in irgendeiner Sache noch *größere* Halsstarrigkeit bewiese?
- Geht mir etwas (oder jemand!) total auf die Nerven? *(Die idiomatische Redewendung im Englischen lautet wortwörtlich: etwas oder jemand ist ein Schmerz im Nacken – Anm. d. Ü.)*
- Gehe ich mir selbst oder jemand anderem auf den Wecker?
- Gehe ich in irgendeiner Sache ein unnötiges Risiko ein? *(Die idiomatische Redewendung im Englischen lautet wortwörtlich: seinen Hals zu sehr aus dem Fenster strecken – Anm. d. Ü.)*
- Sollte ich in der jetzigen Situation ein größeres Risiko eingehen?

Jede Frage muss auch umgedreht werden – und letztlich bin ich die Einzige, die sie beantworten kann!
In ähnlicher Weise stelle ich mir in Bezug auf meinen Rücken folgende Fragen:

Auf der Erde sein: Seinen Lebenssinn finden

- Bin ich zu rigide?
- Bin ich zu biegsam?
- Fällt mir jemand zur Last? *(Die idiomatische Redewendung im Englischen lautet wortwörtlich: liegt mir etwas auf dem Rücken – Anm. d. Ü.)*
- Falle ich jemandem zur Last?
- Habe ich mir selbst oder anderen zu viel aufgebürdet?
- Übernehme ich genug Verantwortung?

Vor kurzem habe ich mir einen Virus eingefangen, wodurch mein Körper, insbesondere meine Beine, unter großen Schmerzen litten. Ich verlor die Geschmeidigkeit meiner Bewegungen und musste alles sehr viel langsamer machen. Schon einige Zeit war mir bewusst gewesen, dass ich in großer Hektik lebte und ich mich manchmal dazu zwingen musste, das Tempo beizubehalten. Mein Körper bat mich, meine Geschwindigkeit zurückzuschrauben. Ich interpretierte dies als erste Warnung und habe seitdem versucht, mir mehr Ruhe zu gönnen, mich um meinen Körper zu kümmern, mir mehr Raum zu geben und einige meiner Verpflichtungen ins richtige Maß zu setzen.

Die symbolische Sprache der Symptome hilft uns dabei, die Botschaften unseres Körpers zu verstehen, doch auf einer tieferen Ebene kann sie uns auch dahin führen, unser Körpergedächtnis zu erforschen und zu ergründen, in welcher Beziehung es zu unseren Emotionen steht.

Der folgende Fall veranschaulicht einige dieser Themen und führt sie noch weiter aus:

FALLSTUDIE **Körpergedächtnis**

Chloe, eine Klientin aus der Karibik, deren Familie noch vor ihrem ersten Lebensjahr nach Südengland übergesiedelt war, wollte die Symbolik ergründen, die sich hinter einer gerissenen Sehne an ihrem Fußgelenk verbarg.

Die eigentliche Verletzung hatte sie sich vor zwei Jahren bei einem Fest zugezogen, als sie und ihr Partner eine Gruppe zu einem Tanz auf die Tanzfläche führen wollten. Der Schmerz, die Steifheit und die Schwäche ihres Fußgelenks erfuhren einfach keine Linderung. Sie hatte über die Möglichkeit nachgedacht, ob sie sich nicht zu viel Last von anderen aufgebürdet hatte, oder ob sie zu sich selbst nicht ehrlich genug gewesen war, d. h. nicht ihrem eigenen Weg gefolgt war. Aus diesen Überlegungen hatte sie tiefe Erkenntnisse gewonnen und Schritte unternommen, um ihr Gleichgewicht wiederherzustellen, doch ihr Fußgelenk wollte immer noch nicht heilen. Eine medizinische Untersuchung bestätigte, dass sie sich den Fuß verstaucht hatte und die Sehnen immer noch schwach waren. Eine andere körperliche Verletzung oder irgendwelche anderen Ursachen waren jedoch nicht festzustellen.

Chloes *rechtes* Fußgelenk war betroffen. Die rechte Körperseite wird auf einer symbolischen Ebene mit denjenigen Aspekten des Lebens in Verbindung gebracht, die Fokus, Richtung, Stoßkraft, das aktive männliche Prinzip Yang und Energie erfordern. Die linke Körperseite steht mit denjenigen Aspekten des Lebens in Verbindung, die etwas mit einer nicht klar abgegrenzten Bewusstheit, mit Feinheit, Nachgiebigkeit, Empfänglichkeit, Zurückweichen und dem weiblichen Prinzip, der Yin-Energie, zu tun haben.

Vor diesem Hintergrund fragte ich Chloe, ob sie häufig ihre rechte, männliche Yang- bzw. Führerseite im Leben herausstelle oder ob sie dazu neige, ihr Leben eher von der weiblichen, nachgiebigen, empfänglichen Seite aus anzugehen?

Chloe hatte das Gefühl, dass das Leben selbst sie dazu zwang, »an vorderster Front zu stehen«, »die Zügel in der Hand zu halten« und »sichtbar« zu sein. Sie war eine attraktive Frau und hatte eine gute partnerschaftliche Beziehung, jedoch ließ sie das Gefühl, dass sie die Entwicklung ihrer wahren weiblichen Seite vernachlässigt hatte, nicht los.

Ihre Familie hatte immer Druck auf sie ausgeübt, in der Schule gute Leistungen zu erbringen. Im Kunstunterricht hatte sie ihr Talent für das Entwerfen entdeckt, doch man hatte ihr nie gestattet, es einmal auf entspannte Weise zu genießen. Jedes Talent musste auf ernsthafte Art und Weise gefördert werden, und man hatte von ihr erwartet, dass sie hart arbeitete, sehr gute Noten erzielte und weitermachte, um einen Universitätsabschluss zu erzielen. Ihre gegenwärtige Arbeit in einem großen Unternehmen, wo sie einem Team angehörte, das im Bereich Entwurf und Ausstellung tätig war, genoss sie sehr, doch oft stiegen Gefühle der Frustration in ihr auf, und sie hatte das Gefühl, dass ihr Talent zu sehr auf das Erreichen von bestimmten Zielvorgaben hin entwickelt worden war. Sie war niemals in der Lage gewesen, es um seiner selbst willen zu genießen oder einfach mit dem Potential zu spielen, das sich da hätte entwickeln können.

Aufgrund ihrer Bemerkung, sich die Fußverletzung zugezogen zu haben, als sie andere auf die Tanzfläche führen wollte, bat ich sie, sich einmal Gedanken darüber zu machen, ob ihr rechtes Fußgelenk ihr vielleicht sagen wollte, dass ihre männliche Seite eine Ruhepause brauche und dass es an der Zeit sei, der linken, weiblichen Seite eine größere Entwicklungschance zu geben. Sie hatte das Gefühl, dass diese Erklärung die Situation zu stark vereinfache und dass ihr etwas Tieferes, Komplexeres zugrunde liege.

Ich bat Chloe, ihre Augen zu schließen und zu schauen, welches Bild vor ihrem inneren Auge aufstiege, wenn sie an ihr rechtes Fußgelenk und die Verletzung dächte. Nach einer Weile sagte sie, dass sie sich selbst im Alter von sieben Jahren in der Uniform einer »Brownie« *(Junge Pfadfinderin im Alter von 8 bis 11 Jahren – Anm. d. Ü.)* sehe. Der Begriff »Anfänger« begleitete dieses Bild *(Der idiomatische Ausdruck im Englischen lautet wortwörtlich: verletzlicher Fuß – Anm. d. Ü.)*.

Ich bat Chloe, zu dem Begriff und dem Bild Assoziationen aufsteigen zu lassen, und sie begann über eine Phase in ihrem Leben zu sprechen, die ihr vorher noch nie so deutlich ins Gedächtnis gekommen war.

Als neu aufgenommene Pfadfinderin, die danach strebte, ein voll-
wertiges Mitglied der Pfadfinderorganisation zu werden und das Ab-
zeichen einer Pfadfinderin zu bekommen, wurde von Chloe erwartet,
dass sie täglich mindestens eine gute Tat verrichte. Zur Überprüfung
der guten Taten und um die geforderten »Brownie«-Punkte zu sammeln, hatte die »Braune Eule« jedem der »Brownie«-Anwärter eine Karte mit Sternen zum Aufkleben ausgeteilt. Jeder, der eine gute Tat verrichtet hatte, konnte als Belohnung einen Stern auf seine Karte kleben.
Am Ende jeder Woche, bevor die »Brownies« ihr Treffen abhielten,
musste Chloe ihren Vater oder ihre Mutter dazu bringen, die Karte
zu unterschreiben und die Anzahl der guten Taten für die Woche zu
überprüfen.

Schon von klein auf erwarteten Chloes Eltern, dass Chloe Arbeiten
im Haushalt übernahm. Sie hatten ihr gesagt, dass sie jede gute Tat,
die für die Mitgliedschaft bei den »Brownies« erwartet wurde, noch zusätzlich zu den sonst von ihr erwarteten Aufgaben verrichten musste.
Da von ihr bereits als Siebenjährige sehr viel verlangt wurde, hatte sie
Schwierigkeiten, sich jeden Tag noch eine zusätzliche gute Tat zu suchen, die von ihren Eltern akzeptiert und auf ihrer Karte eingetragen
werden würde. Hinzu kam, dass sie, wenn sie ihre üblichen Aufgaben
im Haushalt nicht zur vollen Zufriedenheit verrichtet hatte, auch für die
zusätzliche gute Tat kein Sternchen bekam. Beim nächsten Treffen der
»Brownies« konnte Chloe auf ihrer Karte von allen die wenigsten guten
Taten nachweisen. Sie wusste, dass ihre Freunde zu Hause bei weitem
nicht so viel halfen wie sie, und sie war sehr ärgerlich und verzweifelt, als
die »Braune Eule« ihr sagte, dass sie sich offensichtlich mehr anstrengen müsse, wenn sie tatsächlich als Vollmitglied bei den »Brownies«
aufgenommen werden wollte. Sie war nicht in der Lage, ihren Eltern
zu erklären, was da vor sich ging, denn diese weigerten sich beharrlich,
irgendetwas, das Teil der üblichen an sie gestellten hohen Anforderungen war, als gute Tat zu akzeptieren. Schließlich gab Chloe voller Verzweiflung die »Brownies« und die an sie als Anwärterin gestellten Anforderungen auf, obwohl sie dadurch von vielen ihrer Freundinnen

abgeschnitten war. Daraufhin wurde sie von ihren Eltern wegen ihres fehlenden Engagements kritisiert.

Als diese Erinnerung in Chloes Bewusstsein trat, erkannte sie, dass in der gegenwärtigen Situation ähnliche Faktoren am Werke waren. Obwohl sie ihre Arbeit liebte, gute Leistungen erbrachte und häufig bereitwillig unbezahlte Überstunden ableistete, wurde sie, wenn es um Beförderungen oder Gehaltserhöhungen ging, ständig übersehen oder unterschätzt. Sie erkannte, dass sie in diesem Bereich keine Kampfbereitschaft zeigte. Obwohl sie als schwarze Frau in einer weißen Kultur den Wert der Selbstbehauptung erkannt hatte, erkannte sie nun, dass sie nicht erwartete, für ihren Einsatz bezahlt oder belohnt zu werden. Sie hatte das Gefühl, dass sie besser als alle anderen sein musste, bevor sie Anerkennung verdiente. Sie arbeitete mehr als andere Mitglieder ihres Teams, aber ihre »Brownie«-Punkte bekam sie nicht.

Im Hinblick auf ihren Fuß erkannte Chloe jetzt, dass sie oft »die Beine unter den Arm« nahm und dabei ihre Grenzen außer Acht ließ; die entsprechende Belohnung oder Unterstützung blieb allerdings aus. Ihr Fuß hatte ihr gezeigt, dass es ihr an etwas fehlte und dass die Notwendigkeit bestand, sich mit einem alten Muster auseinander zu setzen und es zu untersuchen. Sie musste ein größeres Gleichgewicht zwischen rechts und links, zwischen Yin und Yang schaffen und dafür Sorge tragen, dass sie ihre Yang-Seite einsetzte, um eine fairere Behandlung zu erfahren. Dann tauchte ein Grundgefühl von Groll auf, das ihre Einstellung und ihre Entscheidungen hinsichtlich ihrer Arbeit beeinflusste.

Einige Wochen später berichtete sie, dass sie eine schon längst fällige Beförderung und Gehaltserhöhung gefordert und erhalten hatte. Ihr rechter Fuß tat ihr weniger weh, und sie hatte das Gefühl, dass er schließlich ganz heilen würde. Wir waren zur Ursache, zur Wurzel des immer noch bestehenden verletzlichen Fußes vorgedrungen.

Die zusätzliche Dimension des Kronenchakras

Wenn wir nach dieser Art von Erkenntnis streben, dann hilft die Arbeit mit dem Wurzelchakra (wie beispielsweise in Übung 3 auf Seite 52 beschrieben) dem Körper und dem Unbewussten dabei, die Symptome und die ihnen zugrunde liegenden tieferen Symbole zu erforschen. Die Dimension, die diese Arbeit zusätzlich durch das Kronenchakra erfährt – wenn dieses wie auf den Seiten 60–64 beschrieben angeregt und unterstützt wird –, ist eine größere Leichtigkeit beim Verständnis der Lektionen, die in unserem Leben aktiviert werden.

Chloe interessierte sich dafür, mehr über ihren spirituellen Weg in Erfahrung zu bringen, und sie hatte mit ihren Chakren gearbeitet, um Zugang zu Informationen über ihr Fußgelenk zu bekommen, die aus anderen Dimensionen stammten. Während ihr Fußgelenk verheilte, wurde ihr bewusst, dass sie in ihrem ganzen Leben immer unter dem Druck gestanden hatte, hervorragende Leistungen bringen und bei der Erreichung von weltlichen Dinge hohen Maßstäben entsprechen zu müssen. Sie vermutete, dass sie ein Leben ausgleichen musste, in dem eine andere Persönlichkeitsperle vielleicht zu nachgiebig gewesen war und sich über diese und andere Lebensbereiche keine Sorgen gemacht hatte. Sie verstand auch, dass hohe Maßstäbe und Selbstdisziplin sehr positive Handwerkszeuge sein konnten, um in der Welt auf effektive Weise zu bestehen, und sie lernte, eine spirituelle Bedeutung in die Aufgabe, das Leben mit allen seinen sich bietenden Möglichkeiten zu leben, einfließen zu lassen und ihm so eine höhere Qualität zu verleihen. Chloe spürte eine stärkere Verbindung zu ihrem höheren Selbst und seinen Absichten, als sie sich ansah, wie sie ihre Eltern, ihre früheste Umgebung und sogar ihre Hautfarbe ausgewählt hatte, denn nun hatte sie einen klareren Einblick in die unterschiedlichen Aspekte gewonnen, die Teil ihrer Lebensaufgabe darstellten. Und sie begann auch, diese stärker zu akzeptieren.

Fallstudien werden deshalb ausgewählt, weil sie die einzelnen Punkte, die in einem Handbuch beschrieben werden, am ehesten verdeutlichen können. Vielleicht werden Sie feststellen, dass sich die Dinge bei Ihnen nicht immer so deutlich zeigen, wie es bei mir oder bei Chloe der Fall war, als sich ihr die Dinge letztlich enthüllten. Manchmal ist es notwendig, Ausdauer zu haben und auf die Erkenntnisse zu warten, doch wenn Sie sich weigern zu akzeptieren, dass wir alle dem »Zufall der Geburt« unterliegen, dann wird diese Weigerung Ihnen helfen, sich *sowohl* auf der psychologischen *als auch* auf der spirituellen Ebene für größere Selbsterkenntnis zu öffnen.

Archetypus: Heilen

Heilung sollte nicht nur im Kontext des physischen Körpers oder der Beseitigung von Symptomen gesehen werden. Sie kann als Archetypus beschrieben werden, da die meisten von uns das Verlangen nach Vollkommenheit bzw. nach Ganzheit von Körper, Seele und Geist haben. Wenn wir uns unserer selbst als Individuen und als Teil der menschlichen Rasse bewusst werden, dann erkennen wir, dass Heilung eines unserer größten Bedürfnisse ist. Wir alle sind in irgendeinem Aspekt unseres Seins verletzt oder haben die Erfahrung von Krankheit in unserem Leben gemacht.

In den letzten Jahrzehnten haben wir miterlebt, wie die Bewegung, die sich mit Fragen des persönlichen Wachstums beschäftigt, entstanden und aufgeblüht ist. Heilung und Wachstum können als Synonyme betrachtet werden. Gildas hat uns mitgeteilt, dass wir Heilung nicht als einen Versuch betrachten sollten, um zu dem uns vorher bekannten Gesundheitszustand zurückzukehren, sondern als Hilfestellung, um zu einer neuen, positiven Gesundheit zu gelangen, die uns vorher unbekannt war. Diese Verbesserung unserer Gesundheit wird nicht eintreten, wenn sich Heilung lediglich auf die Beseitigung von Symptomen richtet. Wie wir bereits gesehen haben, insbesondere im Fall von Chloe (vgl. Seite 81 ff.), führt das

Verstehen der Symptome zu den Ursachen, die anhaltendem Schmerz oder Unwohlsein zugrunde liegen, und diese Ursachen liegen auf einer sehr viel tieferen Ebene als der physischen. Der Körper ist unser Beweis für die Existenz von zahlreichen emotionalen und spirituellen Ebenen, die der Erforschung und des Verstehens bedürfen.

Wenn Heilung sich nur auf die Symptome oder bestenfalls auf die rein physischen Ursachen konzentriert, dann kann eine Krankheit chronisch werden; oder aber ein Leiden wird »geheilt«, nur um dann dem nächsten Platz zu machen. Bevor wirkliche Heilung stattfinden kann, müssen wir auch die Botschaften verstehen, die uns von unserer Seele geschickt werden. Es ist lebenswichtig, diese Botschaften zu integrieren. Wenn wir diesen Schritt anerkennen, dann wird die physische Heilung im Gesamtbild weniger wichtig. Wir erfahren, dass ein guter Gesundheitszustand unserem inneren Sein entspringt, und obwohl wir körperlich todkrank sein können, kann unser inkarnierter Geist eine Ganzheit oder ein Maß an Vollkommenheit erreichen, das durchscheint und anderen Segen und Inspiration bringt.

Gesundheit oder Schönheit nur auf der körperlichen Ebene zu betrachten, ist narzisstisch. Im Narzissmus stecken zu bleiben, bedeutet, die größeren Tiefen und Absichten, die das Leben uns enthüllen kann, sowie den komplexen Austausch zwischen Körper, Geist, Seele und Emotionen außer Acht zu lassen. Heilung bedeutet Ausgleich und Ausgleich bedeutet Heilung.

Natürlich sollte sich Heilung auch mit der Linderung von quälenden Symptomen und unangenehmen Schmerzen befassen. Jedoch kann die Beseitigung von Kopfschmerzen ohne die Auseinandersetzung mit der Belastung, durch die sie hervorgerufen worden sind, schließlich zu einem körperlichen Zusammenbruch führen. Geringfügige Symptome sind Teil eines Frühwarnsystems und sollten nicht ignoriert oder durch die Einnahme eines Medikaments überdeckt werden – egal, ob es ein allopatisches Medikament ist oder aus dem Bereich der Komplementärmedizin stammt. Wir heilen »in uns selbst hinein«, wenn Kronen- und Wurzelchakra miteinander im Einklang sind, und wir den ernst zu nehmenden Schritt hin zu unserem wahren Selbstausdruck wagen, den dieser Einklang erforderlich macht. Geist und Seele sprechen durch unsere Emotionen zu uns. Wenn wir unsere Emotionen vernachlässigen, dann sprechen sie durch unseren Körper zu uns; und unser Körper gibt uns Hinweise auf unser Karma und unsere spirituellen Aufgaben. Indem uns diese enthüllt werden, wird unser wahrer Lebenssinn offen gelegt, und es kann tiefe Heilung stattfinden. Wenn wir unsere Paradigmen so erweitern, dass wir einen Menschen an seinem Wesen und nicht an seinem physischen Vehikel messen, dann wird selbst der »unvollkommenste« Körper schön, wenn der Geist durch ihn hindurchscheint.

Der Tod selbst kann als Heilung betrachtet werden, wenn wir uns einen größeren Lebenszyklus als die relativ kurze Spanne eines einzigen Lebens auf der Erde vorstellen. Die Hoffnung auf eine letztlich vollkommene Heilung für alle ist nicht vergeblich, wenn wir an die Unsterblichkeit des Lebensfunkens und die Ewigkeit des Seins glauben. Wenn wir Heilung als Prozess ansehen, bei dem wir uns in einen noch unbekannten Gesundheitszustand hineinbegeben, dann läuft sie mit der spirituellen Entwicklung synchron.

Übungen

Die direktere Arbeit mit dem Kronen- und dem Wurzelchakra und ihren jeweiligen Farben und Archetypen, die in den Kapiteln 1 und 2 beschrieben wird, bildet den Hintergrund zu diesen Übungen. Je mehr Ihr Kronen- und Wurzelchakra miteinander in Einklang sind, desto mehr der von Ihnen gewünschten Informationen werden in Ihr Bewusstsein dringen.

Während Sie dieses Kapitel gelesen haben, haben Sie wahrscheinlich angefangen, über Ihren eigenen Körper nachzudenken: über seine Schwächen, Stärken, Symptome und Symbole. Die folgende Übung zielt darauf ab, Sie schrittweise durch die Erforschung der Symptome in ihrer Eigenschaft als Symbole zu leiten. Es kann hilfreich sein, die Übung mit einem Partner oder einer Gruppe von Freunden durchzuführen. Vorschläge von anderen und die gemeinsame Nutzung von Wissen und gegenseitige Inspiration können bei der Interpretation der Symbole sehr hilfreich sein. Wenn Sie sich zu dieser Möglichkeit entschließen oder aber Ihr eigenes Material mit einem Freund besprechen möchten, dann ist es wichtig, sich an folgende Punkte zu erinnern:

– Es gibt keine kategorisch festgelegten Bedeutungen.
– Es gibt keine schnell zugänglichen »klaren« Lösungen.
– Die Ansichten, die Erkenntnisse oder die Intuition einer Person sollten immer als Vorschläge angesehen und niemals demjenigen, der die Symptome oder Symbole erforscht, aufgezwungen werden. Es ist wichtig, dass der »Protagonist« seine eigenen, für ihn akzeptablen Einsichten in seinem eigenen Tempo und seinem eigenen Zeitrahmen gewinnt.
– Unbewusstes und neu auftauchendes Material ist manchmal durch starke Abwehrmechanismen geschützt. Wenn es nicht auf sanfte Weise zugelassen wird, oder die Erlaubnis erteilt wird, dass es mit Geduld und Unterstützung an die Oberfläche kommen darf, dann können sich die Abwehrmechanismen verstärken, anstatt sich zu verringern.
– Wenn Sie versuchen, Ihre eigenen Abwehrmechanismen oder diejenigen einer anderen Person mit großer Heftigkeit niederzuschmettern, dann kann das zu Selbstmissbrauch oder zu einer »psychologischen Vergewaltigung« führen.
– Wenn die Psyche nicht zur Eile angetrieben wird und ihre Einsichten mit Sanftheit hervorgeholt und respektiert werden, dann wird sie ihre Weisheit weitergeben.
– Aus vielen Schichten bestehende Symbole, die verstanden werden müssen, sind die Sprache und die Weisheit der Psyche (vgl. Glossar).

ÜBUNG 9   *Symptome als Symbole*

Bevor Sie mit dieser Übung anfangen, sollten Sie wissen, welches körperliche Symptom Sie untersuchen möchten. Versuchen Sie nicht, mehrere Symptome gleichzeitig zu ergründen, sondern konzentrieren Sie sich lediglich auf ein Symptom. Sie können diese Übung mit anderen Symptomen wiederholen oder tiefere Einsichten in Bezug auf dasselbe Symptom gewinnen, wenn Sie diese Übung häufiger in regelmäßigen oder unregelmäßigen Abständen wiederholen. (Mein Vorschlag ist, dass Sie sie jedoch nicht häufiger als zweimal pro Woche machen.)

Halten Sie Buntstifte, Papier und Schreibmaterialien bereit.

Die Übung besteht aus drei Teilen. *Lassen Sie sich bis zum nächsten Teil mindestens zwei Tage Zeit.*

TEIL 1   *Einige wichtige Fragen und Gedanken*

Wenn Sie dafür gesorgt haben, dass Sie ungestört bleiben, dann setzen oder legen Sie sich bequem hin, so dass Ihr Körper symmetrisch ausgerichtet ist und sich entspannen kann. Stellen Sie Kontakt zu Ihrem Atemrhythmus her und führen Sie die Übung zur »Beatmung des zentralen Energiekanals« aus, wobei Sie die Energie von der Krone bis zum Wurzelchakra und vom Wurzelchakra wieder hinauf zur Krone fließen lassen (vgl. Seite 29). Lassen Sie Ihren Atem allmählich wieder zu seinem normalen Rhythmus zurückfinden.

• Richten Sie Ihre Aufmerksamkeit auf den Bereich, das Organ oder die Körperfunktion, die das Symptom aufweist. Reflektieren Sie im Stillen folgende Fragen:
  a) Wie lautet der Name dieses Bereichs, Organs oder dieser Körperfunktion?
  b) Haben Sie oder Ihre Familie einen Spitznamen oder einen nicht

anatomischen Namen für diesen Bereich, dieses Organ oder diese Körperfunktion?

c) Welche natürliche Funktion erfüllt dieses Organ oder dieser Bereich Ihres Körpers?

d) Inwiefern ist diese natürliche Funktion im Moment eingeschränkt?

e) Betrifft dieses Symptom Ihre rechte oder Ihre linke Seite?

f) Wie würden Sie Ihr Symptom / Ihre Krankheit einer anderen Person beschreiben?

g) Wenn Sie Schmerzen haben, mit welchen Worten würden Sie Ihren Schmerz beschreiben?

Bei den Fragen f) und g) können Sie Ihrer Phantasie freien Lauf lassen. Achten Sie darauf, ob es emotionsgeladene Ausdrücke gibt, die ganz natürlich aus Ihnen herauskommen wie beispielsweise: »Ich fühle mich wie auf einer Folterbank.« – »Ich werde heruntergezogen.« – »Es fühlt sich wie Messerstiche an.« – »Es ist ein stechender Schmerz.« – »Mir ist schlecht (übel, ich möchte mich übergeben, fühle mich betrübt).« – »Ich fühle mich wie in den Klauen des Lasters.« – »Es nimmt mir meine gesamte Energie.« – »Es macht mich klein.« – »Es macht mich hilflos (abhängig, verzweifelt).« »Es wirft mich um.« Es gibt zahlreiche Möglichkeiten. Die Worte, die Ihnen am natürlichsten in den Sinn kommen, könnten von symbolischer Bedeutung für Sie sein.

• Schreiben Sie jetzt all Ihre Gedanken nieder. Denken Sie über den symbolischen Inhalt der Worte, die Sie niedergeschrieben haben, und über Ihre Gefühle nach. Denken Sie über die symbolische Funktion des betroffenen Körperbereichs und der Körperfunktion nach. Betrachten Sie die symbolische Bedeutung der Kosenamen oder der Namen, die Sie in Ihrer Familie im Hinblick auf den betroffenen Körperbereich bzw. die Körperfunktion verwenden. Wenn Sie über die Bedeutung, die die Symptome auf der rechten bzw. auf der linken Körperseite haben, nachdenken, dann nehmen Sie sich noch einmal die Seiten 81 ff. zu Hilfe.

- Fragen Sie sich jetzt selbst: »Gibt es Situationen oder Menschen in meinem Leben, die auf ähnliche Weise beschrieben werden könnten wie meine Symptome bzw. mein Schmerz?«
- Fangen Sie an, sich über Möglichkeiten Gedanken zu machen, die Ihnen helfen könnten:
  - Brauchen Sie eine Pause?
  - Sollten Sie um mehr Hilfe und Unterstützung in Ihrem Leben oder bei Ihrer Arbeit bitten?
  - Lassen Sie sich selbst genug Fürsorge zukommen?
  - Sind Sie zu empfänglich oder zu passiv? Müssen Sie das ändern?
  - Sind Sie zu anspruchsvoll oder zu aggressiv? Sollten Sie das ändern?
  - Fressen Sie Ihren Ärger in sich hinein? Könnten Sie ihn auf andere Art und Weise ausdrücken und seinen Ursprung ergründen?
  - Sollten Sie über eine größere Veränderung in Ihrem Leben nachdenken oder diese sogar in Gang setzen?
  - Sollten Sie über das Thema »Akzeptanz« meditieren? (Vgl. Seite 77 f.)

Denken Sie daran, dass zwischen den einzelnen Teilen dieser Übung mehrere Tage oder Wochen liegen können, doch Sie sollten mindestens zwei Tage vergehen lassen, bevor Sie mit Teil 2 weitermachen. Versuchen Sie nicht, übereilt zu viele Erkenntnisse zu gewinnen, und widerstehen Sie der Versuchung, eine Flut von Einsichten auszulösen bzw. erzwingen zu wollen.

Die Psyche (vgl. Glossar) hat ihre eigene Weisheit und ihr eigenes Tempo. Sie bekommen dann die besten Antworten von ihr, wenn Sie das akzeptieren und mit Sanftheit ihre Enthüllungen unterstützen. Versteckte oder symbolische Bedeutungen bzw. eine unerwartete innere Dynamik haben sich normalerweise als Überlebensstrategien bzw. wertvolle Abwehrmechanismen entwickelt, als Ihr Leben in irgendeiner Hinsicht bedroht war. Wenn Sie sich mit Sorgfalt und Respekt sich selbst und Ihren inneren Prozessen annähern, dann werden Ihre Abwehrmechanismen allmählich dahinschwinden, und es wird Ihnen möglich, Zugang zum Schatz Ihrer Erkenntnisse zu gewinnen. Wenn Sie auf innere Hindernisse stoßen und Sie versuchen, diese umzustürzen bzw. auseinander zu brechen, dann haben diese die Tendenz, stärker zu werden, wie Narbengewebe um eine Wunde herum.

Eine sanfte Vorgehensweise erlaubt es Ihrem Narbengewebe, weich zu werden, so dass ein tiefer Heilungsprozess stattfinden kann; das Wesen der Wunde kann dann voll in Ihr Bewusstsein dringen. Ungeduld schafft neues Narbengewebe, unter dem die Wunde dann weiter eitern kann. Vergegenwärtigen Sie sich, dass Visualisierungen Sie häufig mit vertrautem Material konfrontieren können und die Psyche in ihrer Weisheit Sie darum bittet, dieses von einem anderen Blickwinkel aus zu betrachten. Wenn Sie bereit sind, Ihre eigene Geschichte mit Erstaunen, Mitgefühl und ohne Urteil zu hören, dann wird sie sich Ihnen Kapitel für Kapitel enthüllen.

Eine meiner Klientinnen, die sich selbst gegenüber ein sehr ungeduldiges und bewertendes Verhalten an den Tag legte, sehnte sich nach reichen und aufschlussreichen inneren Reisen und Visualisierungen. Doch selbst wenn sie diese Qualitäten aufwiesen, fiel es ihr schwer, ihre Bedeutung anzuerkennen – sie trieb sich immer weiter an. Allmählich erkannte sie, dass sie erst lernen musste, sich selbst gegenüber weniger kritisch und streng zu sein, um sich selbst klarer zu hören und zu sehen. Sie arbeitete daran, weniger hohe Erwartungen an sich zu stellen. Schließlich hatte sie einen schönen Traum, in dem ein von einem Brand vollkommen zerstörter Wald von Fachleuten sorgfältig ausgegraben wurde, die das Geheimnis der Beschleunigung neuen Wachstums kannten. Dieser Traum kündigte die Befreiung ihrer seit langem blockierten Kreativität und das Nachlassen ihrer tief sitzenden Abwehrstrategien an.

Wenn Sie jedoch Zweifel hegen, ob Sie sich überhaupt selbst erforschen sollten, dann ist es ratsam, die Hilfe eines Beraters oder Therapeuten in Anspruch zu nehmen. Berater und Therapeuten, die eine Ausbildung in transpersonaler Therapie haben, sind für die Arbeit mit Visualisierungstechniken (vgl. Glossar) besonders empfehlenswert.

TEIL 2   *Bild oder Symbol*

Für den zweiten Teil der Übung brauchen Sie Buntstifte oder Pastell-kreiden und Papier.

Treffen Sie dieselben Vorbereitungen wie im Teil 1. Führen Sie die Beatmung des zentralen Energiekanals aus (vgl. Seite 29). Lassen Sie Ihren Atem dann wieder zu seinem normalen Rhythmus zurückfinden.

- Schließen Sie Ihre Augen und stellen Sie sich im Geiste dasselbe Symptom wie in Teil 1 dieser Übung vor und visualisieren Sie eine innere Leinwand. Bitten Sie im Geiste darum, dass ein Symbol oder ein Bild, das für Ihr Symptom steht, auf Ihrer Leinwand erscheinen möge.
- Nehmen Sie nach fünf Minuten Ihr Papier und Ihre Buntstifte zur Hand und malen Sie auf meditative Weise das entstandene Bild auf; lassen Sie zu, dass es sich beim Malen mehr und mehr entwickelt. Nehmen Sie sich so viel Zeit, wie Sie brauchen, um das Bild zu Ihrer Zufriedenheit zu vollenden.
- Selbst wenn kein Bild oder Symbol auf Ihrer inneren Leinwand aufgetaucht ist, versuchen Sie etwas vollkommen Freies auf Ihrem Papier entstehen zu lassen, wenn Sie kritzeln oder malen. Machen Sie sich über Ihre Malkünste oder die Qualität Ihres Bildes keine Sorgen. Sie möchten Informationen aus Ihrer inneren Welt nach außen bringen, und Malen ist eine Möglichkeit, das zu tun. Nur wenn Sie in Bezug auf das Malen wirklich gehemmt sind, sollten Sie stattdessen Worte zur Beschreibung benutzen.

Lassen Sie mindestens zwei Tage verstreichen, bevor Sie mit Teil 3 der Übung wei-termachen. Schauen Sie sich in der Zwischenzeit häufiger Ihre Zeichnung an und versuchen Sie, das Bild oder Symbol mit Hilfe Ihres Intellekts zu deuten.

TEIL 3   *Körpergedächtnis*

Sorgen Sie dafür, dass Sie nicht ungestört bleiben. Lesen Sie sich Ihre
Notizen aus Teil 1 dieser Übung durch und schauen Sie sich noch einmal
Ihr Bild bzw. Symbol aus Teil 2 an. Führen Sie im Liegen oder Sitzen die
Beatmung des zentralen Energiekanals aus (vgl. Seite 29). Lassen Sie
Ihren Atem allmählich zu seinem normalen Rhythmus zurückfinden.

- Verwenden Sie dasselbe Symptom wie in Teil 1 und 2 dieser Übung
  und richten Sie Ihre Aufmerksamkeit auf den entsprechenden Körperteil oder die entsprechende Körperfunktion. Blicken Sie in Ihrem
  Leben zurück, und bitten Sie im Geiste Ihr Gedächtnis, all das in
  Ihren Verstand zu bringen, was mit den Symptomen, die Sie jetzt
  erleben, in Zusammenhang stehen könnte. Bewerten oder kritisie-
  ren Sie das, was Ihr Gedächtnis Ihnen sagt, nicht. An diesem Punkt
  ist es äußerst wichtig, die Bedeutung dessen, was Ihre Psyche Ihnen
  zeigt, nicht zu hinterfragen. Streben Sie nicht danach, sich an Vor-
  fälle aus Ihrer Kindheit zu erinnern. Ein Erlebnis aus der jüngeren
  Vergangenheit könnte von größerer Bedeutung sein, um weiterge-
  hende oder tiefere Erkenntnisse zu bekommen. Wenn Sie sich dazu
  bereit fühlen, dann schreiben Sie die Erinnerung, die mit dem größten Nachdruck an die Oberfläche tritt, möglichst vollständig auf.
- Wenn Sie mit dem Schreiben fertig sind, dann lesen Sie sich noch
  einmal die Passage über Chloes Erfahrungen als Neuling bei den
  »Brownies« durch (vgl. Seite 81 ff.).
- Beginnen Sie jetzt darüber nachzusinnen, was die Erinnerung, die
  Ihre Psyche Ihnen mitgeteilt hat, im Hinblick auf die Symbolik Ihres
  Symptoms bedeuten könnte. Denken Sie nicht zu intensiv nach.
  Behalten Sie die Erinnerung eine Weile bei sich und lesen Sie sich
  Ihre schriftlichen Aufzeichnungen einmal am Tag durch. Allmählich
  werden die Schlüsselbegriffe und Erkenntnisse auftauchen. Wenn
  Sie sie nicht aufschreiben, dann können Sie leicht verschwinden.
  Schreiben Sie also alle Dinge, die auftauchen, sofort auf.

ÜBUNG 10   *Eine geführte Reise*
zum Archetypus Heilen

Es kann hilfreich sein, sich die Worte für eine innere Reise mit den entsprechenden Pausen auf eine Kassette zu sprechen, so dass Sie beim
Ausführen der Übung die Kassette hören können und nicht versuchen
müssen, sich an die Anweisungen zu erinnern bzw. diese während der
Übung lesen müssen.

Wenn Sie noch keine Erfahrung mit inneren Reisen haben, dann
könnten Sie sich zunächst den Eintrag zur »Inneren Reise« im Glossar
durchlesen oder eines meiner früheren Bücher wie *The River of Life* (vgl.
Bibliographie) lesen, bevor Sie mit dieser Übung beginnen.

Sorgen Sie dafür, dass Sie ungestört bleiben und legen Sie sich Mal-
und Schreibutensilien zurecht, bevor Sie sich im Sitzen oder Liegen in
einer bequemen und entspannten Position niederlassen, in der Ihre
Wirbelsäule gerade und, wenn nötig, abgestützt ist. Ihr Kopf sollte gut
mit Ihrem Hals ausbalanciert sein. Überkreuzen Sie Ihre Beine in Höhe
der Knie oder Fußgelenke nicht, obwohl der Schneider- oder Lotossitz,
wenn eine der beiden Haltungen für Sie angenehm ist, empfehlenswert
ist.

Führen Sie die Übung zur Beatmung des zentralen Energiekanals aus
(vgl. Seite 29), bis Sie fühlen, dass der Strom zwischen Krone und Wurzelchakra in beide Richtungen fließt. Lassen Sie Ihren Atem dann wieder zu seinem normalen Rhythmus zurückfinden.

• Wenn Sie bereit sind, dann bewegen Sie sich in Ihren inneren Raum
  oder in eine Landschaft hinein und kommen Sie auf einer Wiese an.
  (Diese kann in Anlehnung an eine Wiese in der Außenwelt, die Sie
  kennen oder an die Sie sich erinnern können, entstehen, oder es
  kann eine Wiese sein, die einfach nur in Ihrem Inneren existiert.)
• Nehmen Sie die Gelegenheit wahr und aktivieren Sie auf der Wiese
  Ihre sämtlichen Sinnesorgane ... Betrachten Sie die Farben und die

Gegenstände ... Lauschen Sie den Geräuschen ... Riechen Sie die
Düfte ... Fühlen Sie die Beschaffenheit der Dinge in Ihrer Umgebung ... Schmecken Sie die unterschiedlichen Geschmacksrichtungen.

- Hinter der Wiese befindet sich eine wellenförmige Landschaft, die
  auf steilere Hügel- und Bergformationen führt. Wenn Sie Ihren
  Blick in die Ferne schweifen lassen, dann weiß ein Teil von Ihnen,
  wo Sie hingehen müssen, um dem Archetypus des Heilens zu begegnen ... (Sie können zu einem Gewässer reisen, zu einer Höhle,
  zu einer Hügel- oder Bergspitze, in ein bestimmtes Tal, zu einem
  bestimmten Baum, zu einer heiligen Stätte, zu einem Ort, an dem
  ein Feuer brennt. Ihre Psyche kann Ihnen vielfältige Möglichkeiten
  eröffnen.)
- Wenn Sie einmal wissen, welche Richtung Sie einschlagen müssen,
  dann könnte in Ihnen der Wunsch entstehen, Weggefährten mit auf
  die Reise nehmen zu wollen. Sie können Ihre innere weise Präsenz
  einladen (die eine Person sein kann oder ein Licht, eine Farbe oder
  eine Essenz) oder sich von einem Krafttier begleiten lassen. Ihre
  inneren Krafttiere sind Beschützer, Hüter und Führer. In ihrem äußeren wilden Zustand können sie sehr böse sein, doch in Ihrer inneren
  Welt sind sie Ihre Freunde und Sie können mit ihnen kommunizieren. Vielleicht möchten Sie auch einen Talisman oder ein Amulett
  mitnehmen (einen besonderen Gegenstand, der Ihnen hilft, Ihre
  Mitte zu finden, und der Ihnen Kraft verleiht – vgl. Glossar).
- Wenn Sie vollkommen bereit sind, dann beginnen Sie Ihre Reise zu
  dem Ort, von dem Sie wissen, dass Sie dort Ihrem Archetypus des
  Heilens begegnen werden ... (fünf Minuten Stille).
- Wenn Sie am richtigen Ort angekommen sind und Sie Ihren Archetypus nicht sofort ausfindig machen können, dann schauen Sie
  sich um und untersuchen Sie die Gegend ein wenig. Machen Sie
  es sich dann mit Ihrer weisen inneren Präsenz und dem Krafttier in
  Ihrer Nähe bequem und laden Sie Ihren Archetypus des Heilens ein
  zu erscheinen ... (zwei Minuten Stille).

- Begrüßen Sie Ihren Archetypus des Heilens ... Bitten Sie ihn darum, Ihnen eine Stätte der Heilung oder einen Tempel der Farbenheilung zu zeigen, den Sie jetzt aufsuchen können; oder bitten Sie ihn bei jeder anderen Gelegenheit darum, wenn Sie der Heilung bedürfen ... Ihr Archetypus des Heilens wird Sie zu diesem Ort begleiten und sich darum kümmern, dass Sie Heilung und Erfrischung erfahren ... (zehn Minuten Stille).

- Bevor Sie den Heiltempel oder die Heilstätte und Ihren Archetypus des Heilens verlassen, fragen Sie, ob es eine Botschaft oder ein symbolisches Geschenk gibt, das Ihre inneren und äußeren Heil- und Wachstumsprozesse unterstützt ... Danken Sie Ihrem Archetypus des Heilens und bereiten Sie sich auf die Rückreise zur Wiese vor ...

- Ihr Archetypus des Heilens kann Sie zu Ihrer Wiese zurückbegleiten oder aber in der Nähe der heiligen Stätte oder des Tempels bleiben ... Ihre innere weise Präsenz und Ihr Krafttier treten die Rückreise natürlich mit Ihnen gemeinsam an ... Reisen Sie in Ihrer eigenen Zeit ... und bewegen Sie sich dann von der Wiese zu dem Zustand, in dem Sie Ihren eigenen Atemrhythmus wahrnehmen ... Seien Sie sich Ihres Körpers auf dem Boden, dem Sofa oder Stuhl bewusst ... Führen Sie die Beatmung des zentralen Energiekanals aus ... Stellen Sie sich vor, dass Sie von einem Lichtmantel umhüllt sind, an dem sich auch eine Kapuze für Ihren Kopf befindet, und kehren Sie dann mit Ihrer gesamten Präsenz zu Ihrer äußeren Umgebung zurück, um Ihre Reise aufzumalen oder aufzuzeichnen.

Übung 11   *Frausein / Mannsein*

Das Frausein bzw. Mannsein und die damit verbundene Sexualität sind Hauptthemen in unserem Leben. Diese Übung beruht auf den einführenden Fragen zu diesem Thema auf Seite 69 ff. Eine weitere Übung, die sich auf Fragen zur Sexualität bezieht, ist Übung 23 auf Seite 197 ff.

Sorgen Sie dafür, dass Sie ungestört bleiben, legen Sie sich einen Bleistift oder Füller, Buntstifte und Papier zurecht, und lesen Sie sich den Abschnitt über das Frausein bzw. Mannsein noch einmal durch.

- Führen Sie jetzt die Übung zur Beatmung des zentralen Energiekanals aus, bis Sie entspannt und in Ihrer Mitte sind. Nehmen Sie ein Blatt Papier, und wenn Sie eine Frau sind, dann schreiben Sie als Überschrift: »Ich bin eine Frau.« Wenn Sie ein Mann sind, dann schreiben Sie als Überschrift: »Ich bin ein Mann.« Schreiben Sie die Überschrift in der von Ihnen gewünschten Farbe.
- Denken Sie einige Momente über diese Überschrift nach und schreiben Sie dann den Untertitel: »Das bedeutet: ...«
- Nehmen Sie sich jetzt zwanzig bis dreißig Minuten Zeit, und denken Sie darüber nach, was Ihr Geschlecht für Sie bedeutet, welche Gefühle Sie zu Ihrem Frausein bzw. Mannsein haben, und schreiben Sie auch die Botschaften nieder, die Sie von der Gesellschaft zu diesem Thema bekommen. Während Sie Ihre Liste und Ihre Kommentare aufschreiben, machen Sie sich die Spannungen in Ihrem Körper und die Bereiche, in denen Sie angespannt sind, bewusst. Analysieren Sie das, was Sie aufgeschrieben haben, in diesem Augenblick noch nicht allzu genau; lassen Sie einfach das, was aufgetaucht ist, in Ihrem Bewusstsein ruhen. Wenn Sie das Gefühl haben, dass der richtige Zeitpunkt gekommen ist, dann könnte es hilfreich sein, dass Sie, wenn das möglich ist, Ihre Gedanken und Kommentare mit einem Freund oder Ihrem Partner teilen.

Farben

Die Farben für das Wurzelchakra sind Rot, Braun und Malve, diejenigen für das Kronenchakra Violett, Weiß und Gold. Wie Sie die Farben in Ihrem Kronen- oder Wurzelchakra stärken können, ist in Übung 8 (Seite 61) beschrieben.

Düfte

Beruhigende Düfte für das Wurzelchakra sind Zedernholz und Patchouli; Moschus, Lavendel und Hyazinthe regen das Wurzelchakra an. Beruhigende Düfte für das Kronenchakra sind Rosmarin und Bergamotte, Veilchen und Ambra regen es an. Auf Seite 62 f. finden Sie weitere Informationen über den Gebrauch der Düfte für diese Chakren.

Edelsteine und Kristalle

Auf Seite 63 f. und im Glossar finden Sie eine allgemeine Anleitung zum Gebrauch von Edelsteinen und Kristallen. Für die in diesem Kapitel behandelten Themen sind folgende Edelsteine und Kristalle besonders hilfreich:

Weißer Turmalin Unterstützt das Streben nach Integrität und fördert ein tieferes Verständnis der spirituellen Hingabe und des Gehorsams. Dieser Stein führt eine spirituelle Reinigung herbei und fördert Ehrlichkeit und Einsichten.

Rauchquarz Fördert Ruhe, Zentriertheit und Geerdetsein. Er hilft dabei, Angst- und Panikgefühle abzubauen und lindert Schockzustände.

Granat Dieser Edelstein unterstützt die Heilung und Regeneration von Gewebe; ebenso beschleunigt er die Heilung im Körper vorhandener Wunden, einschließlich derer, die durch operative Eingriffe entstanden sind. Darüber hinaus spendet er Trost bei Verlust oder Trauerfällen sowie in allen Phasen, in denen es zu einschneidenden Veränderungen im Leben eines Menschen kommt.

Gebete bzw. Affirmationen

Das Gebet bzw. die Affirmation für das Wurzelchakra lautet:

❯ *Möge der Geist durch den Akt der Inkarnation in die Materie hineingebracht werden. Möge die Lebenskraft durch die Verbindung mit der Erde energetisch aufgeladen und ausgetauscht werden. Wir erkennen die Ganzheit an und streben danach, akzeptiert zu werden und andere zu akzeptieren.* ❮

Das Gebet bzw. die Affirmation für das Kronenchakra lautet:

❯ *Lasse durch Hingabe und Loslassen den einströmenden Wille wirklich den Willen Gottes sein, der in uns und durch uns arbeitet und uns auf diesem Wege ein immer größeres Wissen von der mystischen Vereinigung und der mystischen Hochzeit vermittelt.* ❮

Vorschläge, wie Sie Gebete bzw. Affirmationen verwenden können, finden Sie auf Seite 64.

KAPITEL 4

In den Fängen der Krake:
Die Beziehungen in der Familie verbessern

Schlüsselbegriffe:
Die Ursprungsfamilie heilen, familiäre
Beziehungen verbessern, das innere Kind

Chakrenpaare:
Wurzel, Herz und Krone

Archetypen:
Die Große Mutter und der Große Vater

Dieses Kapitel wird Ihnen helfen:

- Einsichten in die karmischen Ursachen für die Wahl Ihrer Eltern zu gewinnen
- Informationen über spirituelle und genetische Familien zu bekommen
- Verständnis für die Bedürfnisse des inneren Kindes zu erlangen
- Wissen darüber zu erhalten, wie Sie Schmerzen und Wunden innerhalb Ihrer Familie heilen können
- Einsichten zu gewinnen, was in Beziehungen zu Freunden, Kollegen oder Geliebten falsch laufen könnte

Bereiche, denen die Chakren zugeordnet werden

Eine Liste der Bereiche, denen das Wurzel- und das Kronenchakra zugeordnet werden, finden Sie auf Seite 32.

Das Herzchakra

Lage: Auf derselben Höhe wie das physische Herz, jedoch in der Mitte des Körpers (der Stiel befindet sich an der Rückseite)
Schlüsselworte: Mitgefühl, Fühlen, Zärtlichkeit, Liebe zu Gott, Nächstenliebe, Loslösung
Entwicklungsalter: Von 12 bis 15 Jahren
Farben: Lindgrün, Rosa, Amethystrosa
Element: Luft
Sinn: Tastsinn
Körper: Fühlkörper
Zugeordnete Drüse: Thymusdrüse
Beruhigende Düfte: Sandelholz, Rose
Anregende Düfte: Fichte, Geißblatt
Edelsteine und Kristalle: Smaragd, grüner Calcit, Bernstein, Azurit, Chrysoberyll, Jade, Rose, Wassermelonenturmalin

Gebet bzw. Affirmation

Im goldenen Zentrum der Rose des Herzens möge sich zartes Mitgefühl mit bedingungsloser Liebe vereinen. Möge wahre Loslösung Wachstum und Kontinuität ermöglichen. Möge durch das Verständnis der Geburt im Tod und des Todes in der Geburt echte Transformation geschehen.

Das Herzchakra in Verbindung zum Leben

Wenn das Herzchakra gesund und beweglich ist, dann wird die Verbindung zwischen dem Wurzel- und dem Kronenchakra lebendig und weniger klinisch bzw. esoterisch. Der dem Herzchakra zugeordnete Sinn ist der Tastsinn. Wenn wir uns inkarnieren, dann berühren wir die Erde und werden von ihr in physischer, emotionaler und symbolischer Hinsicht berührt. Ein Sprichwort der Indianer besagt, dass alles nur in Beziehung zu anderen Dingen existiert. Deshalb bilden wir durch Berührung Beziehungen und erschaffen so unsere Existenz.

Die Verhaltensforschung hat eindeutige Beweise dafür, dass lebendige Wesen Körperkontakt brauchen, um zu gedeihen. Jedoch stellt in vielen Kulturkreisen, insbesondere dem europäischen, der Körperkontakt ein schwieriges Thema dar. Wir möchten uns von jemandem sagen lassen, wie wir Körperkontakt herstellen sollen, anstatt uns beim Austragen und Stillen unserer Babys und Kinder auf unsere Instinkte zu verlassen, und das führt zu Verwirrung. So genannte Kinderspezialisten haben in der Vergangenheit zu äußerst strengen Erziehungsmaßnahmen geraten. Bevor in wissenschaftlichen Experimenten zum Thema Körperkontakt eindeutige Ergebnisse erzielt wurden, wurde auf Anraten Truby Kings, eines einflussreichen amerikanischen Kinderarztes, praktisch eine ganze Generation von Babys des natürlichen Liebkosens und Streichelns beraubt.

Man sprach die Empfehlung aus, Babys vier Stunden alleine in ihren Kinderbetten liegen zu lassen, ohne sie zu füttern, und nur nachzuprüfen, ob sie Blähungen haben oder ob eine Windelnadel hervorsticht; so trainierte man ihnen an, ihren Hunger nach der Uhr zu richten. Die Vorstellung, dass Babys über Wärme und Nahrung hinaus auch liebevolle Berührungen, Trost und Anregungen brauchen, wurde verneint. Müttern, die auf ihre Instinkte hörten und es genossen, ihre Babys auch in der Zwischenzeit auf den Arm zu nehmen, wurde vermittelt, dass sie von ihren Kindern konditioniert würden und dass sich hieraus später disziplinäre Probleme ergeben könnten. Eine Generation von Babys, denen der Körperkontakt genommen worden ist, und von Eltern, denen das auf natürlichen Instinkten beruhende Vergnügen an ihren Babys abgesprochen worden ist, haben einen großen Einfluss auf die Gesellschaft, denn so werden die Qualitäten des Herzens daran gehindert, sich zu entfalten, und die Kreativität wird unterdrückt.

Die Verbindung zwischen Herz und Berührung ist das zentrale Thema des Herzchakras. Das Wort Berührung muss in seiner vollen Bedeutung verstanden werden. Wir berühren uns gegenseitig körperlich, doch auch auf der emotionalen Ebene können wir einander berühren. Die mit Berührung verbundene Symbolik kommt sprachlich in Sätzen wie »Der Film hat mich tief berührt« oder »Er war ganz gerührt« zum Ausdruck.

Die anderen Schlüsselbegriffe des Herzchakras lassen sich hauptsächlich aus der umfassenderen Bedeutung und den Anwendungsmöglichkeiten von Berührung ableiten. Dabei handelt es sich um folgende Bereiche: Mitgefühl, Fühlen, Zärtlichkeit, Liebe zu Gott und Nächstenliebe. Wenn wir uns diese Schlüsselbegriffe und das ansehen, was sie über den Zustand unseres eigenen Herzchakras aussagen können, dann ist es wichtig, dass wir uns die Frage stellen, ob wir in der Lage sind, diese Qualitäten von anderen zu *empfangen* und sie ebenfalls zu *geben*. Die in diesem Zusammenhang vielleicht schwierigere Frage ist, ob Sie eine gesunde Liebe zu sich selbst und zu anderen empfinden.

Der Schlüsselbegriff »Loslösung« mag im Hinblick auf das Herzchakra merkwürdig klingen, dennoch ist er von wesentlicher Bedeutung, da er uns in die Lage versetzt, zwischen grundlegenden Emotionen und den eigentlichen Fühlqualitäten des Herzens zu unterscheiden. Traditionellerweise wird das Symbol des Herzens, so wie es auf Karten abgebildet ist, die man zum Valentinstag verschickt, mit Emotionen und romantischer Liebe assoziiert. Aber auch in solchen Zusammensetzungen wie Lieblingsorte, Lieblingsessen oder Lieblingsautomarke wird der Begriff stark strapaziert.

Wahre Herzensliebe ist dauerhaft und warmherzig und sie reicht über das Feuer der Leidenschaft hinaus. Natürlich brauchen wir

Liebschaften und eine brennende Leidenschaftlichkeit, doch auf die Chakren bezogen gehören solche Gefühle eher zum Bereich des Sakral- und des Solarplexuschakras als zum Herzen (vgl. Seite 173 ff.). Das Herz*chakra* ist nicht der Sitz der Emotionen, sondern der Gefühle. Die Verbindung zur feinstofflichen Ebene unseres Körpers geschieht über den Fühlkörper. Wenn sich das Herzchakra entfaltet, dann setzt eine Weiterentwicklung ein, die bei den instinkthaften Emotionen des Sakralchakras anfängt, über die Bewusstwerdung des eigenen Ichs im Solarplexus geht und dann die leuchtenden Eigenschaften des Fühlens erreicht, die durch den Weisheitsaspekt gemäßigt werden.

Der Mensch, der eine wahre Verbindung zum Herzchakra hat, bringt eine Gefühlsqualität ins Leben, die nicht von rohen Emotionen beherrscht wird. Es ist uns möglich, Gefühle zu haben, sie anzuerkennen und einzusetzen, ohne dass wir unser Leben von ihnen in einer Weise beherrschen lassen, die Vernunft und Verantwortung ausschließt. Die Emotionen können nutzbar gemacht werden, ohne verleugnet werden zu müssen. Ihre Energien können wohlüberlegt eingesetzt werden und so der betreffenden Person oder anderen Personen Macht verleihen. Deshalb ist *Loslösung* kein kalter oder liebloser Rückzug, sondern eine Disziplin, die es uns erlaubt, eine emotionsgeladene Situation klar zu sehen und auftauchende Probleme auf objektive Art und Weise zu bewerten, um aus jener Liebe heraus zu handeln, die von Weisheit sowohl verstärkt als auch abgemildert wird. Wenn man Loslösung in diesem Sinne versteht, dann kann Loslösung die Hebamme sein, die Liebe und Weisheit auf die Welt bringt.

Wenn Sie in Ihr eigenes Herzchakra hineinschauen, dann können Sie sich folgende Frage stellen: »Wie berühre ich die Welt und wie berührt die Welt mich?« Wenn Ihre Antworten auf diese Fragen auf Blockaden hinweisen – was ziemlich wahrscheinlich ist –, dann ist die Arbeit mit der Wurzel-, Herz- und Kronenchakratriade von besonders großem Wert für Sie.

Wurzel, Herz und Krone als Chakrentriade

In den Kapiteln 2 und 3 wurden die Beziehung und die Wechselwirkungen zwischen dem Wurzel- und dem Kronenchakra untersucht. Dabei wurde besonders hervorgehoben, wie sie uns dabei unterstützen, unsere wichtigsten Entscheidungen bei unserer Inkarnation treffen, und in welchem Zusammenhang die Wahl unseres physischen Körpers und unserer Konstitution mit unseren zentralen Lebensfragen und unserer Weiterentwicklung stehen.

Das Herz macht Beziehung möglich. Das Zusammenwirken von Krone und Wurzel bei der Manifestation der Absichten des höheren Selbst kann ohne das Herzelement kalt, klinisch oder sogar berechnend erscheinen. Ohne die Qualitäten des Herzens könnte der ganze Plan der Inkarnation und der Weiterentwicklung auf der Erde wie eine lebenslängliche Strafe wirken, die wir solange ertragen müssen, bis wir in weichere Regionen zurückkehren dürfen.

Da das Herzchakra eine Hauptrolle dabei spielt, uns zu Gefühlen der Liebe zu befähigen, bringt es uns auch mit unserem Schmerz in Verbindung. Als menschliche Wesen erfahren und erkennen wir unsere Gefühle durch Gegensätze bzw. Polaritäten. Indem wir die leichtere Seite des Lebens und zärtliche Gefühle wie Liebe, Freude, Erfüllung, Sicherheit und Leidenschaft erfahren, öffnen wir uns gleichzeitig für die *schmerzhaften* Seiten des Herzens: Einsamkeit, Mangel an Liebe, Traurigkeit, Frustration, Unsicherheit und Langeweile. Oft sind es negative Erfahrungen, die uns zu Transformation, der Suche nach höheren Idealen, dem Dienst an anderen und an der Gesellschaft und dem Streben nach einem höheren Potential für die Menschheit insgesamt anspornen. In einer vollkommeneren Gesellschaft wäre die Hoffnung auf Liebe ein wichtigerer Motivationsfaktor als der Mangel an Liebe.

Das Herzchakra vermittelt uns einen direkteren und persönlicheren Bezug zu unseren Aufgaben. Indem es in uns die »Liebe zu

Gott« weckt bzw. im weiteren Sinne die Suche nach einer positiven Bedeutung und einem positiven Muster, hilft es uns dabei, uns in den größeren Plan des Universums einzugliedern und die Funktion des Mikrokosmos innerhalb des Makrokosmos zu verstehen. Übung 12 auf Seite 130 hilft Ihnen dabei, stärker mit der Energie Ihres Herzchakras in Kontakt zu kommen und den so wichtigen Energiefluss zwischen Wurzel-, Herz- und Kronenchakra zu stärken.

Die Ursprungsfamilie

Im Hinblick auf Lebensentscheidungen ist das Herzchakra am stärksten mit der Zugehörigkeit zu einer Familie und den sich daraus ergebenden Lern- und Wachstumsprozessen verbunden. Auf der Seelenebene findet eine sorgfältige Überprüfung der Wahl unserer Eltern und der Erfahrungen, die damit einhergehen, dass wir uns inkarnieren und von ihnen aufgezogen werden, statt.

Gildas erklärt, dass wir auf den höheren Ebenen unserer Existenz zu Seelengruppen und Seelenfamilien gehören. Er schlägt Folgendes vor:

❥ *Stelle dir einen Baum vor, dann den Wald, in dem er steht, und dann viele andere Wälder mit Bäumen. Zweige, Blätter, Früchte und Blumen, die vom selben Ast stammen, sind Seelenfamilien. Äste von demselben Baum oder dem Baum als ganzem sind Seelengruppen. Wälder sind erweiterte Seelengruppen. In deinem Leben begegnest du denjenigen, die vom selben Ast wie du selbst sind, und du erkennst sie oft mit Freude als deine wahre »spirituelle Familie«. Das bedeutet, dass die genetische Familie nicht unbedingt deine spirituelle Familie ist, und wenn man das erkennt, können die innerhalb der genetischen Familie bestehenden Erwartungen häufig heruntergeschraubt werden.*

*Du wirst auch denjenigen begegnen, die von deinem eigenen
Baum sind, und denjenigen, die aus deiner erweiterten Seelengruppe stammen. Häufig resultiert so genanntes »schwieriges Karma« aus den Bemühungen der Seelenfamilie bzw.
Seelengruppe, sich gegenseitig Lektionen zu spiegeln. Den
Impuls für diese Spiegelung setzen Liebe und Verständnis und
er wird für die gemeinsame Weiterentwicklung der Gruppe
von Bedeutung sein.*
*Du bist nie alleine. Du hast immer nähere Kontakte zu einer
Seelenfamilie und einer Seelengruppe, und es gibt Arbeit,
die ihr erkennen und gemeinsam verrichten müsst. Manchmal
scheinst du in der Isolation oder auf fremdem Territorium
zu leben. Selbst wenn keine direkten Kontakte vorhanden sind,
kannst du versuchen, all die feinstofflichen energetischen
Kräfte von Liebe und Akzeptanz, die dich umgeben, wahrzunehmen.* ❻

Die Wahl der Eltern

Ob wir die von uns getroffene Wahl unserer Eltern akzeptieren
und verstehen, hängt von der anfänglichen Qualität der Begegnung
mit ihnen ab. Wenn unsere Eltern uns willkommen heißen, wenn
sie liebevoll, unterstützend, kommunikativ, vereint, verständnis-
voll, großzügig und gerecht sind, dann kann die Verwurzelung, das
Auffinden unserer wahren Identität und die Zufriedenheit darüber,
ein Mensch zu sein, eine natürliche, freudvolle Entwicklung sein.
Das Annehmen eines menschlichen Körpers wird durch diese
Qualitäten erleichtert, wodurch das Herzchakra sich auf natürliche
Weise öffnen und funktionieren kann.

Es liegt jedoch in der Natur der Sache, dass Eltern nicht vollkommen sind. Die Psychologen gehen davon aus, dass sie bestenfalls »gut genug« sein können. Es kann für uns ein Problem sein zu
akzeptieren, dass wir Eltern »gewählt« haben, die uns nicht willkommen geheißen haben, die nicht liebevoll und unterstützend

waren, und der Gedanke, dass wir uns zum Einstieg eine feindliche oder auch ablehnende Umgebung ausgesucht haben sollen, ist schwer nachzuvollziehen. Unsere Reaktionen auf unsere erste Umgebung beeinflussen die Beziehung zwischen Wurzel und Krone sowie die Entwicklung eines vollständig funktionierenden Herzens.

Die physische Ursprungsfamilie, in der wir uns inkarnieren, spiegelt einen Teil der Absichten wider, die für die Weiterentwicklung der Seelenfamilie wichtig sind, und sie dient als Mittel, um einige dieser Absichten umzusetzen. Als Teil dieser Umsetzung können wir entweder wählen, in eine Familie hineingeboren zu werden, in der wir unsere Eltern und Geschwister kennen oder auf feinstofflicher Ebene wiedererkennen, oder in eine Familie, die aus anderen Gründen ausgewählt worden ist, wie beispielsweise aufgrund eines bestimmten genetischen, kulturellen oder sozialen Erbes. Es ist auch möglich, dass die Wahl der Familie mit dem Ausgleich und der Wiedergutmachung von direktem Karma verbunden ist, wodurch die Gelegenheit geschaffen wird, den Lektionen und Lehrern zu begegnen, die für uns die größte Herausforderung darstellen.

Wenn wir mit den Menschen zusammen sind, die wir lieben und an die wir uns erinnern, dann ist der Übergang von den anderen Welten auf die materielle Ebene sehr leicht zu vollziehen, und wir haben weniger Probleme damit, Wurzeln zu schlagen, geerdet und inkarniert zu sein. Diese Möglichkeit ist vielleicht als Kontrast zu einer früheren einsamen oder traumatischen Inkarnation ausgewählt worden, oder dann, wenn der Hauptschwerpunkt unserer Inkarnation auf der Entwicklung einer besonderen Begabung liegt. In einem solchen Fall können wir uns aussuchen, uns unter Menschen zu inkarnieren, die uns auf jede nur mögliche Weise unterstützen und uns davor schützen, für die Überwindung ernsthafter Hindernisse im Leben Energie aufwenden zu müssen.

Wenn wir eine feindlichere oder schwierigere Primärumgebung

mit Eltern oder Geschwistern wählen, die nicht auf einer Wellen-
länge mit unserer Seele sind oder zu unserer Seelengruppe gehören,
dann konzentriert sich ein Großteil unserer Lernerfahrungen auf
die Hindernisse, denen wir begegnen, und daraus entwickelt sich
ein Bewusstsein dafür, wie man mit solchen Hindernissen umgehen kann. Einige der Schwierigkeiten werden ausgesucht, damit
wir die Auswirkungen der Ursachen verstehen lernen, die wir in
einem anderen Leben in Gang gesetzt haben; andere einfach nur
deshalb, damit eine Herausforderung gegeben ist und wir unsere
Stärken ausbauen können. Für die eigene Identität zu kämpfen, ist
nicht leicht, doch es führt zu größerer Selbsterkenntnis und einer
gesunden Wertschätzung der eigenen Person.

Dodi Smith hat ein bekanntes Stück mit dem Titel *Dear Octopus*
geschrieben, in dem es um die Familie, ihre Macht und ihre Stärken
sowie ihre Einflussmöglichkeiten und Schwächen geht. Die Krake
ist wegen ihrer Fähigkeit, ihre langen Fangarme auszubreiten, wegen ihres harten Griffs bekannt und gefürchtet, und weil sie die Lebenskraft aus ihren Opfern herausquetscht. Wenn sie verfolgt wird,
verspritzt sie zudem noch ihre dunkle Tinte, um ihre natürlichen
Feinde zu verwirren. In der Mythologie heißt es, dass, wenn der
Krake ein Fangarm abgeschnitten wird, der nächste sofort nach-
wächst. Angeblich kann es nur einem Helden gelingen, dem Griff
dieses lebensbedrohlichen Ungeheuers zu entkommen und es zu
töten. Die letzte Zeile des Dramas von Dodi Smith lautet: »Dessen
Fänge wir nie ganz vergessen.«

Selbst im positivsten Sinne stellen Familien Forderungen und un-
ser Leben wird durch ihren Einfluss geformt. Wir alle haben ein
Bedürfnis nach »Zugehörigkeit« und dieses Bedürfnis verleiht
Familien unterschiedlichster Herkunft große Macht. Die Stärke
und der Beistand, den wir innerhalb unserer Familie erfahren, kann
unsere Hauptstütze sein; deren bedingungslose Liebe ein Trost. Der
Stolz auf unsere Bekanntschaft und Verwandtschaft kann eine
Quelle der Inspiration sein. In unseren Genen tragen wir die Fami-

lie in uns und unser Stammeserbe stellt einen wichtigen Teil unserer Identität dar. Wenn es darum geht, wem gegenüber wir uns loyal verhalten sollen und wir unter Druck stehen, dann erweist sich häufig das bekannte Sprichwort »Blut ist dicker als Wasser« als wahr.

Umgekehrt bringt familiärer Zusammenhalt auch Einschränkungen mit sich. Fragen der persönlichen Freiheit können ebenso wie die Entwicklung der eigenen Identität durch die Dynamik innerhalb der Familie unterstützt oder behindert werden. Großeltern, Eltern und Geschwister sind starke Kräfte, die einen starken Einfluss auf die Herausbildung der individuellen Psyche ausüben. Negative Strömungen innerhalb der Familie wie beispielsweise Eifersüchteleien, Feindseligkeiten und die negative Kraft der besitzergreifenden Liebe scheinen unsere Seelen zu schwächen. Welche Gefahren sich ergeben, wenn sich Familien zerstritten haben, was starre Erwartungen und mangelnde Einsicht zur Folge haben, wird uns von den Autoren aussagekräftiger Romane und Dramen gespiegelt. Psychologische Kämpfe, egal, wie viel Energie sie kosten mögen, haben einen größeren Bezugsrahmen, wenn man sie in ihrer spirituellen Dimension betrachtet und sie vor dem Hintergrund der ununterbrochenen Kette von Leben sieht. Das Konzept der Weiterentwicklung der Seele kann uns bei den bittersten Kämpfen als Inspiration dienen, und dadurch kann sichergestellt werden, dass wir nicht in ein Gefühl von Sinnlosigkeit verfallen.

Karmisch gesehen ist die Familie unser Ernährer und Lehrer sowie auch der Hintergrund, vor dem wir etwas über das Leben lernen. Die größeren Familien wie Gesellschaft, Nation und Rasse haben einen starken Einfluss auf uns und konditionieren uns. Die Erwartungen der Gesellschaft beeinflussen die Erwartungen unserer Ursprungsfamilie. Gewisse moralische und ethische Anforderungen spielen eine wichtige Rolle im Streben nach Gerechtigkeit und helfen uns dabei, die Räder des Lebens zu ölen. Innerhalb der verschiedenen Schichten der Gesellschaft sind unterschiedliche soziale Werte, Trends und Machtspiele wirksam, die die Familie und ihre Vision beeinflussen. Eltern erziehen Kinder im Wesentlichen dazu, sich den Vorgaben, die die Gesellschaft oder eine bestimmte Kultur zu einem bestimmten Zeitpunkt als akzeptabel oder wünschenswert ansehen, anzupassen. Wenn man Individuen als Ton ansieht, der geformt oder in eine angenehme Form gebracht werden muss, anstatt als Samen, der ein Potential in sich birgt, das zum Blühen gebracht werden kann, dann kann der negative Druck der Familiendynamik das Streben des Individuums nach Identität oder Selbstwert ernsthaft beeinträchtigen.

Auf der feinstofflicheren Ebene der spirituellen Familie oder Seelengruppe ist das von Natur aus vorhandene Potential in seiner Gesamtheit bekannt. Doch selbst hier werden die Bedingungen unserer Inkarnation durch das Bedürfnis beeinflusst, nicht nur an unserer eigenen Seelenentwicklung zu arbeiten, sondern auch an der unserer Gruppe. Weiterentwicklung ist etwas, das das Individuum als Mitglied einer Seelenfamilie erreicht, und Aspekte der »Anweisungen«, die wir mit in unsere Inkarnation hineinbringen, gehen über unsere persönlichen Bedürfnisse hinaus, da sie die Aufgabe der Familie auf einer höheren Ebene widerspiegeln.

Der Inkarnationsprozess, das Leben auf der Erde und die Geburt in eine bestimmte Ursprungsfamilie hinein, um unsere persönliche Weiterentwicklung sowie die unserer Seelenfamilie und Seelengruppe voranzubringen, ist deshalb ungeheuer komplex. Gildas teilt uns mit, dass wir von der Ebene der höheren Selbst der Seelenfamilie oder Seelengruppe die miteinander verflochtenen Fäden der Inkarnationen betrachten, so als ob eine Gruppe Schauspieler an einer Seite der Bühne stünde und die Umsetzung eines Dramas plane. Diejenigen auf der Erde, die uns die härtesten Lektionen zu erteilen scheinen, können uns in unserer Seelengruppe hingegen sehr nahe stehen. Wenn es eine wichtige Lektion zu lernen gibt, dann spielen wir Rollen, in denen wir uns miteinander konfrontieren müssen, denn dadurch wird früher oder später ein Lernprozess in Gang gesetzt. Es kann tiefe Liebe erforderlich sein, um sich mit dem Schmerz zu konfrontieren, der sich daraus ergibt, dass man der Katalysator für den Lernprozess einer anderen Person ist, der auch leidvolle Aspekte beinhaltet.

Unser Prozess der Weiterentwicklung, der sich über viele Leben erstreckt, ist in unseren Chakren aufgezeichnet und aufbewahrt. Je größer die Zahl der aufgezeichneten Erfahrungen ist, desto höher ist der Grad an Reife und Entwicklung der Chakren. Familiendynamik von der Ebene der Seele bis hin zur gesamten Menschheitsfamilie, bis zu unserer unmittelbaren Ursprungsfamilie, in die wir uns inkarniert haben, ist auf komplizierte Weise mit dem Herzchakra verbunden. Das entwickelte Herzchakra bringt uns dazu, das Leben in eine Kunst zu verwandeln. Es ist erforderlich, dass wir uns bei unserer Suche nach Bedeutung und Lebenssinn sowohl auf die direkte als auch auf die erweiterte Familie beziehen. Das Herzchakra entwickelt und entfaltet sich, wenn wir das Gefühl haben, dass es nicht länger ausreicht, die Lebensbedingungen auf der Erde als unveränderlich zu akzeptieren oder wir uns lediglich eine Aufgabe suchen, die wir erfüllen möchten.

Der Austausch zwischen Wurzel-, Herz- und Kronenchakra führt zu einer leidenschaftlicheren Realität. Die Familie bildet die Bühne, auf der unsere Gefühl ans Tageslicht kommen. Starke Familien, in denen die Fähigkeit, Beziehungen einzugehen, weitervererbt wurde, oder die an einer solchen Fähigkeit gearbeitet haben, halten intensive Situationen gut aus oder gewinnen sogar noch an Stärke, wenn sie mit den unvermeidbaren, mit dem Wachstumsprozess einhergehenden Herausforderungen bzw. Verletzungen konfrontiert werden. Ein Selbstheilungsmechanismus scheint dann in Gang gesetzt zu werden. Bei Familien, in denen eine weniger enge Bindung besteht, können unter Stress so tiefe Verwundungen auftreten, dass sie dysfunktional werden. Dann kann es zu einem Teufelskreis von gegenseitigen Verletzungen kommen, so dass aktive Heilungsprozesse von außen initiiert werden müssen. In der nachfolgenden Fallstudie finden sich einige dieser Themen wieder:

FALLSTUDIE **Familiendynamik**

Bei Thomas, Anfang 60 und mit Joyce verheiratet, wurde vor kurzem die Parkinson-Krankheit diagnostiziert. In der Hoffnung, eine andere Sichtweise von den jetzigen und zukünftigen Herausforderungen, vor die ihn seine schwierige, degenerative und unheilbare Krankheit stellen würde, zu gewinnen, traf er die Entscheidung, sein Leben einem Rückblick zu unterziehen. Er hatte gehofft, dadurch einen Plan für die Zukunft und für den Umgang mit seiner Krankheit entwerfen zu können. Doch stattdessen verfiel er angesichts dessen, was er sah, und angesichts der Werturteile, auf die er bei seinem Rückblick stieß, in eine tiefe Depression. Joyce hatte kurze Zeit zuvor eines meiner Bücher gelesen und es geschafft, Thomas davon zu überzeugen, einen persönlichen Termin mit mir zu vereinbaren, zu dem sie dann beide gemeinsam erschienen.

Er erzählte mir, dass er sich als Versager fühle und in seinem persönlichen Leben wie auch im Leben insgesamt nur noch wenig Sinn sehe. Seinen Worten zufolge stammte er aus bescheidenen Verhältnissen. Sein Vater war Arbeiter auf einem Bauernhof gewesen, doch unmittelbar bei Kriegsbeginn hatte er sich freiwillig zur Armee gemeldet. Er war im Krieg gefallen, als Thomas noch ganz klein war. Thomas war zum frühestmöglichen Zeitpunkt von der Schule abgegangen und hatte das Gefühl, der Mann im Hause zu sein und Verantwortung für seine Mutter übernehmen zu müssen. Er erlernte den Beruf des Schreiners, doch nachdem er sich in der Arbeitswelt etabliert hatte, litt er entsetzlich, als seine Mutter, die immer noch relativ jung war, einen anderen Mann kennen lernte und diesen heiratete. Obwohl sie ihm ein Zuhause boten, zog er es vor, an einem anderen Ort zur Miete zu wohnen. Gegenüber seiner Mutter empfand er große Ablehnung, weil sie nach seinem Empfinden die Erinnerung an seinen Vater betrogen hatte.

Zwar gefiel Thomas der Beruf des Schreiners und er zeigte dort auch gute Leistungen, aber seine künstlerische Begabung konnte in der zielorientierten Arbeit, die von ihm verlangt wurde, nicht zum Ausdruck kommen. Als er sich mit einem abrutschenden Meißel eine Wunde zugefügt hatte, die sich infizierte, musste er zu regelmäßigen Verbandskontrollen ins Krankenhaus gehen. Dort lernte er Joyce kennen. Zwar konnte Thomas an der Drehbank gelegentlich eine wunderschöne Schüssel oder einen anderen Gegenstand aus Holz herstellen, doch bis zu seiner Pensionierung arbeitete er als ganz normaler Schreiner.

Joyce gab ihren Beruf als Krankenschwester auf, als Frances und knapp achtzehn Monate später Gary geboren wurden. Thomas liebte seine Kinder innig, aber als sie heranwuchsen, bestimmte er, dass sie Berufe erlernen sollten, die ihnen einen vollkommen anderen Lebensstil als ihm selbst ermöglichen würden. Seine Vision für Frances sah so aus, dass sie in einer Umgebung arbeiten sollte, in der sie einen Mann kennen lernen würde, durch den sie in eine höhere soziale Schicht als die, der er selbst angehörte und in der er sich wie in einer Sackgasse fühlte, aufsteigen würde. Für Gary sah seine Vision das Bankgewerbe vor, in der er sich schließlich zum Bankdirektor hocharbeiten könnte.

Joyce bestätigte, dass er großen Druck auf die Kinder ausgeübt hatte, als sie sich ihrem Schulabschluss näherten, denn sie sollten in Berufe gehen, die nicht sie selbst, sondern die er für sie ausgesucht hatte. Frances wurde Stewardess bei einer Fluggesellschaft und Gary verfolgte seine Laufbahn im Bankgewerbe. Beide hatten ihn darauf hingewiesen, dass sie eigentlich lieber andere Berufe ergreifen würden, da sie beide die latent vorhandene künstlerische Begabung ihres Vaters geerbt hatten. Gary hatte darum gebeten, den Beruf des Schreiners erlernen zu dürfen, und Frances sehnte sich danach, eine Schauspielschule zu besuchen, doch ihre Einwände wurden übergangen.

Als Frances ihr gesamtes Gehalt als Stewardess zusammengespart hatte und sich mit viel Mühe ihren Weg durch die Schauspielschule gebahnt hatte, machte sich große Niedergeschlagenheit bei Thomas breit. Als Gary den Bankberuf verließ, um eine Ausbildung als Drechsler zu machen, brach für Thomas eine Welt zusammen. Der Kontakt zu seinen Kindern riss ab. Frances' Bekannte und Freunde mit ihrer künstlerischen und kreativen Kleidung schreckten ihn ab, und als Gary in dem von ihm gewählten Beruf Erfolg hatte, sprach er kaum mehr mit ihm, wenn dieser zu Besuch kam.

Joyce liebte Thomas sehr, doch auch sie hatte unter seiner Engstirnigkeit und seiner Frustration wegen ihrer gesellschaftlichen Stellung zu leiden. Sie war sehr wütend gewesen, als er ihr ihren Wunsch, wieder in ihren Beruf einzusteigen, abgeschlagen hatte. Sie löste ihr Dilemma, indem sie sich mit großem Interesse einer Beratungstätigkeit zuwandte und sich schließlich auch mit spirituellen Fragen beschäftigte. Sie hatte Thomas gegenüber deutlich gemacht, dass er Gary gegenüber neidisch sei, da dieser etwas tat, was Thomas eigentlich selbst am Herzen liege. Und ihre Tochter hatte sie dabei unterstützt, ihr eigenes Schicksal zu bestimmen, statt einen bereits feststehenden Plan auszuführen. Joyce sagte, dass beide Kinder es wohl verstanden hatten, dass ihr Vater immer ihr Bestes im Sinn gehabt habe, doch seitdem sie ihre eigenen Lebensentscheidungen getroffen hatten, fiel es ihnen schwer, mit Thomas' offener Feindseligkeit und seiner ziemlich offen zutage tretenden Wut umzugehen.

Sowohl Frances als auch Gary lebten mit einem Partner zusammen, doch es schien noch keine Aussicht auf Enkelkinder zu bestehen. Thomas hatte außerdem Schwierigkeiten damit, den Trend zu akzeptieren, dass Männer und Frauen in Lebensgemeinschaften ohne Trauschein zusammenlebten. Der Familienzusammenhalt war zusammengebrochen.

Als Thomas sich all dies bei seinem Rückblick vor Augen führte, war er voller Bedauern und Frustration. Zuerst richteten sich seine Gefühle gegen andere: Er empfand, dass das, was er eigentlich als seine Fürsorge für andere angesehen hatte, zurückgewiesen worden war. Darüber war er sehr wütend. Er beschuldigte seine Kinder, sein Leben verdorben zu haben. Im Laufe unserer Arbeit erkannte er allmählich, dass er auch sich selbst gegenüber Wut- und Frustrationsgefühle empfand, und er erreichte den Durchbruch, als er in der Lage war, den schmerzlichen, doch einsichtsvollen Gedanken auszudrücken, dass vielleicht nicht seine Kinder sein Leben verdorben hatten, sondern dass er es gewesen war, der Frances und Gary Schwierigkeiten bereitet hatte. Schließlich begann er den Mut und die Entschlossenheit, mit der beide ihren eigenen Weg im Leben gefunden hatten, zu bewundern.

Große Veränderungen in der Denkweise und den Erwartungen wie in diesem Beispiel treten nicht schnell oder leicht ein. Doch trotz seiner Einsichten hatte Thomas keine Chance, seine Krankheit zu heilen. Seine unterdrückte künstlerische Begabung konnte er auch nicht mehr ausleben, da aufgrund des Zitterns und der Steifheit, den Begleiterscheinungen der Parkinson-Krankheit, die Arbeit mit Werkzeugen für ihn zu gefährlich geworden war. Mit Joyces Unterstützung und Ermutigung legte Thomas große Veränderungen an den Tag. Schließlich begann er die spirituelle Herangehensweise ans Leben für sich zu entdecken und fand Trost bei dem Gedanken, dass Frances und Gary sich ihn und Joyce selbst als Eltern ausgewählt hatten. Sie hatten ihren Kindern in den frühen Jahren sehr viel Liebe und Sicherheit gegeben, doch sie erkannten jetzt, dass ihre Kinder Hindernisse auf ihrem Weg gebraucht hatten, damit sie die Entdeckung ihrer eigenen Identität mehr und bewusster schätzen konnten. Er konnte außerdem akzeptieren, dass er in seinem jetzigen Leben etwas über die Härte, die in ihm war, zu lernen hatte, um dadurch zu größerer Toleranz zu gelangen. Gleichzeitig erkannte er seine geistige Unbeweglichkeit hinsichtlich der Rollenverteilung von Mann und Frau. Er fing an, an einigen der Chakrenübungen und Meditationen, die Joyce praktizierte, teilzunehmen.

Durch die Veränderungen in Thomas' Herzen fand in der Familien dynamik ein Heilungsprozess statt. Thomas entwickelte gegenüber den Lebensstilen seiner Kinder eine größere Toleranz und interessierte sich aufrichtig für ihre Leistungen. Joyce meldet sich immer noch gelegentlich bei mir und hat mir neulich in einem Brief mitgeteilt, dass Thomas einen Teil des Geldes, das sie über die Jahre angespart hatten, investiert hat, um Gary bei der Eröffnung eines Ateliers und einer kleinen Galerie, in der er seine Arbeiten ausstellen kann, zu unterstützen. Er selbst konnte halbtags in der Galerie arbeiten und die schönen Gegenstände präsentieren und verkaufen. Gary fragte ihn wegen verschiedener Holzarten und Werkzeuge häufig um Rat; der Kontakt zwischen Vater und Sohn war enger geworden. Joyce berichtete ebenfalls, dass Frances ihr erstes Enkelkind erwartete, in Kürze heiraten würde und Thomas eine große Freude gemacht hatte, als sie der Tradition gefolgt war und ihn gebeten hatte, sie zum Traualtar zu führen.

Hätte sich Thomas nicht an mich gewandt, damit ich ihm helfe, und die oben beschriebene Geschichte wäre von Frances oder Gary erzählt worden, dann hätten sie besonders ihre Frustration hervorgehoben. Vielleicht hätten sie ihren Schmerz über die Rolle, die ihre Mutter zu spielen gezwungen war, ausgedrückt. Wenn Thomas sich nicht hätte ändern können, dann hätten ihre Schuldgefühle darüber, dass sie die elterlichen Erwartungen nicht erfüllt hatten, all ihre Lebensentscheidungen beeinflusst. Bei der Gründung einer eigenen Familie wäre der gestörte Kontakt zu den Eltern immer schmerzhafter hervorgetreten. Die Fänge der Familienkrake, zu der der Kontakt gestört bzw. gewissermaßen abgebrochen war, wären noch komplexer und mächtiger geworden.

Durch den Tod seines Vaters im Krieg wurde Thomas eine seiner tiefsten Wunden zugefügt. Als Junge fühlte er sich zu früh dazu verpflichtet, Verantwortung für seine Mutter zu übernehmen. Dieses Gefühl war so stark, dass er sich, als sich seine Mutter entschloss, wieder zu heiraten, abgelehnt, entfremdet und hintergangen fühlte. Ein Teil von ihm hatte stets das Bestreben, die männliche Kontrolle wiederzugewinnen, und Joyce und seine Kinder hatten darunter zu leiden. Wenn der Bruch in der Familie nicht geheilt worden wäre, dann hätten sich Garys und Frances' rebellischer Geist negativ auf ihre zukünftige Entwicklung auswirken können. Frances' Entscheidung, kirchlich zu heiraten und von ihrem Vater die Erlaubnis einzuholen, sie zum Traualtar zu führen, wirkte sich positiv auf eine mögliche Heilung aus. Wenn in einer Familie ein Schritt zur Heilung getan oder ein kreativer Kompromiss geschlossen wird, dann ist es häufig so, dass weitere Schritte folgen.

Das Herzchakra in Verbindung mit der Krone und der Wurzel ermöglicht es uns, einen Bezug zum Lebenssinn herzustellen. Wenn sich der Sinn einmal zu enthüllen beginnt, dann können leichter Heilung, Verständnis und Vergebung geschehen. Das Wissen, dass wir einen komplizierten Plan für unsere Weiterentwicklung ausagieren, im Sinne eines Instruments für unser gegenseitiges Wachstum, hilft, Frustrationsgefühle zu lindern und unsere Wut aus einer anderen Perspektive zu sehen. Dann durchschauen wir das Drama des Lebens mit derselben Klarheit, wie wir ein komplexes Theaterstück verstehen.

Wir dürfen nicht aus den Augen verlieren, dass die spirituelle, emotionale und psychologische Welt sich genauso wie die spirituelle und körperliche vermischen (vgl. Kapitel 3). Doch wir stellen fest, dass durch die Loslösung des Herzens, die es uns erlaubt, die Herausforderungen und den Schmerz des Lebens von einem höheren Standpunkt aus zu überschauen, nicht alle Wunden in uns geheilt werden. Frustrationen, Einschränkungen, Vernachlässigung und der Schmerz darüber, in der Kindheit nicht gesehen oder gehört worden zu sein, sitzen tief. Damit in der Familie Heilung geschehen kann, muss als vorbereitender Schritt erst das Kind in uns Beachtung und Unterstützung erfahren. Wenn das innere Kind nicht geheilt wird, behält es eine negative Autonomie zurück, die häufig einen negativen Einfluss innerhalb der Familie ausübt. Bei dem Versuch, Veränderungen in unserem Leben herbeizuführen, können wir unverhofft auf alle möglichen Hindernisse stoßen. Wir versuchen, die Muster zu verändern, doch diese bestätigen sich immer nur wieder selbst. Gewöhnlich befinden sich im Zentrum unseres Widerstands gegenüber Veränderungen die Angst, die Bedürftigkeit, die Unsicherheit und das Leid des inneren Kindes.

Das innere Kind

In der Kindheit lässt es sich kaum vermeiden, dass Eltern und Lehrer unser Verhalten und unsere Bedürfnisse bisweilen missverste-
hen bzw. falsch interpretieren. Wenn ein Kind beispielsweise nie
die richtige Art von Aufmerksamkeit erfährt, dann entdeckt es
unter Umständen, dass ungehorsames Verhalten Beachtung findet,
und es kann daraus folgern, dass eine negative Reaktion oder sogar eine Strafe besser ist als überhaupt keine Aufmerksamkeit. In
einem solchen Fall werden die wirklichen Bedürfnisse des Kindes
nicht befriedigt. Wenn es dann zum Erwachsenen heranwächst,
dann wird ein unbefriedigter innerer Anteil als bedürftiges und
vielleicht als ungezogenes, vernachlässigtes und wütendes inneres
Kind weiterleben. Das Erwachsenenleben und -verhalten wird in
Augenblicken von Überraschung oder Peinlichkeit durch diesen
autonomen Aspekt, der sich dann bemerkbar und spürbar macht,
geprägt sein (vgl. Kapitel 7, Seite 215 ff.).

Die bedürftigen Aspekte des inneren Kindes bringen uns dazu,
dass wir die meiste Zeit unseres Lebens elterliche Fürsorge und Erlaubnis bei anderen suchen. Wir können uns so lange nicht selbst
dazu ermächtigen, eine freie Entscheidung zu treffen, bis wir die
Bedürfnisse unseres inneren Kindes erkannt haben und die Verantwortung dafür übernehmen, diese Persönlichkeitsanteile in uns
zu heilen. Der Prozess wird noch dadurch verkompliziert, dass unser innerer Kritiker so lange die Einstellungen unserer Eltern widerspiegelt, bis wir tiefere Erkenntnisse gewonnen haben. So kann
es sein, dass wir das ängstliche Kind weiter bestrafen und unterdrücken, dem verwöhnten Kind nachgeben und dem hungrigen inneren Kind nicht genug Nahrung zukommen lassen. Derartige
Mechanismen gehören zur Komplexität unserer Konditionierung,
und sie können für den Heilungsprozess der Familie so lange ein
großes Hindernis darstellen, wie sie nicht als ihr zugehörig anerkannt werden.

Wenn wir als Erwachsene unsere eigenen inneren guten Eltern erschaffen, dann wird von der Ursprungsfamilie Druck genommen, und die Erwartungen, die wir immer noch in unserem Innern hegen mögen, können sich verändern. Wenn wir unserem inneren Kind selbst helfen, dann kann diese Hilfe sehr wirkungsvoll sein. Eines der Werkzeuge für den Heilungsprozess ist das Herzchakra (vgl. Übung 13, Seite 131 f.). An dieser Stelle möchte ich jedoch darauf hinweisen, dass die Unterstützung eines ausgebildeten Therapeuten in Anspruch genommen werden sollte, wenn die Kindheit sehr schwierig oder überwältigend war.

Die Bindungen, die uns festhalten, durchtrennen

Symbolisch wird die Krake durch eine Kreatur dargestellt, die ihr Opfer in einem erdrückenden Griff festhält, so dass aus diesem sämtliche Lebenskraft entweicht. Sie hält das Opfer mit ihren klebrigen Fangarmen fest und lässt es nicht mehr los. Wenn die Beziehungen innerhalb der Familie schwierig oder blockiert sind, dann kann es notwendig werden, negative Bindungen zu durchtrennen. Erst dann kann wirkliche Heilung stattfinden. Hellsichtige sehen diese Bindungen häufig als graue, pulsierende Schnüre, in denen die Energie in beiden Richtungen hin- und herfließt. Dadurch wird viel Leid am Leben erhalten und das Heilen alter und die Entstehung neuer Muster werden verhindert.

Diese Bindungen entstehen durch Konditionierung, emotionale Erpressung, falsche oder unklare Loyalitäten und unvernünftige Erwartungen, die wir an uns und andere stellen bzw. andere an uns. Sie wirken sich auf alle Aspekte der persönlichen Beziehungen zu unserem eigenen Inneren und zu anderen aus. Wenn ihre Existenz einmal anerkannt worden ist, dann kann eine Trennung oder Lösung wirkungsvoll durch Visualisierungen und Gebete unterstützt werden, da diese Bindungen nicht nur psychologische Mechanismen sind, sondern tatsächlich als Energien auf der psychischen und feinstofflichen Ebene existieren.

Vielleicht sind Sie davon ausgegangen, dass Bindungen etwas grundsätzlich Wertvolles und Positives sind. Die Aussicht, auch solche Bindungen zu lösen, die auf subtile Art destruktiv sind, kann Angst hervorrufen. Obwohl wir uns nach der Freiheit sehnen, wir selbst zu sein, haben wir vielleicht auch Angst vor ihr. Wir ziehen einen negativen Gewinn aus den Dingen, die unseren Fortschritt behindern oder aufhalten. Negative Muster haben versteckte »Vorteile«, die wir erst verstanden haben sollten, bevor wir den Versuch unternehmen, Bindungen zu lösen und uns der Herausforderung der Freiheit zu stellen.

Die Bindungen, die uns festhalten, können uns als Vorwand dienen, um uns nicht den Herausforderungen des Lebens stellen zu müssen. In seiner berühmten Antrittsrede erinnert uns Nelson Mandela an Folgendes:

❯ *Unsere tiefste Angst ist nicht, dass wir unzugänglich sind.*
Unsere tiefste Angst ist, dass wir unermesslich machtvoll sind.
Es ist unser Licht, das wir fürchten, nicht unsere Dunkelheit.
Wir fragen uns: »Wer bin ich denn eigentlich, dass ich leuchtend, hinreißend, begnadet und phantastisch sein darf.«
Wer bist du denn, es nicht zu sein? Du bist ein Kind Gottes.
Wenn du dich klein machst, dient das der Welt nicht.
Es hat nichts mit Erleuchtung zu tun, wenn du schrumpfst, damit andere um dich herum sich nicht verunsichert fühlen.
Wir wurden geboren, um die Herrlichkeit Gottes zu verwirklichen, die in uns ist. Sie ist nicht nur in einigen von uns; sie ist in jedem Menschen. Und wenn wir unser eigenes Licht erstrahlen lassen, geben wir unbewusst anderen Menschen die Erlaubnis, dasselbe zu tun.
Wenn wir uns von unserer eigenen Angst befreit haben, wird unsere Gegenwart ohne unser Zutun andere befreien. ❮

Wenn wir Bindungen auf positive Art durchtrennen, dann lassen wir mehr Energie in unser Leben hinein, wir durchbrechen negative heimliche Einverständniserklärungen, schaffen die Möglichkeit, dass sich das emotionale Klima verändern kann und schaffen Raum, damit die wahre höhere Natur unserer Beziehungen klar hervortreten kann. Die wahrhaftige Durchtrennung von Bindungen bedarf der Losgelöstheit und der Weisheit des Herzchakras, damit sie erfolgreich verlaufen kann. Es kann sein, dass erst einmal negative emotionale Bindungen des Herzchakras durchtrennt werden müssen, bevor es auf der höchsten Ebene funktionieren und uns dabei helfen kann, eine positive Beziehung zu unseren Mitmenschen aufrechtzuerhalten. Wenn wir Bindungen lösen, entfernen wir uns dadurch nicht von anderen, sondern wir gewinnen die Freiheit, ohne Verpflichtungen zu lieben. Zwei von Gildas entworfene Visualisierungen für das Durchtrennen bestehender Bindungen finden Sie in Übung 14 auf Seite 132 ff.

Personifizierte Archetypen: Die Große Mutter und der Große Vater

Diese Archetypen sind für dieses Kapitel ausgewählt worden, da sie eine Weiterführung der Sonne, des Mondes und der Sterne darstellen, welche für Kapitel 2 ausgesucht wurden (vgl. Seite 48 ff.). Wenn das Herzchakra eine Triade mit der Wurzel und der Krone bildet, rücken die Qualitäten der Sonne, des Mondes und der Sterne stärker in den Hintergrund. Die Archetypen der Großen Mutter und des Großen Vaters können für die Heilung des inneren Kindes und der Ursprungsfamilie eingesetzt werden (vgl. Übung 13, Seite 131 f.).

In einem Auszug aus *Illustriertes Lexikon der traditionellen Symbole,* in dem J. C. Cooper die Große Mutter beschreibt, wird etwas von der Komplexität und der allumfassenden Natur dieses Archetypus deutlich:

❥ *Sie ist das Urbild des Weiblichen; der Ursprung allen Lebens;*
  das umschließende Prinzip; sie symbolisiert alle Phasen
  kosmischen Lebens, da sie alle Elemente in sich vereinigt, die
  himmlischen wie die chtonischen [der Erde angehörend,
  unterirdisch]. Sie ist die Königin des Himmels, die Götter-
  mutter, die »Wegbereiterin«; sie hat die Schlüssel zur Frucht-
  barkeit und zu den Toren von Geburt, Tod und Wiedergeburt.
  Als die Mondgöttin ist sie fortwährende Erneuerung, die
  die Jahreszeiten bringt, die Beherrscherin der Leben spendenden
  Wasser. Sie misst die Zeit; sie ist der Weber des Schicksals, sie
  webt aus den Fäden des Geschicks das Gewebe und das Muster
  des Lebens, Symbol ihrer Kräfte des Umschlingens und
  Bindens, aber ebenso des Lösens und Befreiens. Der Dualismus
  ihres Wesens lässt sie zugleich Schöpfer und Zerstörer sein;
  sie ist Ernährerin und Schützerin, spendet Wärme und gewährt
  Zuflucht und verwaltet im gleichen Maße die schrecklichen
  Kräfte der Zersetzung, Vernichtung und des Todes; sie ist die
  Erschafferin und Nährerin allen Lebens und sein Grab. ❧

Der Große Vater ist auch als der All-Vater bekannt oder einfach
nur als Der Vater. Obwohl auch er komplex ist, beschreibt ihn J. C.
Cooper mit relativ knappen Worten. Der Große Vater hat folgende
Eigenschaften:

❥ *Die Sonne; der Geist; das männliche Prinzip; traditionelle*
  Kräfte von Recht und Ordnung im Gegensatz zu den weib-
  lichen Mächten des Instinkts. Der Himmelsgott ist der
  All-Vater. In Mythos und Legende symbolisiert die Figur des
  Vaters körperliche, geistige und geistliche Überlegenheit.
  »Vater Zeit« – gleichgesetzt mit Kronos und Saturn – hält eine
  Sense und/oder Sichel in der Hand als Gott des Ackerbaus
  und als der Schnitter Zeit. Ein Stundenglas ist auch sein
  Attribut. ❧

Der Archetypus der Großen Mutter weist mehr an negativer Symbolik auf als der des Großen Vaters. Das liegt daran, dass diese Archetypen auch in hohem Maße das weibliche bzw. das männliche Prinzip verkörpern. Das männliche Prinzip, das direkter, fokussierter und weniger aufsaugend ist, bietet weniger Fallen. Das weibliche Prinzip mit seinem diffusen Charakter, mit seiner Fähigkeit, Leben im Mutterleib zu tragen, zu gebären und die Unterwelt zu verkörpern, umfasst die Tiefen ebenso wie die Höhen. Die Große Mutter lehrt uns mehr über die Schattenseiten des Lebens als der Große Vater. Dennoch übernimmt der Große Vater einen größeren Anteil daran, Schatten zu erzeugen, da die fokussierte Bewusstheit des männlichen Prinzips zu einer Verneinung der unbewussten Kräfte führen kann, wodurch diese an Autonomie gewinnen.

Die Große Mutter und der Große Vater als Heiler

Wenn wir uns bei Heilungsprozessen des Individuums oder der Familie auf die Große Mutter oder den Großen Vater konzentrieren, müssen wir die höchsten von diesen Archetypen verkörperten Prinzipien einsetzen.

Wir hegen Erwartungen dahingehend, wie sich gute Mütter oder gute Väter verhalten sollten. Wenn die Eltern in unserer Ursprungsfamilie nicht so vorbildlich waren, dann bleibt etwas in uns unbefriedigt. Selbst wenn wir schon lange erwachsen sind und eigene Kinder haben, kann ein Aspekt des inneren Kindes immer noch daran glauben, dass sich unsere Eltern über Nacht verändern und seine dringenden Bedürfnisse befriedigt werden. Natürlich weiß der Erwachsene, dass seine Eltern so sind, wie sie sind. Wahrscheinlich haben sie ihr Bestes getan. Selbst wenn sie vollkommen unzulänglich waren, dann kann der Erwachsene erkennen, dass sie das Produkt ihrer eigenen Umgebung waren; auch dort, wo die Bedingungen sehr traumatisch waren, ist es möglich, Mitgefühl zu empfinden und Vergebung zu üben. Der Prozess, unsere Eltern zu akzeptieren (vgl. auch Seite 77 f.), wird in großem Maße dadurch unterstützt, dass wir unsere Weiterentwicklung aus einer spirituellen Perspektive betrachten.

Das innere Kind kann jedoch nicht so leicht akzeptieren. Seine Bedürfnisse bestehen weiterhin, und damit eine vollständige Heilung stattfinden kann, müssen sie befriedigt werden. Wenn die eigentlichen Eltern das innere Kind im Erwachsenen nicht versorgen können, dann müssen wir unsere Fähigkeit, uns selbst elterliche Fürsoge zukommen zu lassen, stärken. Wir müssen uns dann innere Eltern vorstellen, die die Eigenschaften elterlicher Fürsorge, so wie wir sie brauchen, aufweisen und auf diese Art dem inneren Kind von innen heraus helfen können. Dieser Prozess kann sehr einsam sein. Eine glückliche Minderheit kann sich eine Langzeittherapie leisten, bei der der Therapeut Zeuge dieser wichtigen Entwicklung ist und sie begleitet. In den Fällen, in denen die Eltern die grundlegenden Bedürfnisse des Kindes nicht befriedigt haben, müssen wir uns auf die positiven Eigenschaften des Archetypus Eltern konzentrieren, um unsere Fähigkeit, uns selbst von innen heraus Fürsorge zukommen zu lassen, zu stärken. Wir können dabei die kombinierten Energien des Kronen-, Wurzel- und Herzchakras einsetzen, um diese Archetypen miteinander zu verbinden und den heilenden Elternstrom in unser natürliches Energiesystem zu integrieren.

Ein gegenseitig förderlicher Heilungsprozess innerhalb der Familie, wie er schließlich in Thomas' Familie stattgefunden hat (vgl. Fallstudie auf Seite 116 ff.), ist nicht immer möglich. Egal, welche Angebote wir auch unterbreiten, sie können abgelehnt, missverstanden oder einfach nicht erkannt werden. Bevor gemeinsame Arbeit geleistet werden kann, müssen alle Betroffenen anerkennen, dass überhaupt ein Problem existiert. Manchmal besteht die einzige Möglichkeit, die wir als Individuen zur Verfügung haben, darin, unsere Einstellung oder Perspektive zu verändern und unser Inneres zu heilen. Wenn wir das tun, befreien wir uns allmählich von der Macht der Krake, die uns in negativen Mustern gefangen hält, und wir befreien uns von den Vorstellungen, die mit negativen, sich selbst erfüllenden Prophezeiungen einhergehen.

Freunde, Geliebte und Kollegen

Wenn wir die Energien des Kronen-, Wurzel- und Herzchakras miteinander verbinden, dann wird eine Grundlage für innere Freiheit und die Umsetzung eigener Machtansprüche geschaffen. Das wirkt sich nicht nur auf unsere Ursprungsfamilie aus, sondern wird sich wie eine Welle auf all unsere Beziehungen ausbreiten. Wenn wir davon sprechen, dass ein Mensch sein Herz »auf dem rechten Fleck« hat, dann heißt das im Hinblick auf die Chakren, dass er eine gute Verbindung zum Energiefluss zwischen Wurzel- und Kronenchakra hat. Solche Menschen haben tiefe und dauerhafte Freundschaften und Beziehungen. Sie sind zuverlässige Kollegen und üben häufig auf subtile Weise einen positiven Einfluss auf die Beziehungen am Arbeitsplatz aus.

Chakren sind mehr als ein System. Sie sind selbst eine Familie. Wenn Sie Chakrenübungen ausführen, dann bedeutet das, dass die einzelnen Mitglieder Ihrer Chakrenfamilie anfangen, harmonisch zusammenzuarbeiten. Die in diesem Kapitel und in den Kapiteln 5 und 7 näher beschriebene Arbeit wird Ihnen dabei helfen, ein warmherziger, fähiger und herzlicher Mensch zu werden, dessen Beziehungen von weniger Komplikationen gekennzeichnet sind. Außerdem werden Sie über größere Ressourcen verfügen, um schwierige Situationen zu heilen und zu durchschauen. Die kombinierte Arbeit am Selbst bedeutet, dass unrealistische Erwartungen und die Neigung, aus den falschen Motiven heraus Partner- oder Liebschaften einzugehen, abnehmen werden, wenn Ihr Körper, Ihre Emotionen und Ihre Seele zu größerem Einklang gefunden haben.

Die Übung zur Lösung von Bindungen auf Seite 132 ff. können Sie ausführen, um Ihre Freundschaften, Ihr Liebes- und Arbeitsleben sowie die Beziehungen innerhalb Ihrer unmittelbaren Familie zu heilen.

ÜBUNG 12   *Die Energien des Kronenchakras,*
             des Wurzelchakras und des
             Herzchakras zu einer Triade verbinden

- Beginnen Sie, indem Sie die Übung zur Beatmung des zentralen
  Energiekanals ausführen (vgl. Seite 29). Wenn sich ein Gefühl von
  Zentriertheit und Ausrichtung einstellt, richten Sie Ihre Aufmerk-
  samkeit auf Ihr Herzchakra.
- Atmen Sie durch die Blütenblätter Ihres Herzchakras ein und durch
  den Stiel wieder aus. Machen Sie das vier oder fünf Atemzüge lang.
- Atmen Sie in Ihr Herzchakra ein, halten Sie den Atem in der Mitte
  Ihres Herzchakras, lenken Sie ihn dann nach oben und atmen Sie
  durch das Kronenchakra aus. Atmen Sie durch das Kronenchakra
  ein, bringen Sie Ihren Atem dann zum Herzchakra nach unten und
  atmen Sie durch die Blütenblätter Ihres Herzchakras aus. Machen
  Sie diese Übung vier oder fünf Atemzüge lang.
- Atmen Sie in Ihr Herzchakra ein, halten Sie den Atem in der Mitte Ihres Herzchakras, lenken Sie ihn dann nach unten und atmen Sie
  durch das Wurzelchakra aus. Atmen Sie durch das Wurzelchakra
  ein, bringen Sie Ihren Atem dann zum Herzchakra nach oben und
  atmen Sie durch die Blütenblätter Ihres Herzchakras aus. Machen
  Sie diese Übung vier oder fünf Atemzüge lang.
- Atmen Sie durch Ihr Herzchakra ein, halten Sie den Atem in der Mitte Ihres Herzchakras, stellen Sie sich dann vor, dass die Energie des
  Atems sowohl nach unten zur Wurzel als auch nach oben zur Krone
  geht, wenn Sie durch die Nase ausatmen. Machen Sie diese Übung
  vier oder fünf Atemzüge lang.

ÜBUNG 13   *Das innere Kind heilen*

Bevor Sie mit dieser Übung beginnen, überlegen Sie sich, welche Aspekte elterlicher Fürsorge Ihnen als Kind am meisten gefehlt haben. Was hätten Sie von Ihrem Vater gebraucht, das er Ihnen nicht geben konnte? Was hätten Sie von Ihrer Mutter gebraucht, das sie Ihnen nicht geben konnte? Wenn Sie viele Aspekte ausfindig machen, dann bearbeiten Sie jedes Mal nur einen Aspekt davon. Deshalb sollten Sie diese Übung im Laufe Ihres Heilungsprozesses immer wieder durchführen.

- Sorgen Sie dafür, dass Sie ungestört bleiben und führen Sie die Übung zur Beatmung des zentralen Energiekanals aus (vgl. Seite 29). Lenken Sie Ihren Atem in Ihr Herzchakra ... Während Sie durch die Blütenblätter Ihres Herzens ein- und ausatmen, stellen Sie sich ein warmes Rosarot vor, das sich in Ihrem Herzen ausbreitet ...

- Stellen Sie sich nun Ihr inneres Kind in Ihrem Herzchakra vor, wie es von dem warmen Rosarot umgeben wird ... Machen Sie sich die Bedürfnisse Ihres inneren Kindes bewusst ...

- Wenn Ihrem inneren Kind väterliche Qualitäten gefehlt haben, dann stellen Sie sich, während Sie das Kind immer noch in dem Rosarot in Ihrem Herzzentrum halten, einen Energiestrom vor, der von Ihrem Kronenchakra in Ihr Herzchakra fließt und Ihnen die fehlenden Qualitäten bringt ... Dieser Strom von Zärtlichkeit und Heilung fließt vom Großen Vater zu Ihrem inneren Kind ... Lassen Sie zu, dass das Rosarot in Ihrem Herzen und das zärtliche Halten Ihres inneren Kindes in Ihrem Herzchakra es Ihnen ermöglichen, dass Sie die Heilenergie des Großen Vaters empfangen können ...

- Wenn Ihrem inneren Kind mütterliche Qualitäten gefehlt haben, dann stellen Sie sich, während Sie das Kind immer noch in dem Rosarot in Ihrem Herzzentrum halten, einen Energiestrom vor, der von Ihrem Wurzelchakra in Ihr Herzchakra fließt und die fehlenden Qualitäten in sich trägt ... Dieser Energiestrom von Zärtlichkeit und

Heilung fließt von der Großen Mutter zu Ihrem inneren Kind ... Erlauben Sie, dass das Rosarot in Ihrem Herzen und das zärtliche Halten Ihres inneren Kindes in Ihrem Herzchakra es Ihnen ermöglichen, dass Sie die Heilenergie der Großen Mutter empfangen können ...

Übung 14　　*Bindungen, die uns festhalten*

Diese Übung wird Ihnen dabei helfen, negative Bindungen zu Ihrer Ursprungsfamilie, zu Freunden, Geliebten und Kollegen zu heilen; sie wird es den reineren Energien der Akzeptanz karmischer Bestimmung und wahrer Herzensliebe ermöglichen, auf energetischer Ebene Heilung herbeizuführen.

Visualisierungen, die der Auflösung von Bindungen dienen, müssen, damit sie wirkungsvoll sind, ungefähr einen Monat lang sehr regelmäßig, d. h. täglich bzw. jeden zweiten Tag, wiederholt werden. Danach sollten Sie sie ungefähr einmal pro Woche wiederholen, bis ein Unterschied festzustellen ist; nach diesem Zeitpunkt sollten Sie sie ab und zu als Verstärkung einsetzen bzw. dann, wenn ähnliche Situationen oder Reaktionen im alten Stil wieder auftreten. Wenn Sie einen Freund, Ihren Partner oder einen Berater darum bitten, Ihrer Absicht, Bindungen zu durchtrennen, als Zeuge beizuwohnen, dann kann das von großer Hilfe sein. Wenn Sie die Bindungen zu mehr als einer Person durchtrennen möchten, dann führen Sie für jede Person eine separate Visualisierung aus. Wenn es um zwei oder mehr Personen oder Situationen geht, dann wählen Sie zunächst die beiden wichtigsten aus, um mit ihnen zu arbeiten. Beginnen Sie erst dann mit neuen Visualisierungen, wenn Sie ungefähr zwei Monate lang mit den ersten beiden gearbeitet haben.

　　Suchen Sie sich von den nachfolgenden Methoden diejenige aus, mit der Sie arbeiten möchten, oder wenden Sie beide Methoden abwechselnd an.

1. Methode

- Beginnen Sie mit der Beatmung des zentralen Energiekanals (vgl. Seite 29) und atmen Sie dann durch Ihr Herzchakra ein und aus.
- Stellen Sie sich im Geiste vor, dass Sie in einem Lichtkreis stehen. Die Person, zu der Sie die Bindung lösen möchten, steht ebenfalls in einem Lichtkreis und zwar Ihnen gegenüber. Ihre Lichtkreise berühren oder überschneiden sich sogar ein wenig. Graue pulsierende Schnüre gehen von einigen Ihrer Lebenszentren oder Chakren zu den entsprechenden Zentren der gegenüberstehenden Person. (Am häufigsten gehen sie vom Wurzelchakra zum Wurzelchakra, vom Sakralchakra zum Sakralchakra, vom Solarplexus zum Solarplexus.)
- Gehen Sie in Ihrer Vorstellung so viele Schritte zurück, dass Ihre Kreise sich nicht länger überschneiden; stellen Sie sich nun um Ihren bereits existierenden Kreis einen weiteren Kreis aus violettem Licht vor und um diesen einen dünnen Kreis aus silbernem Licht. Machen Sie in Ihrer Vorstellung dasselbe bei der Person, zu der Sie die Bindung gerne lösen möchten. Vergrößern Sie den Abstand zwischen Ihren Kreisen.
- Stellen Sie sich nun vor, dass die Schnüre verfallen und nacheinander in den zwischen Ihnen liegenden Raum hinunterfallen. Lassen Sie den zwischen Ihnen liegenden Raum zu einem Fluss aus Licht werden. Der Lichtfluss nimmt die Schnüre in seiner Strömung mit, füllt diese mit Licht an und spült sie ins Meer hinaus.
- Bitten Sie Ihren Schutzengel um einen Segen und bitten Sie den Schutzengel der anderen Person darum, sie ebenfalls zu segnen. Während Sie im Licht des Ihnen erteilten Segens baden, versuchen Sie sich der Lektionen bewusst zu werden, die Sie und die andere Person einander gegeben oder gespiegelt haben und seien Sie für diese Lektionen dankbar.
- Spüren Sie Ihren eigenen Raum, der Sie fest umgibt, während Sie die Bilder vor Ihrem inneren Auge allmählich verblassen lassen.

2. Methode

- Beginnen Sie mit der Beatmung des zentralen Energiekanals (vgl. Seite 29) und atmen Sie dann durch Ihr Herzchakra ein und aus.
- Stellen Sie sich in Gedanken vor, dass Sie der Person, zu der Sie die Bindung lösen möchten, gegenüberstehen. Stellen Sie sich ein Symbol des Friedens vor, das Sie dieser Person gerne anbieten würden, und betrachten Sie, wie die Person es in ihrer Hand hält. Stellen Sie sich vor, wie Sie selbst eine Nachbildung dieses Symbols in Ihrer Hand halten. Während Sie die Symbole in Ihren Händen halten, werden Sie sich der Lektionen bewusst, die Sie sich gegenseitig gegeben haben.
- Betrachten Sie wie bei der 1. Methode die grauen, pulsierenden Schnüre, die Sie aneinander binden und die zwischen Ihren Lebenszentren bzw. Chakren hin- und hergehen. Stellen Sie sich einen silberfarbenen Lichtstrahl vor, der dreimal zwischen Ihnen aufblitzt, die Schnüre wegschmilzt und Sie in die Freiheit entlässt.
- Sehen Sie einen Weg aus Licht hinter Ihnen und hinter der Person, zu der Sie die Bindung gerade lösen. Stellen Sie sich vor, wie Sie sich beide umdrehen, während Sie Ihr Symbol des Friedens in der Hand halten, um Ihrem eigenen klar abgezeichneten Weg zu folgen. Während Sie weggehen, erscheint der Lichtstrahl, um eine Grenze festzulegen. In Zukunft kann keiner von Ihnen beiden diese Grenze ohne die Einladung des anderen überschreiten. (Diese Methode ist besonders geeignet, wenn ein Gefühl von »Eindringen« durch eine andere Person gegeben ist.)

Farben

Die Hauptfarben für das Herzchakra sind Lindgrün, Rosa und Amethystrosa.

Lindgrün ist die Farbe, die junge Buchenblätter in den ersten Frühlingstagen zeigen. Es ist eine zarte Farbe, die die Verbindung zum Schlüsselbegriff Zärtlichkeit herstellt.

In positiver Hinsicht ist Grün die Farbe des Frühlings, des Wachstums, der Öffnung und der Erlaubnis, vorwärts zu gehen. Sie hilft, den Schmerz zu heilen, der daraus entsteht, dass man dem Leben gegenüber eine zu große Verletzlichkeit an den Tag gelegt hat, und sie öffnet das Herz, wenn es in Folge von Widerstand oder niederschmetternden emotionalen Erlebnissen hart geworden ist.

In negativer Hinsicht kann Grün auch als Unglück bringend angesehen werden. (Ältere grüne Farbsorten enthielten Blei und führten zu gesundheitlichen Beeinträchtigungen und Vergiftungserscheinungen.) Grün ist auch die Farbe des Neids – »grün vor Neid sein«.

Bei Rosa handelt es sich um ein sanftes Rosarot; Rosenquarze verleihen dieser Herzfarbe die entsprechende Tiefe und Qualität.

In positiver Hinsicht ist Rosa eine warme Farbe, die auf eine zarte und feinfühlige Herangehensweise hindeutet. Sie bringt Wärme und Weichheit und spendet denjenigen Trost, die einen schmerzlichen Verlust erlitten haben.

In negativer Hinsicht kann sie auch krankhaft-süßlich sein und eine unharmonische Schwingung erzeugen.

Amethystrosa ist eine tiefere Schattierung des Rosa, mit einem Hauch Malve oder Amethyst, wodurch ein blaueres Rosa entsteht. Es ist mit dem Schlüsselbegriff Loslösung im Herzchakra verbunden.

In positiver Hinsicht hilft uns Amethystrosa dabei, uns zur

Weisheit zu führen und wirkt sich nach einer schwächenden Krankheit oder bei Stress stärkend auf das Herz aus. Es wirkt sich auch ausgleichend auf den Blutdruck aus.

In negativer Hinsicht kann es die Farbe einer zu kalten, zu klinischen Loslösung sein.

Folgen Sie den Anweisungen zu Übung 8 auf Seite 61, um diese Farben in Ihr Herzchakra einzuatmen, wodurch es sich entwickeln kann und gestärkt wird.

Düfte

Sandelholz und Rose beruhigen das Herzchakra, wohingegen Fichte und Geißblatt es anregen. Wenn Sie spüren, dass Ihr Herz zu offen ist und Sie dazu neigen, die Bedürfnisse anderer Menschen vor die eigenen zu stellen, dann sollten Sie Sandelholz und Rose nehmen. Wenn es Ihnen schwer fällt, Ihre Gefühle auszudrücken, oder wenn Sie Zurückhaltung dabei empfinden, andere zu berühren oder von anderen berührt zu werden, dann werden sich Fichte und Geißblatt positiv auswirken. Schauen Sie sich Ihre Überlegungen zum Herzchakra auf Seite 108 f. noch einmal an, um ein Gefühl dafür zu entwickeln, welcher dieser Düfte sich für Sie am besten eignet.

Auf Seite 62 f. finden Sie Vorschläge, wie Sie die Düfte verwenden können. Sie können außerdem eine ausgleichende Mischung aus einem anregenden und einem beruhigenden Duft herstellen – jeweils einen für das Wurzel-, das Kronen- und das Herzchakra. Das wird sich unterstützend auf die Wurzel-, Kronen- und Herzchakrentriade auswirken und diesem Energie zuführen.

Edelsteine und Kristalle

Allgemeine Richtlinien für die Anwendung von Edelsteinen und Kristallen finden Sie auf Seite 63 f. und im Glossar. Die Edelsteine bzw. Kristalle, die bei den in diesem Kapitel behandelten Fragen am besten helfen, sind folgende:

Rubin Führt Lebensenergie zu, nährt und wärmt. Dieser Stein eignet sich für Heilungsprozesse nach einer schwierigen Geburt oder ist für solche Situationen geeignet, in denen die Primärbindung zwischen Mutter und Neugeborenem aus irgendeinem Grunde erst zu einem späteren Zeitpunkt möglich war.

Rosenquarz Stärkt die Fürsorge für die eigene Person und schenkt die Qualität warmherziger, bedingungsloser, mütterlicher Liebe, um all denjenigen Heilung zu spenden, die in Ihrem Leben nicht genug von diesen Qualitäten mitbekommen haben.

Grüner Calcit Führt allen feinstofflichen Körpern Lebensenergie zu, jedoch insbesondere dem Fühlkörper. Er unterstützt die Kommunikation zwischen Kopf und Herz, verleiht Stärke in Phasen der Veränderung und des Übergangs, heilt die Wunden des Herzens und fördert die Entwicklung positiver Zärtlichkeit.

Bernstein Alle Schattierungen des Bernsteins wirken auf das Herzchakra. Er reinigt und hilft, Ausgeglichenheit und Liebe zu entwickeln.

Gebete bzw. Affirmationen

Das Gebet bzw. die Affirmation für das Wurzelchakra lautet:

❥ *Möge der Geist durch den Akt der Inkarnation in die Materie hineingebracht werden. Möge die Lebenskraft durch die Verbindung mit der Erde energetisch aufgeladen und ausgetauscht werden. Wir erkennen die Ganzheit an und streben danach, akzeptiert zu werden und andere zu akzeptieren.* ❦

Das Gebet bzw. die Affirmation für das Kronenchakra lautet:

❥ *Lasse durch Hingabe und Loslassen den einströmenden Wille wirklich den Willen Gottes sein, der in uns und durch uns arbeitet und uns auf diesem Wege ein immer größeres Wissen von der mystischen Vereinigung und der mystischen Hochzeit vermittelt.* ❧

Das Gebet bzw. die Affirmation für das Herzchakra lautet folgendermaßen:

❥ *Im goldenen Zentrum der Rose des Herzens möge sich zartes Mitgefühl mit bedingungsloser Liebe vereinen. Möge wahre Loslösung Wachstum und Kontinuität ermöglichen. Möge durch das Verständnis der Geburt im Tod und des Todes in der Geburt echte Transformation geschehen.* ❧

Vorschläge, wie Sie Gebete oder Affirmationen anwenden können, finden Sie auf Seite 64.

Kapitel 5

Herzensangelegenheiten: *Liebe und Leidenschaft*

Schlüsselthemen:
Leidenschaft, Zärtlichkeit

Chakrenpaar:
Wurzel und Herz

Archetypus:
Liebe

Dieses Kapitel wird Ihnen helfen:

- das Leben auf der Erde zu lieben
- die Qualitäten der Leidenschaft und Zärtlichkeit verstehen und verbinden zu lernen
- natürliche Schönheit besser wertschätzen zu können
- das Gesetz der Liebe im Universum besser zu verstehen und wirksamer zum Ausdruck zu bringen

Bereiche, denen die Chakren zugeordnet werden

Eine Liste der Bereiche, denen das Wurzelchakra zugeordnet ist,
finden Sie auf Seite 32 f., und diejenigen für das Herzchakra auf
Seite 104.

Wurzel und Herz als Chakrenpaar

In Kapitel 4 haben wir uns mit dem Wurzel-, Herz- und Kronenchakra als Triade beschäftigt, die Verbindung zwischen Wurzel-
und Herzchakra als Paar ist jedoch ebenfalls von Bedeutung. Wir
haben gesehen, wie das Herzchakra die Dimension von Beziehung
einbringt. In ihrer Funktion als Triade üben Wurzel, Krone und
Herz ihren Haupteinfluss auf unsere Beziehung zu unserer karmischen Aufgabe und unserer Ursprungsfamilie aus. Die Verbindung zwischen Herz und Wurzel ermöglicht es uns, uns vollständig auf die Erde zu beziehen und die Leidenschaft zu spüren, die
eines der Geschenke der menschlichen Erfahrungswelt ist. Die
Verbindung zwischen Sakral- und Herzchakra (die in Kapitel 6
untersucht wird) wird auch mit Leidenschaft in Verbindung gebracht, jedoch in direkterer Weise mit sexueller Leidenschaft und
der Leidenschaft, die mit Macht und der eigenen Befähigung verbunden ist.

   Die Verbindung zwischen Wurzel- und Herzchakra verleiht uns
Schönheitsliebe, Harmonie und Annehmlichkeit und sie inspiriert
uns in diesen Bereichen zu hohen Idealen. Wenn die Verbindung
zwischen Wurzel und Herz klar ist, dann ist unser Leben auf der
Erde, die Verwendung der vorhandenen Ressourcen und unsere
Beziehung zu unseren Mitmenschen so, als ob sie von Gott gesegnet wären. Wenn die kollektive Verbindung zwischen Wurzel- und
Herzchakra in Ordnung wäre, dann wären wir zu folgenden Dingen nicht in der Lage:

- die Landschaft mit hässlichen Gebäuden zu verschandeln
- die Flüsse und den Erdboden zu verschmutzen
- negative, gewalterzeugende Geräusche oder Rhythmen in unserer Musik einzusetzen
- Gewalt- oder Hassgefühle gegenüber unseren Mitmenschen zu empfinden
- die Ressourcen auf der Erde zu missbrauchen
- durch Habgier und Neid motiviert zu sein
- uns unserer natürlichen Verantwortung nicht bewusst zu sein
- die Zeitspanne unserer Inkarnation auf der Erde als so etwas wie ein Exil zu betrachten
- die Samen der Unzufriedenheit zu säen
- unter einem Sinnverlust zu leiden
- ohne Liebe zu sein

Kurz gesagt, wir würden alle vereint darauf hinarbeiten, eine utopische Gesellschaft zu erschaffen. Doch wenn wir uns vom Idealismus ein wenig entfernen und uns die oben beschriebene Liste ansehen, dann wird deutlich, dass die Verbindung zwischen Wurzel- und Herzchakra das Potential birgt, viele Zustände von Unbehagen und Unzufriedenheit zu heilen, denen die meisten von uns von Zeit zu Zeit anheimfallen.

Da ein Großteil unserer Weiterentwicklung durch die Inkarnation auf der Erde erarbeitet wird, brauchen wir das Wurzelchakra. Es ermöglicht uns, in unserem Körper zu sein, uns den Schwingungen der Materie anzupassen, den Instinkt zu besitzen, um unsere Grundbedürfnisse zu befriedigen und mit der materiellen Welt zurechtzukommen. Das Wurzelchakra alleine ermöglicht es uns lediglich, zu leben und uns unserer physiologischen Bedürfnisse bewusst zu werden. In Verbindung mit anderen Chakren hat es die Aufgabe, es uns zu ermöglichen, gesund, wohlhabend und weise zu sein.

Leidenschaft

Wenn das Wurzelchakra mit dem Herzchakra verbunden ist, dann können wir eine Leidenschaft für das Leben spüren, die uns dazu motiviert, unsere Erfahrungen zu vertiefen. Statt das Gefühl zu haben, hier nur auf der »Durchreise« zu sein, entwickeln wir uns nicht nur aus eigenem Antrieb, sondern sogar aus Leidenschaft zu einem Menschen, der auf der Erde zu Hause ist. Wir fangen an, nicht nur für uns selbst, für unsere direkten Familienangehörigen oder unsere Rasse zu sorgen, sondern für all unsere Mitmenschen als Mitglieder der gesamten Menschheitsfamilie. Wir empfangen nicht nur Visionen von höheren Idealen und Werten, sondern wir arbeiten auch auf sie hin. Wir lehnen uns nicht zurück und beklagen uns, während andere regieren und Entscheidungen treffen – stattdessen bestehen wir darauf, an den Entscheidungsfindungsprozessen teilzuhaben. Wir sind füreinander Zeugen in dem Sinne, dass wir uns gegenseitig daran erinnern, uns zu weigern, etwas Geringeres als das Beste zu akzeptieren; das geschieht nicht aus Eitelkeit, sondern aus einem gesunden Selbstwertgefühl heraus und deshalb weil wir an ein hohes Potential für die Menschheit glauben.

Gildas und andere Geistesführer haben uns schon seit längerer Zeit versichert, dass wir kurz davor stehen, in ein neues und goldenes Zeitalters einzutreten. Eines der kraftvollsten Dinge, die wir tun können, um uns zu diesem neuen Bewusstseinszustand zu verhelfen, besteht darin, dass wir an der Verbindung zwischen Herz- und Wurzelchakra arbeiten. Wenn die Verbindung hergestellt worden ist, dann müssen wir nicht mehr *versuchen*, bessere Menschen zu sein, als wir tatsächlich sind; die Energie, die uns dabei unterstützt, tatsächlich ein wahrer und leidenschaftlicher Erdenbewohner zu sein, fließt uns durch unsere feinstofflichen Systeme zu und wirkt sich positiv auf unsere Überzeugungen und Handlungen aus.

Zärtlichkeit

In Kapitel 4 haben wir unter anderem gesehen, dass die Fähigkeit des Herzens, Zärtlichkeit zu empfinden, ein Hauptfaktor beim Schaffen von Beziehungen ist. Zärtlichkeit kann auch Verletzbarkeit bedeuten. Das Wurzelchakra verleiht uns eine auf den Instinkten basierende Stärke, die unser Überleben sichert; ohne die ausgleichenden anderen Faktoren würden wir jedoch auf der recht primitiven Ebene des Neandertalers stehen bleiben. Für den Neandertaler mag Zärtlichkeit eine Bedrohung für das eigene Überleben gewesen sein. Als Gattung haben wir uns jedoch zu einer höheren Bewusstseinsstufe weiterentwickelt und befinden uns jetzt in einer Situation, in der wir Zärtlichkeit und Verletzbarkeit brauchen, um die Weisheit unserer Sinne am Leben zu erhalten. Hinter der Weiterentwicklung unseres Verstandes und unserer Fähigkeit, mechanische Lösungen für die meisten unserer materiellen Probleme zu finden, kann das notwendige Bewusstsein von Verletzbarkeit verborgen bleiben. Daraus entsteht natürlich ein Teufelskreis, da unsere anfängliche Verletzbarkeit die mechanische Kreativität angeregt hat, die jetzt wiederum Gefahr läuft, unsere natürlichen Instinkte zu verbergen. Zärtlichkeit, das Gegenmittel zu Gewalt, kann uns dabei helfen, unsere Instinkte aufrechtzuerhalten, ohne dass wir deswegen die Kraft des Verstandes und der Kreativität verleugnen müssten.

Wenn wir eine zärtlichere Beziehung zur Erde haben, dann respektieren wir ihre Lebenskraft und entlassen die Ernährerin und die in ihr wohnende Muttergöttin (vgl. dazu auch die Seiten 125 ff.) in die Freiheit, ohne uns dabei gegen das zu stellen, was natürlich ist, oder einen Konflikt damit einzugehen. Unsere Reaktion kann dann von Zärtlichkeit geprägt sein, ohne dass wir auf negative Weise verletzbar werden. Diese Veränderung und diese Entschlusskraft können durch die Kunst, eine Verbindung und einen Austausch zwischen den Energien des Wurzel- und des Herzchakras zu schaffen, herbeigeführt werden.

FALLSTUDIE   *Herzensangelegenheiten*

Sharon konnte keine dauerhaften Beziehungen einzugehen, obwohl ihre größte Leidenschaft im Leben als erfolgreiche Journalistin das Interesse an Menschen war. Sie war Einzelkind und während ihrer Kindheit wurde ihrer eigenen Beschreibung zufolge auf der materiellen Ebene gut für sie gesorgt und sie wurde geliebt. Ihr Vater arbeitete als freiberuflicher Rundfunksprecher und Journalist. Wenn er einen lukrativen Auftrag abgeschlossen oder ein gutes Honorar für einen Artikel erhalten hatte, dann stellte sich bei ihm und ihrer Mutter Hochstimmung ein, und sie unternahmen spontan eine Kurzreise nach Frankreich, das sie beide liebten. Innerhalb weniger Stunden waren sie bereit loszufahren. Für Sharon bedeutete das, dass sie ihre Freunde versetzen musste, wenn sie mit ihnen verabredet gewesen war, oder sie verpasste Aktivitäten in der Schule, auf die sie sich schon gefreut hatte. Sie fühlte, dass sie ein anderes Temperament hatte als ihre Eltern, und deren Stimmungsschwankungen waren ihr fremd, doch sie lernte, keine Verabredungen zu treffen, da sie diese nicht immer einhalten konnte. Wenn ihr Vater keine beruflichen Erfolge zu verzeichnen hatte, zog er sich zurück, wurde deprimiert und neigte dazu, seine Sorgen im Alkohol zu ertränken. Als sich dann eine Situation entwickelte, in der Sharon das Gefühl hatte, niemanden mehr zu sich nach Hause einladen zu können, hielt sie andere Menschen zunehmend mehr auf Abstand.

Als Sharon vierzehn Jahre alt war, erkrankte ihre Mutter an einer langfristigen degenerativen Krankheit. Oberflächlich gesehen kam ihr Vater gut mit der Situation zurecht, und als die Krankheit fortschritt, versorgte und pflegte er seine Frau mit großer Aufmerksamkeit. Doch auf der emotionalen Ebene, so war zumindest Sharons Gefühl, kam er mit der Situation überhaupt nicht klar. Später begriff sie, dass für ihren Vater der einzige Weg, mit seinen Gefühlen umzugehen, darin bestand, sie zu leugnen.

Er begann, immer mehr zu trinken und ermunterte seine kranke Frau dazu, ihm dabei Gesellschaft zu leisten, wenn sie wegen ihres Zustandes deprimiert war. Nur wenige Außenstehende oder Verwandte merkten, was vor sich ging, da sie hauptsächlich zu Hause tranken, doch schließlich lebte Sharon mit zwei Alkoholikern zusammen. Sie waren nicht gewalttätig. Ihr Vater wurde rührselig, wenn er betrunken war, und ihre Mutter zog sich einfach zurück und schlief, doch zu Hause war alles unvorhersehbar und unorganisiert. Sie lernte, nicht um Hilfe zu bitten und begriff, dass das Familiengeheimnis gewahrt werden musste. Sharon war achtzehn, als ihr Vater schließlich seine Bedürftigkeit und Verletzbarkeit erkannte und seine unverheiratete Schwester bat, zu ihm zu ziehen. Sharon hatte kurz vorher bei einer Lokalzeitung eine Stelle als Jungreporterin angenommen. Sie nahm sich eine eigene Wohnung, damit sie ein geordneteres Leben führen konnte.

Die Unsicherheit des Lebens der Bohème mit starken emotionalen Unterströmen, die jedoch an der Oberfläche verleugnet wurden, und das Leiden ihrer Eltern aufgrund ihrer festgefahrenen Situation und dem frühen Tod ihrer Mutter hatten Sharon dazu veranlasst, sich in sich selbst zurückzuziehen. In ihrem Inneren verspürte sie eine klinische Kälte. Einige ihrer journalistischen Arbeiten zeigten Leidenschaftlichkeit, doch sie machte sich Sorgen darüber, dass andere Reporter sich von bestimmten Lebenssituationen, mit denen sie und ihre Kollegen konfrontiert wurden, anrühren ließen, sie jedoch nicht nur Distanz behielt, sondern überhaupt keine innerliche Bewegung verspürte.

Sharon war in vielerlei Hinsicht eine attraktive Frau von Welt. An männlicher Begleitung mangelte es ihr nicht, aber nie schien sich eine Bekanntschaft zu der Liebesbeziehung zu entwickeln, nach der sie sich so sehr sehnte. Sie war jetzt bereit, Hilfe in Anspruch zu nehmen, da ihr letzter Freund sie bei ihrer Trennung als »kalten, berechnenden Eisklotz« beschrieben hatte.

Auf der psychologischen Ebene war von einer längerfristigen Arbeit auszugehen, um die Gefühle aus Sharons Kindheit wieder zum Leben zu erwecken und zu verstehen. Durch eine Seite mit der Überschrift »Alternative Therapien«, die in der Zeitung, für die Sharon arbeitete, erschien, begann sie sich für Chakren und die spirituelle

Herangehensweise zu interessieren. Sie suchte nach Werkzeugen zur Selbsthilfe.

Nach kurzer Zeit wurde Sharon klar, dass die Chancen gering waren, dass sie eine Verbindung zwischen Ihrem Wurzel- und Herzchakra aufbauen konnte. Sie begann, einzeln mit diesen beiden Chakren zu arbeiten und außerdem mit der Atemübung, mit deren Hilfe die transformative Verbindung hergestellt werden kann. Sie hatte das Gefühl, dass diese energetische Arbeit sie in die Lage versetzte, einige Dinge recht schnell zu verändern, und dass sie ihr während des schmerzvollen Prozesses der Wiederentdeckung ihrer Gefühle, die sie hatte leugnen müssen, um ihr Überleben zu sichern, Durchhaltekraft gaben. Vor Abschluss der Therapie hatte sie einen neuen Partner gefunden und dachte über den – insbesondere für sie – schwierigen Schritt nach, mit ihm zusammenzuziehen.

Der Archetypus: Liebe

Für dieses Kapitel habe ich den Archetypus der Liebe ausgewählt, da ich glaube, dass er das zugrunde liegende Gesetz ist, auf dem dieses Universum beruht. Durch die Herstellung eines Energieflusses zwischen Wurzel- und Herzchakra wird Liebe in ihrer höchsten Form manifestiert.

In der deutschen Sprache haben wir nur einen Begriff für Liebe, der sehr überfrachtet ist. In anderen Sprachen, insbesondere im Altgriechischen, gibt es mehrere Begriffe, die die unterschiedlichen Abstufungen der Liebe ausdrücken. *Filios* ist Liebe innerhalb der Familie; *Eros* ist erotische oder romantische Liebe; *Agape* (die wörtliche Übersetzung lautet »das Liebesfest«) bezeichnet die Liebe, die in einer auf Gegenseitigkeit beruhenden spirituellen Gemeinschaft entsteht. Diese letzte Form kommt dem, was Gildas als einen sich im Geburtsprozess befindlichen Archetypus beschreibt, am nächsten: dem Archetypus der bedingungslosen Liebe. Er bezeichnet eines der »neuen« Chakren als das Zentrum der bedingungslosen Liebe (vgl. Seite 315) und beschreibt es als eine tiefere Öffnung des Herzens. Um diese tiefere Öffnung und die Verbindung zu diesem Chakra und zum Archetypus der bedingungslosen Liebe zu ermöglichen, muss zuerst die Verbindung zwischen Wurzel- und Herzchakra gestärkt werden. Gildas sieht Vertrauen als wesentliche Voraussetzung für den Fluss der Liebe an:

❯ *Vertrauen, dass »alles gut ist, dass sämtliche Dinge gut sind, und dass alles wirklich sehr gut sein wird«. Ein solches Vertrauen vertreibt die Angst und lässt Liebe einströmen. Liebe befähigt, erschafft und transformiert. Üben Sie gerade wegen all Ihrer gegenwärtigen Schwierigkeiten auf der Erde, in Ihrem inneren und äußeren Leben die Liebe konsequenter. Verteilen Sie sie und lassen Sie sie einströmen. Sie ist die Lebenskraft für Veränderungen.* ❮

Übung 15 **Die Energien des Herzchakras und des Wurzelchakras miteinander verbinden**

Hierbei handelt es sich um die grundlegende Übung zur Schaffung einer Verbindung zwischen Ihrem Wurzel- und Ihrem Herzchakra. Diese trägt nicht nur zur Stärkung und Harmonisierung Ihres Energiekörpers bei, sondern Sie hilft Ihnen darüber hinaus, eine positivere Herangehensweise zum Leben zu finden und sämtliche negativen Gefühle, die Sie sich selbst oder anderen gegenüber haben, zu heilen und auszugleichen. Ihre Widerstandskraft gegenüber jeglicher Art von atmosphärischer Verschmutzung einschließlich akustischer Verschmutzung wird gestärkt werden und Ihr Verantwortungsbewusstsein wird steigen. Mit Hilfe dieser Übung können Sie eine Verbindung zur Quelle allen Lebens herstellen, zufriedener werden und Ihre Suche nach dem Sinn des Lebens unterstützen. Sie wird Sie in die Lage versetzen, anderen Menschen liebevoller zu begegnen und für die Liebe anderer empfänglicher zu werden.

- Beginnen Sie mit der Beatmung des zentralen Energiekanals (vgl. Seite 29). Wenn Sie sich bereit fühlen, dann atmen Sie durch Ihr Herzchakra ein und aus und versuchen Sie, einen normalen Atemrhythmus beizubehalten.
- Atmen Sie nun durch die Blütenblätter Ihres Herzchakras ein, halten Sie den Atem in der Mitte Ihres Herzchakras und zählen Sie dabei bis drei, lenken Sie Ihren Atem dann nach unten in das Wurzelchakra und atmen Sie tief in die Erde aus. Führen Sie diese Übung über zehn Atemzüge aus.
- Atmen Sie jetzt von der Erde in das Wurzelchakra ein, halten Sie den Atem in der Mitte Ihres Wurzelchakras und zählen Sie dabei bis drei, lenken Sie Ihren Atem dann nach oben in das Zentrum Ihres Herzchakras und atmen Sie durch die Blütenblätter Ihres Herzens aus. Führen Sie diese Übung über zehn Atemzüge aus.
- Kehren Sie zu Ihrem normalen und entspannten Atemrhythmus zurück.

ÜBUNG 16   *Eine Meditation der Liebe*

- Sorgen Sie dafür, dass Sie ungestört bleiben und beginnen Sie mit der üblichen Beatmung des zentralen Energiekanals (vgl. Seite 29). Konzentrieren Sie sich allmählich darauf, einen natürlichen Rhythmus zu finden, in dem Sie in Ihr Herzchakra ein- und ausatmen.
- Stellen Sie sich ein kosmisches Licht der Liebe über Ihrem Scheitelpunkt vor ... Ziehen Sie bei der Einatmung Liebe aus dieser Quelle in Ihren Körper hinein ... Stellen Sie sich vor, wie es jeden Bereich Ihres Körpers durchdringt ... Stellen Sie sich vor, wie es durch Ihre Blutgefäße fließt und Ihre Zellen belebt ... Stellen Sie sich Ihren Körper vor, wie er ganz mit dem Licht der Liebe erglüht ... Fahren Sie fort, das Licht der Liebe bei jeder Einatmung in Ihren eigenen Körper und Ihr Wesen einzuatmen und atmen Sie bei jeder Ausatmung das Licht der Liebe in die Sie umgebende Atmosphäre aus ... Atmen Sie es in die Erde aus, in die Möbelstücke, die Wände und die Decke und in alle materiellen Gegenstände Ihres Zuhauses ... Schicken Sie es geliebten Menschen und Haustieren ... Atmen Sie es in Ihre Pflanzen aus, in Ihren Garten, in die Substanz der Erde selbst ... Spüren Sie, wie jeder Partikel, der anfängt mit diesem Licht der Liebe zu erglühen, seine Helligkeit in das abstrahlt, was sich neben ihm befindet ... Das Glühen der Liebe in der Erde wird immer tiefer ... Das Licht der Liebe in jedem Menschen berührt das Licht der Liebe im anderen ... Stellen Sie sich den gesamten Planeten und seine sämtlichen Bewohner vor, wie sie im Licht der Liebe gebadet werden, was dazu führt, das alles zu großer Gesundheit und Vitalität erblüht ...
- Wenn Sie sich bereit fühlen, dann kehren Sie sanft zu Ihrer alltäglichen Umgebung zurück. Bei der Erledigung Ihrer täglichen Aufgaben können Sie weiterhin das Gefühl für das Licht der Liebe aufrechterhalten ... Lassen Sie es auf subtile Art dort sein, um all diejenigen, denen Sie begegnen, damit zu berühren.

Farben

Die Farben für das Wurzelchakra sind Rot, Braun und Malve, die
Farben für das Herzchakra Lindgrün, Rosa und Amethystrosa.
Wie Sie die Farben in Ihrem Kronen- oder Wurzelchakra stärken
können, ist in Übung 8 (Seite 61) beschrieben.

Düfte

Beruhigende Düfte für das Wurzelchakra sind Zedernholz und
Patchouli, anregende Düfte sind Moschus, Lavendel und Hyazinthe. Beruhigende Düfte für das Herzchakra sind Sandelholz
und Rose, anregende Düfte sind Fichte und Geißblatt. Auf Seite 62 f. finden Sie weitere Informationen über den Gebrauch der
Düfte.

Um die Verbindung zwischen Wurzel- und Herzchakra zu stärken und zu harmonisieren, wählen Sie für jedes Chakra einen anregenden und einen beruhigenden Duft aus. Mischen Sie die Öle
dann miteinander, um eine ausgleichende Essenz herzustellen.

Edelsteine und Kristalle

Auf Seite 63 f. und im Glossar finden Sie eine allgemeine Anleitung
zum Gebrauch von Edelsteinen und Kristallen. Bei den in diesem
Kapitel behandelten Themen sind folgende Edelsteine und Kristalle besonders hilfreich:

Wassermelonenturmalin   Wirkt sich unterstützend auf Toleranz, Flexibilität, Mitgefühl und Transformation aus. Der Wassermelonenturmalin hilft dem Herzchakra, sich zu öffnen und die
Art von Flexibilität aufrechtzuerhalten, die zu seiner Gesundheit
beiträgt.

Apachentränen   Das sind kleine tränenförmige Stücke schwarzen Obsidians. Sie fördern die Zärtlichkeit und helfen uns außer-

dem dabei, uns mit den natürlichen Zyklen der Erde zu verbinden. Sie stärken unsere Fähigkeit, unsere Instinkte mit unserer Kreativität zu verbinden.

Gebete bzw. Affirmationen

Das Gebet bzw. die Affirmation für das Wurzelchakra lautet:

❥ *Möge der Geist durch den Akt der Inkarnation in die Materie hineingebracht werden. Möge die Lebenskraft durch die Verbindung mit der Erde energetisch aufgeladen und ausgetauscht werden. Wir erkennen die Ganzheit an und streben danach, akzeptiert zu werden und andere zu akzeptieren.* ❧

Das Gebet bzw. die Affirmation für das Herzchakra lautet:

❥ *Im goldenen Zentrum der Rose des Herzens möge sich zartes Mitgefühl mit bedingungsloser Liebe vereinen. Möge wahre Loslösung Wachstum und Kontinuität ermöglichen. Möge durch das Verständnis der Geburt im Tod und des Todes in der Geburt echte Transformation geschehen.* ❧

Vorschläge, wie Sie Gebete oder Affirmationen anwenden können, finden Sie auf Seite 64.

KAPITEL 6

Lebenskraft:
Sexualität, Macht und Kreativität

Schlüsselthemen:
Sexualität, Gewalt, Kreativität, Romantik, dauerhafte Liebe, Machtspiele, Ermächtigung, Macht, Fülle

Chakrenpaare:
Sakralchakra und Wurzelchakra, Sakralchakra und Herzchakra

Chakrentriade:
Sakralchakra, Wurzelchakra und Herzchakra

Archetypen:
Kreativität, Frieden, Sexualität, Macht und Fülle

Dieses Kapitel wird Ihnen helfen:

- Blockaden in den Bereichen Sexualität, Geld und Autorität zu lösen
- Gewalt und ihr Verhältnis zur Kreativität besser zu verstehen
- einen weiteren Schritt dahin zu machen, die eigene Macht in Besitz zu nehmen
- das Wesen des Überflusses besser verstehen zu lernen

Bereiche, denen die Chakren zugeordnet werden

Eine Liste der Bereiche, denen das Wurzelchakra zugeordnet ist, finden Sie auf Seite 32 f., und diejenigen für das Herzchakra auf Seite 104.

Das Sakralchakra

Lage: Die Blütenblätter befinden sich ungefähr zwei Fingerbreit unterhalb des Nabels. Der Stiel entspricht dem Bereich des Kreuzbeins an der Wirbelsäule.

Schlüsselbegriffe: Sicherheit, Gespür für andere, Sexualität, Kreativität, Befähigung, Co-Kreativität, Aufrichtigkeit

Entwicklungsalter: Zwischen 3 und 5 bis 8 Jahren

Farben: Orange, Bernstein, Gold (nichtmetallisch)

Element: Wasser

Sinn: Geschmackssinn

Körper: Ätherischer Körper

Drüsenverbindung: Lymphdrüsen

Beruhigende Düfte: Rosmarin, Rose, Rosengeranie

Anregende Düfte: Moschus, Ambra

Edelsteine und Kristalle: Bernstein, Zitrin, Topas, Aventurin, Mondstein, Jaspis

Gebet bzw. Affirmation

Möge die Einheit der Menschen untereinander und mit der Erde wirkliche Kreativität ermöglichen. Möge die Loslösung von einem Gefühl von Sünde und Wertlosigkeit uns zu einem vollständigeren Wissen hinsichtlich unserer Befähigung als Mitschöpfer, die mit dem Göttlichen eins und gleichzeitig Teil davon sind, führen.

Sakral- und Wurzelchakra als Chakrenpaar

Die Entwicklungsphase des Sakralchakras beginnt zwischen dem 3. und 5. Lebensjahr und geht ungefähr bis zum 8. Lebensjahr. Die breitere Zeitspanne beim Beginn des Entwicklungsalters dieses Chakras ist teilweise generationsbedingt. Das moderne Baby entwickelt sich viel schneller und wird ermutigt, mehr Dinge zu tun als ein Baby, das vor dreißig oder mehr Jahren geboren wurde. Daher ist bereits zu einem früheren Zeitpunkt eine größere Themenpalette von Bedeutung. Doch diese hängt – unabhängig von der Generation – in hohem Maße von der individuellen Entwicklung ab; allgemein gilt jedoch, dass bei den Menschen, die jetzt über dreißig Jahre alt sind, die Entwicklung des Sakralchakras wahrscheinlich um das fünfte Lebensjahr begonnen hat und bei den Menschen, die jetzt jünger als zwanzig sind, die Entwicklung um das dritte Lebensjahr herum begonnen hat. Ein Rückblick in diese Lebensphase wird Ihnen einen vollständigeren Einblick in die emotionalen und physischen Faktoren geben, die die Entwicklung Ihres Chakras beeinflusst haben.

Da das Sakralchakra mit dem Geschmackssinn, dem Element Wasser und den Lymphdrüsen verbunden ist, beeinflusst es und wird seinerseits beeinflusst von unseren Stimmungsschwankungen, unseren Vorlieben (nicht nur für Essen, sondern im weiteren Sinne unserem Geschmack und unserem Lebensstil), unserer symbolischen Beziehung zu Fluss und zu Flüssigkeit, unserer Fruchtbarkeit und den Wogen unserer Sexualität und unseres sexuellen Verlangens. Die Frage, die Sie sich im Hinblick auf das Sakralchakra stellen können, lautet: »Wie schmecke ich die Welt und wie schmeckt die Welt mich?«

Wenn ein Chakra isoliert oder als individuelles Mitglied eines Teams untersucht wird, dann besteht das vorrangige Ziel darin, den gesamten Einflussbereich des entsprechenden Chakras zu verstehen. Bei der Betrachtung der energetischen Verbindungen, die durch Chakrenpaare oder -triaden gebildet werden, werden aufgrund der intensiveren Beziehung, die dann zwischen den Chakren entsteht, aus den Schlüsselbegriffen Schlüssel*themen*. Wenn wir uns das Sakralchakra in seiner Verbindung zum Wurzel- und Herzchakra ansehen, dann tauchen folgende Schlüsselthemen auf: Sexualität, Kreativität, Co-Kreativität, Gewalt, Macht, Ermächtigung, romantische und dauerhafte Liebe, Reichtum, Fülle und Armut. Die Themen, die mit dem Sakral- und dem Wurzelchakra als Chakrenpaar am häufigsten in Verbindung gebracht werden, lauten: Sexualität, Kreativität, Co-Kreativität, Gewalt, Macht, Ermächtigung, Reichtum, Fülle und Armut.

Wir haben bereits gesehen, dass das Wurzelchakra mit seinem Element Erde uns die Energie und Kraft liefert, die es uns überhaupt erst ermöglicht, auf der Erde zu leben und mit unserem Körper und der materiellen Welt zurechtzukommen. So besteht auch über den ätherischen Körper und das Element Wasser ein reger Austausch zwischen dem Sakralchakra und der materiellen Ebene. Das Erdelement des Wurzelchakras verleiht uns Festigkeit und Stabilität. Das Wasserelement des Sakralchakras gibt uns ein Gefühl für Bewegung. Wasser wird mit dem Mond in Verbindung gebracht. In symbolischer Hinsicht wird es oft als Herrscher über die Emotionen interpretiert. Es besteht zwangsläufig eine Verbindung zur Zeit und zu den Gezeiten, zu den Fruchtbarkeitszyklen, dem Menstruationszyklus und dem Eisprung bei der Frau und der Produktion von Samenflüssigkeit beim Mann.

Erde und Wasser definieren sich gegenseitig. Wasserläufe bahnen sich selbst durch die festen Gesteinsschichten der Erde ihren Weg und die Erde wiederum fängt das Wasser auf. Ohne Wasser ist die Erde unfruchtbar und träge. Durch Wasser wird die Erde lebendig und produktiv. Das Element Wasser am Sakralchakra bedeutet auch, dass es mit den Körperflüssigkeiten wie beispielsweise der Lebenskraft des Blutes, dem Wasserhaushalt des Körpers und den auf Wasser basierenden Prozessen der Reinigung und Ausscheidung in Verbindung steht.

In symbolischer Hinsicht lehrt uns die Wechselbeziehung zwischen den Elementen Wasser und Erde sehr viel über die Beziehung zwischen dem Sakral- und dem Wurzelchakra. Wasser braucht die Festigkeit der Erde, doch ohne Wasser wird die Erde unfruchtbar und träge. Blut ist Lebenskraft und Blut ist eine Flüssigkeit. Das Sakralchakra stattet unsere Inkarnation und Weiterentwicklung mit Lebenskraft aus. Über die allgemeine Lebendigkeit hinaus, die durch uns hindurchfließt, ist unsere Fähigkeit, uns fortzupflanzen und die Art zu erhalten, der stärkste Ausdruck unserer Lebenskraft. Im Zusammenhang mit dieser Fähigkeit tauchen in unserem Bewusstsein sehr viele machtvolle Themen auf. Sie konzentrieren sich in erster Linie auf das emotionsgeladene Thema Sexualität.

Sex und Sexualität

Sex als instinkthafter Trieb für die Erhaltung unserer Art gehört zum Wurzelchakra. Sexualität umfasst dagegen einen sehr viel weiteren Bereich. Wenn die Erde das Auffangmedium für den Lauf des Wassers ist, dann ist Sex alleine das Fließen des Wassers, wohingegen Sexualität das Zusammenwirken zwischen Erde und fließendem Wasser ist. Sexualität ist ein Begriff, der alle Aspekte von Frau- und Mannsein, Bewusstheit von der eigenen Sexualität und Zeugung abdeckt.

Während sich die Menschheitsfamilie vergrößert hat und die Kommunikationstechnologien weiterentwickelt worden sind, sind wir auch bei der Untersuchung unserer selbst und unserer Verhaltensmuster weitergekommen. Wir sind uns der dringenden Anliegen wie des Anstiegs der Weltbevölkerung und der zunehmenden Verknappung und der Schwierigkeiten bei der Verteilung der weltweiten Ressourcen bewusst. Wir untersuchen Themen wie sexuelle Potenz, Fruchtbarkeit und Verhütung. Indem wir Letztere anwenden, bemühen wir uns darum, das Anwachsen der

Bevölkerung und seine Beziehung zu den nationalen und interna-
tionalen Wirtschaftssystemen unter Kontrolle zu halten. Trends
und Erwartungen im Hinblick auf die akzeptable Familiengröße
verändern sich ständig. Wir entwickeln gesellschaftliche Verhal-
tensnormen und bestehen als Individuen auf unserem Recht, unsere eigenen Entscheidungen hinsichtlich unseres Sexualverhal-
tens und unserer sexuellen Orientierung zu treffen. Wir üben
Geschlechtsverkehr und sexuelle Stimulation mit dem Ziel des
Orgasmus als Kunstform aus, wobei dies für uns nicht nur ein
Hinweis auf eine besondere Beziehung zu einem anderen Menschen ist, sondern wir sehen darin ebenfalls einen tiefen Ausdruck
von Liebe und Intimität.

Aus diesem Bewusstsein unserer sexuellen Macht und dem ihr
zugrunde liegenden starken Instinkt und Trieb ist viel Verwirrung
und eine gewisse Doppelmoral erwachsen. In der westlichen Kultur hat die strikte Moral des Viktorianismus Sex in die normalerweise geheim gehaltene Privatsphäre verbannt. Obwohl heute eine
relativ große Offenheit in Bezug auf sexuelles Verhalten und sexuelle Wünsche herrscht, kann es für einen jungen Menschen, der gerade in die Pubertät kommt, äußerst schwierig sein, objektive Informationen und grundlegendes Wissen über sexuelle Fragen zu
bekommen. Die Familie, die eigentlich die beste Umgebung für Informationen und Führung in diesen intimen Fragen sein sollte, ist
häufig ein Ort, an dem das Gespräch über sexuelle Angelegenheiten gemieden oder von so viel Peinlichkeit begleitet ist, dass nur
wenig Wissen weitergegeben wird. Die Informationen, die junge
Menschen in der Schule vermittelt bekommen, um sie auf die Pubertät vorzubereiten, erklären den Jungen das Geheimnis, das sich
hinter feuchten Träumen verbirgt, die Veränderung in ihrer Stimm-
lage und ihren Bartwuchs; Mädchen lernen, wie sie mit ihrer Menstruation umgehen können, und sowohl Mädchen als auch Jungen
erfahren etwas über den Geschlechtsverkehr und die Zeugung von
Kindern, aber nur allzu oft beschränkt sich die Vermittlung des

Themas auf solche Faktoren. Eine vollständige Diskussion über Sex als Kunst oder über die Kraft körperlicher und emotionaler Gefühle, die das sexuelle Erwachen begleiten, sind selten. Vorurteilsfreie Gelegenheiten, unter Anleitung offen über Homosexualität und sexuelle Neigungen zu sprechen, sind sogar noch seltener.

Trotz all unseres Wissens und unseres Wunsches, uns und unsere Welt zu gestalten und zu kontrollieren, stürzen wir uns mehr oder weniger aktiv in unser Sexualleben hinein, um entweder durch schmerzvolle Erfahrungen zu lernen oder um Hemmungen aufzubauen, die wir für den Rest unseres Lebens beibehalten. Es ist traurig, dass es so ist, da es sich hier genau um denjenigen Lebensbereich handelt, in dem wir am stärksten das Gefühl entwickeln und anerkennen können, dass wir die Mit-Schöpfer des Lebens sind. Mit Gefühlen von Leidenschaft und Zärtlichkeit und der Erfahrung des Orgasmus können wir uns fortpflanzen und die Freude erleben, die daraus erwächst, ein anderes Wesen zu gebären und zu nähren.

Da wir uns Wissen über die Fruchtbarkeitszyklen und mechanische Verhütungsmittel angeeignet haben, ist es leichter geworden, Sex in Beziehungen als Feiern unserer Existenz und als Ausdruck gegenseitiger Liebe zu erforschen. Gildas lehrt, dass Sex, der absichtlich nicht als »Einladung an ein anderes Wesen, sich zu inkarnieren« ausgeübt wird, unsere Leidenschaften kanalisieren kann, so dass wir mehr Lebensfreude und natürliche Kreativität für andere Projekte zur Verfügung haben. Wenn wir diese subtilere Fruchtbarkeit, die wir uns gegenseitig geben können, nicht verstehen und das Gefühl haben, dass sexuelle Mäßigung bzw. Abstinenz Tugenden an sich sind, dann ist unser Verständnis hinsichtlich unserer Fähigkeit, Mit-Schöpfer des Universums zu sein, noch nicht in vollem Maße entwickelt worden.

Mangelndes sexuelles Wissen führt, vor allem zusammen mit Scham und sexuellen Hemmungen, zu einer Verstärkung der Schattenseiten des Sex. Promiskuität, Vergewaltigungen, Pornographie, Machtfragen und wirkliche sexuelle Perversionen sind zu gesellschaftlichen Problemen von großer Heftigkeit geworden. In unserer Intimsphäre fühlen wir uns in Gefahr, was äußerst bedauerlich ist. Wir haben eine kollektive Wunde. Es ist nicht schwer, für den rapiden Anstieg von Aids, der sexuell übertragbaren Autoimmunkrankheit, in der heutigen Zeit symbolische Begründungen anzuführen.

Wir können unseren Körper und unsere Gefühlen dabei unterstützen, mit unserem Sexualtrieb und unseren Sexualpraktiken in größere Harmonie zu kommen, indem wir mit dem Sakral- und dem Wurzelchakra als Chakrenpaar arbeiten. Wenn eine Verbindung zwischen der Energie dieser beiden Chakren besteht und diese frei fließt, dann können wir unsere Schuldgefühle in Bezug auf unsere Sexualität ablegen; und wir können machtvolle Triebe kontrollieren und lenken. So wird es für uns leichter, Selbstbefriedigung, sexuelle Mäßigung bzw. Abstinenz zu praktizieren, wenn es notwendig ist; außerdem lernen wir, unseren sexuellen Trieb und unsere eigene sexuelle Orientierung und die anderer Menschen mehr zu respektieren, wir lernen, unsere Sexualität als Kraft, die am Schöpfungsprozess beteiligt ist, und als aufregenden Ausdruck unserer Liebe zu einem Partner zu feiern; wir lernen, Freude an der Zeugung und unserer Körperlichkeit zu empfinden und die Heilung sämtlicher sexueller oder mit Sexualität verbundener, physischer oder emotionaler Dysfunktionen zu fördern (vgl. Übung 17 auf Seite 189 f. – Die Energien des Wurzelchakras und des Sakralchakras miteinander verbinden).

Co-Kreativität, Ermächtigung, Kreativität und Gewalt

Wir nehmen am ehesten am Schöpfungsprozess teil, wenn wir Leben erzeugen. Unabhängig von unserer spirituellen oder metaphysischen Orientierung ist das Geheimnis der menschlichen Schöpfung ein zentrales und immer wiederkehrendes Anliegen. Wenn wir und andere Arten, die im Universum leben, von einer göttlichen Macht oder infolge der Explosion einer kreativen Kraft geschaffen worden sind, dann ist in unserem Körper die Fähigkeit zur Fortpflanzung vorhanden. Diese Fähigkeit muss als Widerspiegelung eines Universums gesehen werden, das sich in einem ständigen Prozess des »Werdens« befindet.

Wenn wir uns fortpflanzen können, dann können wir uns selbst und die Welt, in der wir leben, ebenfalls erschaffen, formen und bestimmen. Im Moment erleben wir die Kehrseite von vielen Dingen, die wir erschaffen haben. Wenn wir daraus etwas lernen und die Ernte einbringen, die uns sagt, dass wir es besser machen müssen, dann verschaffen sich die göttlichen Prinzipien und die höheren Archetypen immer wieder neue Geltung (vgl. Kapitel 2, Seite 36). Wenn wir diesem Vorgang unsere Aufmerksamkeit schenken, dann wird auch unsere Erkenntnis, dass uns das Privileg und die Befähigung, am Schöpfungsprozess im Universum teilzuhaben, gegeben worden sind, starke Auswirkungen auf uns haben. Wir erkennen, wie das Gesetz von Ursache und Wirkung in uns und um uns herum am Werke ist. Ein ehrfürchtiges Gefühl von Verantwortung erwacht, und wir werden dazu aufgefordert, über unsere Kraft hinauszuwachsen und unsere Macht anzunehmen.

Macht ist ein *Prinzip* und die Annahme der eigenen Macht, die Ermächtigung, ist *der Prozess*, bei dem dieses Prinzip umgesetzt wird. Wenn wir auf der psychologischen Ebene in unsere Macht hineinwachsen, dann bedeutet das, dass wir Zugang zu der Gesamtheit unserer Fähigkeiten haben und nicht warten müssen, bis uns jemand seine Erlaubnis oder Zustimmung gibt. Der Mensch, der wirklich seine eigene Macht zur Verfügung hat, hat negative Konditionierungen und Autoritätsdenken überwunden; er besitzt die Freiheit zur Kreativität und verwendet seine Kreativität, um anderen zu ihrer Macht zu verhelfen.

Ein Satz, der in Selbsthilfegruppen oder in Gruppen, die an ihrem Wachstum arbeiten, häufig zu hören ist, lautet »seine Macht weggeben«. Wenn andere Menschen, Eltern, Lehrer, die Gesellschaft oder äußere Autoritäten als manipulativ, verurteilend oder einschränkend angesehen werden, dann ist es möglich, dass wir ihnen diese Macht *übertragen*. Vielleicht erlauben wir ihnen unvernünftigerweise, unsere Entscheidungen als Erwachsene zu beeinflussen und ungerechtfertigte Ansprüche an unsere Zeit und unsere Mittel zu stellen. Wenn wir andere auf ein Podest heben und sie zu Gurus oder unbesiegbaren Führern machen, dann wird unsere eigene Rolle auf die eines Jüngers oder Anhängers reduziert. Wenn sich herausstellt, dass unser Idol genauso irdisch ist wie wir auch, dann kann der Schmerz sehr groß sein und es kann lange Zeit dauern, bis wir uns davon erholt haben. Ein Mensch, der sich seiner Macht bewusst ist, respektiert die Autorität, die Weisheit oder das Fachwissen einer anderen Person, ohne sich selbst dabei klein zu machen und gewinnt durch den Kontakt einen noch besseren Zugang zu seiner eigenen Macht. Wahre Lehrer und Führer sind bestrebt, anderen zu ihrer Macht zu verhelfen, und sie arbeiten daraufhin, von ihren Schülern nicht mehr gebraucht zu werden. Sie streben nicht nach Ruhm oder Applaus um ihrer selbst willen. Wenn wir die Vielfalt der Talente respektieren und uns an unseren Gaben gegenseitig erfreuen, anstatt neidisch zu werden oder uns im Vergleich zu dem, was andere haben, abzuwerten, dann können wir in jeder menschlichen Beziehung oder bei jedem menschlichen Kontakt darauf hinarbeiten, uns gegenseitig zu unserer Macht zu verhelfen.

Kreativität heißt nicht einfach, künstlerische Fähigkeiten zu haben oder schöne Gegenstände herstellen zu können, sondern mit Kreativität an das Leben heranzugehen. Vielleicht sind wir vollkommen unfähig, einen Pinsel zu führen, Farben richtig einzusetzen, Gedichte oder Romane zu schreiben, zu kochen, zu nähen oder handwerkliche Dinge herzustellen, haben jedoch eine kreative Einstellung zum Leben. Vielleicht können wir gut Probleme lösen, haben gute Beziehungen und können in einem Streit vermitteln, sind inspiriert, wenn es um die Gestaltung unseres Heimes geht, schätzen die Schönheit und die Natur, sind mit unserem Körper im Einklang oder besitzen die Fähigkeit, Kompromisse zu schließen oder kreative Entscheidungen zu treffen. Der kreative Mensch behält seine Fähigkeit zu spielen bei, er hat keine Angst, Risiken einzugehen, er hält seinen Glauben an Magie aufrecht und freut sich an dem Gefühl, dass es Wunder gibt. Das goldene innere Kind ist lebendig und der kreative Mensch sorgt für es. (Weiteres zu diesem Thema finden Sie unter *The River of Life* in der Bibliographie.)

Der Grund für Gewalt ist häufig eine frustrierte Sexualität und Kreativität. Wenn wir akzeptieren, dass sexuelle Energien aus einem Drang, schaffen zu wollen, entstehen, und Gewaltausbrüche häufig dann auftreten, wenn kreative Energie nicht in die richtigen Kanäle gelenkt wird, dann müssen wir uns die Beziehung zwischen diesen Energien in uns und der Gesellschaft als ganzer sorgfältig ansehen. Viele von uns richten ihre Wut oder ihre Gewalt nach innen. Statt uns den Fußball-Hooligans oder den Rowdys anzuschließen, zerstören wir unser inneres Selbstwertgefühl.

Wenn wir ein geringes Selbstwertgefühl haben, dann bleiben wir in ausweglosen Situationen stecken, sehen kein Weiterkommen mehr und geraten in die sich abwärts drehende Spirale des Elends und der Depression (vgl. auf Seite 190 f., Übung 18, Die sich abwärts drehende Energiespirale korrigieren). Diese sich abwärts drehende Energiespirale setzt zudem eine Serie von Teufelskreisen in Bewegung. Wenn unsere Umgebung oder unsere Lebensumstände trostlos sind, dann identifizieren wir uns mit ihnen und sie spiegeln uns in immer stärkeren Maße wider, dass wir nicht gut und wertlos sind. Wut kann in einer solchen Situation ein wertvoller Katalysator sein. Wenn wir wütend auf unsere Situation sind, wütend darüber, wie andere uns behandeln oder über unsere fehlenden Möglichkeiten, dann kann das das Signal dafür sein, dass Selbstwert und Respekt geboren werden.

Wenn wir das Wort »unerhört« in Bezug auf die Dinge, die uns blockieren, benutzen, dann sind wir auf dem Weg, unsere Wut in kreative Handlungen umsetzen zu können. Vielleicht müssen wir auch stärkere Worte verwenden, um unsere Wut auszudrücken und es uns erlauben, aufzustampfen, herumzuschreien, mit den Fäusten zu schlagen, auf etwas einzuhämmern oder vor Wut aufzuschreien, aber wenn wir Dinge als »unerhört« ansehen, dann dämmert uns, dass wir uns nicht mehr mit denjenigen Aspekten unseres Schicksals identifizieren wollen, die dazu geführt haben, dass wir uns so getrennt und benachteiligt fühlen. »Unerhört« heißt: »Ich bin mehr wert.« – »Die Dinge können besser werden.« – »Ich stehe kurz vor einer Veränderung.« – »Mein Potential, kreativ zu leben, ist dabei zu erwachen.« Auf einer weiter gefassten Ebene heißt es auch: »Die Lebensumstände des Menschen können verbessert werden.« – »Wenn wir zusammenarbeiten, dann können wir eine bessere Gesellschaft für die gesamte Menschheitsfamilie erschaffen.« Die Spiralübung auf Seite 190 f. kann das vielleicht in Ihnen schlummernde Gefühl von Unerhörtheit erwecken. Denken Sie daran, dass das häufig das nötige Vorspiel ist, um die kreative Energie für Lebensveränderungen freizusetzen.

Die folgende Fallstudie veranschaulicht, auf welche Weise frustrierte Kreativität, Sexualität und Gewalt in unserem Leben zusammenkommen können.

FALLSTUDIE   ***Die kreative Lebensenergie***

Elisabeth, die eine Einzimmerwohnung in einem heruntergekommenen Haus in einem verwahrlosten Stadtviertel bewohnte, hatte es nie wirklich geschafft, ihren Weg im Leben zu finden. Sie wuchs als Einzelkind auf, und als sie fünf Jahre alt war, verließ ihre Mutter mit ihr die damalige Wohnung und ihren Mann. Kurze Zeit später ließen sich ihre Eltern scheiden. Ihr Vater schaffte es nicht, regelmäßig Treffen zu vereinbaren, um den Kontakt mit ihr aufrechtzuerhalten. Aus seinem Widerwillen, sich um sie als Kind zu kümmern, schloss Elisabeth, dass sein Interesse an ihr nur gering war und sie ihm nicht besonders viel bedeutete.

Ihre Mutter war eine Karrierefrau, die einer gut bezahlten Arbeit nachging. Die finanziellen Aspekte ihrer Situation als allein erziehende Mutter waren für sie nicht sonderlich bedrückend. Dennoch war Elisabeth nicht nur durch den Bruch und die Bestürzung angesichts der Scheidung und der Trennung von ihrem Vater betroffen, sondern auch durch die emotionale Unruhe ihrer Mutter und die nachfolgenden Beziehungen zu Männern, die nicht zu ihr passten. Schon von klein auf begann Elisabeth, Schlechtes von sich zu denken. Obwohl sie äußerst intelligent war, lagen ihre Leistungen immer unter dem allgemeinen Niveau, und sie schloss sich in der Regel den Unruhestiftern und Versagern in der Schule an. Da sie nicht wirklich wusste, was sie mit ihrem Leben anfangen sollte, erwarb sie sich einige Kenntnisse in der Sekretariatsarbeit, ging von der Schule ab und verließ früh ihr Elternhaus. Sie lebte in einem möblierten Zimmer und hatte eine Reihe von schlecht bezahlten Jobs, die ihr nicht besonders viel Anregung boten.

Schließlich driftete sie in eine Beziehung mit einem arbeitslosen Mann und zog zu ihm in ein Haus, das er mit zwei weiteren arbeitslosen Paaren bewohnte. Ihr Partner und die anderen Mitbewohner waren alle musikalisch oder künstlerisch veranlagt. Elisabeth hatte das Gefühl, dass sie in ein Umfeld einzog, in dem sie vielleicht ihr Talent für Poesie und künstlerische Gestaltung, von dem sie wusste, dass sie es besaß, entwickeln könnte. Sie gab ebenfalls ihre Arbeit auf und beantragte Sozialhilfe.

Elisabeth hatte ein leidenschaftliches Wesen und hatte bereits vorher mehrere sexuelle Erfahrungen gemacht. Zu Anfang war die körperliche Liebe mit dem ersten Partner, mit dem sie zusammenlebte, sehr aufregend und erfüllend. In ihrem neuen Umfeld, in dem alle einen unkonventionellen, künstlerischen Lebensstil hatten, und in das sie eingezogen war, hatte sie das Gefühl, dass ihre künstlerische Seite zur Entfaltung kommen und Inspiration erfahren würde. Doch allmählich entwickelten sich die Dinge zum Negativen hin. Elisabeth stellte fest, dass sie in einer Ganztagsbeziehung ihren eigenen Raum nicht aufrechterhalten konnte. Da sie von Natur aus ein eigener Mensch war, erschreckten sie der Zustand in der Wohngemeinschaft, besonders im Bad. Niemand außer ihr schien sich um Ordnung und Sauberkeit zu kümmern. Da alle arbeitslos waren, waren sich auch alle immer im Weg. Selbst das Zimmer, das sie mit ihrem Partner teilte, wurde entschieden zu eng. Obwohl ihre Mitbewohner sicherlich künstlerisch veranlagt waren und musikalische Begabung besaßen, hatten sie keine Motivation, ihre Gaben durch gründliches Üben zu verfeinern oder sie zu kanalisieren. Die Vision, die sie gehabt hatte, nämlich ihr eigenes Talent in einer unterstützenden Gemeinschaft entwickeln zu können, veränderte sich und verschwand schließlich ganz.

Unter diesen Umständen sank Elisabeths Selbstwertgefühl, das vorher bereits angegriffen war, noch weiter ab. Sie wurde mutlos und lethargisch. Ihr Partner, dessen Kreativität im Grunde genommen frustriert war, wollte mit ihr sexuelle Spielarten ausprobieren, die sie abscheulich fand. Er belästigte sie sexuell und wurde ihr gegenüber schließlich gewalttätig, wodurch die letzten Überreste von Leidenschaft und Freude in der Beziehung zerstört wurden. An diesem Punkt brachte Elisabeth noch gerade genug Energie und ein Gefühl von Selbsterhaltung auf, um in eine kleine Wohnung umzuziehen, die ihr ein Freund, der ins Ausland gegangen war, überlassen hatte. Als sie zu mir kam, lebte sie immer noch dort, sie hatte gerade eine Phase von überwältigender Einsamkeit und Verzweiflung hinter sich und hatte Depressionen erlebt, die von Selbstmordgedanken gezeichnet waren. Doch schließlich sah sie am Ende des Tunnels einen Funken Licht, als sie bei einem Marktbesuch eine frühere Freundin aus der Schulzeit traf, die wie sie ebenfalls zu den Unruhestiftern und Versagern gehört hatte. Jetzt war ihre Freundin glücklich verheiratet. Sie hatte einen Kurs im Silberschmieden absolviert und stellte ihren eigenen Schmuck her, den sie auf verschiedenen Märkten und Kunstmärkten verkaufte.

Die Freundin erkannte Elisabeths verzwickte Lage, und da sie sich

Sorgen um sie machte, lud sie sie zu sich nach Hause ein. Schließlich begann Elisabeth, ihrer Freundin auf ihrem Stand auf dem Markt zu helfen. Die Freundin hatte außerdem angefangen, sich für Yoga und über diesen Weg auch für Chakren und eine spirituelle Lebensweise zu interessieren. Sie lieh Elisabeth eines meiner Bücher aus, und schließlich kamen beide zu einem Workshop, den ich in dem Teil des Landes, in dem sie wohnten, abhielt. Nach dem Workshop bat mich Elisabeth darum, ihr persönlich bei der Arbeit mit ihren Chakren zu helfen. Sie erkannte außerdem, dass sie eine längere Therapie brauchte, um mit den enormen Wutgefühlen umzugehen, die sie zu spüren begonnen hatte, und die sie häufig aufgrund ihrer Intensität erschreckten.

Sie arbeitete mit einem Therapeuten an ihrem Wohnort zusammen und besuchte mich von Zeit zu Zeit. Es dauerte eine Weile, bis sich Elisabeths Wut ihren Weg nach draußen bahnte und sie auf das, was das Leben ihr angetan hatte, wütend wurde; doch als dieser Prozess begann, erkannte sie schnell, wie sie die Energie der Wut umleiten konnte, um Veränderungen für sich in die Wege zu leiten. Sie half ihrer Freundin weiterhin auf dem Markt beim Schmuckverkaufen, was jetzt so gut lief, dass sie für ihre Arbeit bezahlt werden konnte und allmählich keine Sozialhilfe mehr in Anspruch nehmen musste. Sie nahm halbtags an einem Kunstkurs teil, um eine Mappe zusammenzustellen und schließlich gelang es ihr, einen Platz in einem einjährigen Grundlagenkurs zu bekommen und anschließend ein Kunststudium aufzunehmen.

Obwohl die Beziehung zu ihren Eltern einige Jahre lang sehr sporadisch gewesen war, eilten sowohl ihr Vater als auch ihre Mutter ihr zu Hilfe, als sie auf sie zuging; sie unterstützten sie finanziell, so dass sie die Ausbildung ihrer Wahl beginnen konnte.

Elisabeth schätzte die Art und Weise, in der ihr langjähriger Therapeut sie unterstützt hatte, denn dadurch hatte sie Einsichten gewonnen und ihre innere Stärke gefunden. Sie betonte jedoch auch immer wieder, dass die Chakrenarbeit für sie eine wichtige Kraftquelle gewesen war, die es ihr ermöglicht hatte, von ganz unten wieder nach oben zu kommen. Für sie war die Übung mit der Energiespirale (Seite 190 f.)

besonders wertvoll, da sie mit ihrer Hilfe ihre sexuellen und kreativen Energien ins Gleichgewicht bringen und ihre Depressionen bekämpfen konnte.

Sakral- und Herzchakra als Chakrenpaar

Wenn sich der Energiefluss vom Wurzelchakra, dem Sitz der physiologischen und grundlegenden Bedürfnisse, im Körper weiter nach oben bewegt und zum Sakralchakra gelangt, das für die Themen Macht, Ermächtigung, Sexualität, Leidenschaft, Kreativität und mehr Bewusstheit steht, dann lässt sich daraus schließen, dass das Sakralchakra der energetische Hauptsitz der Emotionen ist. In einer relativ freien und ermutigenden Umgebung ist das Kleinkind ein leidenschaftliches Wesen. Das Entwicklungsalter für das Sakralchakra entspricht dem Zeitraum, in dem wir uns mit Aspekten von Macht, Autorität und Dominanz auseinander setzen. Mit den Wutanfällen eines Dreijährigen umzugehen, dem Kind die notwendigen Grenzen zu setzen und ihm dennoch ein Gefühl von seiner eigenen Macht zu lassen, ist eine wirklich schwierige Aufgabe. Das Kleinkind *wird* zur Wut. Die Gefühle des Kindes übersteigen oft das, was das kleine Kind selbst aushalten kann.

Die Kunst emotionaler Reife ist nicht so einfach zu erlernen wie Selbstkontrolle und die Fähigkeit, in Situationen angemessen zu reagieren oder die Erwartungen der Gesellschaft zu erfüllen. Wenn ein Kind in einer Umgebung aufwächst, in der es emotionalen Verletzungen ausgesetzt ist, ihm seine Macht abgesprochen wird oder es durch eine zu strenge Disziplin kontrolliert wird, dann kann das innere Kind im Erwachsenen voller Groll, Feindseligkeit und Wut sein. Andauernde Versuche des Heranwachsenden, diese Aspekte seines Selbst im Zaum zu halten, sie zu kontrollieren und zu unterdrücken werden dazu führen, dass sie sich noch stärker verselbständigen. Das, was mit allzu großer Anstrengung in das Unterbewusstsein hinuntergedrückt wird, wird immer stärker und steht im direkten Gegensatz zu dem, was anscheinend mit großer Entschiedenheit am Zenit des Bewusstseins aufrechterhalten wird. Das unterdrückte, leidenschaftliche Selbst des Kindes wird schließlich vollkommen unerwartet in den unpassendsten Situationen zum Ausdruck kommen.

Da das Kind in gewissem Sinne die Emotion *ist*, wird sich die Erfahrung, von den Emotionen »vereinnahmt« und kontrolliert zu werden, bis ins Erwachsenenalter fortsetzen. Die gewalttätige Handlung, die sofort bedauert wird; die Worte, von denen wir wünschen, sie nie gesagt zu haben; die bestürzte Frage »Was ist da nur über mich gekommen?« – all das sind Hinweise darauf, dass uns in einigen Lebensbereichen echte emotionale Reife noch fehlt. Auf die Chakren bezogen, bedeutet das, dass wir der Verbindung zwischen dem Sakral- und dem Herzchakra mehr Aufmerksamkeit schenken sollten, da das Herz der Sitz der Gefühle, nämlich die zweite bzw. höhere Ebene der Emotionen ist (vgl. auch die Kapitel 4 und 9).

Wenn im Entwicklungsalter des Sakralchakras alles verhältnismäßig gut gelaufen ist und die Bedingungen für das Kind »gut genug« waren, dann wird sich ein gewisses Maß an emotionaler Kontrolle herausgebildet haben, ohne dass allzu viel unterdrückt wird. Das Kind wird Kontakt zu seinen Emotionen haben, ohne von ihnen überwältigt zu werden; die eigentliche Umwandlung der Emotionen in die Fähigkeit zu *fühlen*, ohne dabei auf unangemessene Art *emotional* zu reagieren, vollzieht sich im Entwicklungsalter des Herzchakras, das zwischen dem 12. und 15. Lebensjahr angesiedelt wird (vgl. auch Seite 104).

Mit Beginn der Pubertät kommen wir auch mit unseren tiefen Emotionen, Gefühlen, Leidenschaften, romantischen Idealen und dem Bedürfnis, unsere Leidenschaften auszuagieren, in Kontakt. Zu dieser Zeit ist noch einmal die Sexualität eines der wichtigsten Lebensthemen. Unser physischer Körper verändert sich und reift heran, unsere Hormone werden aktiv, und manchmal verwirrende

Triebe machen sich bemerkbar; von Gleichaltrigen akzeptiert zu werden, ist überaus wichtig.

Wenn unsere Eltern, unsere Lehrer, das Klima, in dem wir leben, und die Grundlagen, die im Sakralchakra gelegt sind, alle »gut genug« sind, dann erleben wir diese Phase auf positive Weise, und unser fühlendes Selbst wird aktiv. Wir befinden uns auf dem besten Weg, Zärtlichkeit, Leidenschaft und die Fähigkeit zu entwickeln, zu berühren und uns von der Welt um uns herum berühren zu lassen. Unsere Emotionen werden durch Weisheit abgemildert. Das »Ausagieren« wird auf reife Weise durch das Wissen um unsere Gefühle ersetzt, und in diesem Stadium wissen wir auch, wo und wie wir diese Gefühle lenken können, ohne sie zu unterdrücken. Wir sind vollständig dazu in der Lage, Emotionen zu haben, ohne uns von diesen beherrschen oder treiben zu lassen. Zu unsere Gefühlen tritt Erfahrung hinzu, die uns in die Lage versetzt, die höheren Prinzipien des Lebens wertzuschätzen, sie mit Leidenschaft zu erfüllen und ihnen in unserem Leben auf weise Art Ausdruck zu verleihen.

Dort, wo sich bei der natürlichen Entwicklung dieser so bedeutsamen Verbindung zwischen dem Sakralchakra und dem Herzchakra Schwierigkeiten ergeben, müssen wir vielleicht viel Arbeit leisten, um im emotionalen Gefühlsbereich in unserem Leben Zufriedenheit zu erfahren. Die Arbeit mit dem inneren Kind und/oder dem inneren Jugendlichen kann den psychologischen Heilprozess fördern (vgl. dazu auch Seite 122 f. und die Übungen 13 und 28). Auf energetischer Ebene kann dieses Wachstum durch die Arbeit mit der Verbindung zwischen dem Sakral- und dem Herzchakra in Gang gesetzt, gefördert und unterstützt werden (vgl. Übung 19, Seite 191 f.).

Der Emotionalkörper

Die Beziehung zwischen dem Sakral- und dem Herzchakra macht uns mit einem weiteren feinstofflichen Körper im Energiesystem bekannt. Hierbei handelt es sich um den Emotionalkörper, in dem unsere gesamte emotionale Entwicklung festgehalten ist. Wenn sich das Herzchakra in einem ausgeglichenen Zustand befindet und ein gesunder Fühlkörper entwickelt wird, dann ist das Potential für eine gute Beziehung zwischen dem Emotionalkörper und dem Fühlkörper vorhanden. Ein ausgeglichener Emotionalkörper, der sich infolge der energetischen Arbeit an der Verbindung zwischen Sakral- und Herzchakra einstellt, ist eine gute Grundlage, um eine Heilung der Psyche und des Energiesystems herbeizuführen.

In den vergangenen Jahren wurde das »Haltung bewahren«, das für die Briten (wie auch die Deutschen) so charakteristisch ist, einer scharfen Kritik unterzogen. In psychologischen Kreisen wurde dazu ermutigt, mit den in der Vergangenheit unterdrückten Emotionen (denjenigen, die im Emotionalkörper gespeichert sind) Kontakt aufzunehmen und sie auszuagieren, da dies als wesentlicher Teil eines vollständigen Heilungs- oder Wachstumsprozesses angesehen wurde. Bis zu einem gewissen Grade ist das richtig, doch manchmal wird der Bogen auch überspannt.

Unser Leben wird schwierig, wenn es von unserem Emotionalkörper geleitet wird. Durch den Mechanismus der Unterdrückung und der Herausbildung der Schattenseite in uns (vgl. den Eintrag »Schatten« im Glossar) kann der Emotionalkörper die Führung übernommen haben, ohne dass wir uns dessen vollständig bewusst sind. Wenn wir eine zu starke Betonung auf das Ausagieren von Emotionen legen, dann kann der Emotionalkörper ebenfalls zum führenden Aspekt werden. Das macht es für uns schwerer und nicht leichter, Wunden aus der Vergangenheit hinter uns zu lassen. Das führt zu einer Beeinträchtigung der Gegenwart, nämlich in der Form, dass wir irrationale Verhaltensweisen an den Tag legen und unsere Fähigkeit, wohl überlegte Entscheidungen zu treffen, gehemmt ist. Das Ausagieren kann zu einer Sucht werden. Eine zu starke Kontrolle kann zu merkwürdigen und irrational erscheinenden emotionalen Ausbrüchen führen. Eine starke energetische Verbindung zwischen Wurzel- und Sakralchakra (wie sie durch Übung

17 auf Seite 189 f. angeregt wird) bringt das notwendige Gleichgewicht und den Austausch zwischen dem Emotionalkörper und
dem Fühlkörper.

Romantische und dauerhafte Liebe

Lassen Sie mich klarstellen, dass ich die romantische Liebe als
einen der Bestandteile der Magie ansehe. Deshalb gehört sie zu
den wichtigsten Freuden und Erfahrungen des Lebens. Wenn es
in der Verbindung zwischen dem Sakral- und dem Herzchakra
und dem Emotional- und dem Fühlkörper jedoch ein Ungleichgewicht gibt, dann kann die romantische Liebe die dauerhafte Liebe
behindern.

Die stilisierte Darstellung des Herzens ist zu einem Symbol
bzw. Zeichen für die romantische Liebe geworden. Wir alle hegen
die Hoffnung, dass wir uns vom Geist des Valentinstags und den
damit verbundenen Erinnerungen an die Träume unserer Jugend-
lieben verzaubern lassen können. Wenn man diesen Aspekt der
Liebe in einer Beziehung aufrechterhält, dann kann das sehr positiv
sein.

Die Erwartungen, die sich hinter dem Traum von der romantischen Liebe verbergen können, können jedoch falsch sein. Es ist
zwangsläufig so, dass wir uns in dauerhaften Beziehungen mit dem
Alltag auseinander setzen müssen, und viele Beziehungen gehen
deshalb auseinander, weil der Prinz und seine Prinzessin sich hinter
der wegen hoher Rechnungen in Falten gelegten Stirn oder nach
leidvollen, schlaflosen Nächten, die sie mit dem Wechseln von nas-
sen, stinkenden Windeln verbracht haben, nicht mehr erkennen.
Wir sind häufig durch populäre Romane und Zeitschriften konditioniert, die in uns die Erwartung geweckt haben, dass romantische Liebe weitergehen muss, ohne dass wir an ihr arbeiten müssen. Wenn in solchen Fällen die Erwartungen nicht erfüllt werden,
dann besteht keine Aussicht, eine ausdauernde Liebesbeziehung zu
entwickeln, die nicht zum Scheitern verurteilt ist.

Weitere Aspekte der romantischen Liebe, die die Entwicklung emotionaler Reife, auf der die dauerhafte Liebe basiert, verhindern können, sind Besitzansprüche und Eifersucht. Diese Emotionen verursachen dem Jugendlichen Qualen, wenn er zum ersten Mal Leidenschaft und Liebe erlebt. Wenn sie in einer Liebesbeziehung in zu starkem Maße vorhanden sind, dann ist das ein Zeichen dafür, dass die Verbindung zwischen dem Emotionalkörper und dem Fühlkörper nicht genügend aktiviert ist. Statt Zuneigung dauerhaft zu stärken, können besitzergreifendes Verhalten, Unsicherheiten, Kontrollmechanismen und Verletzungen (reale oder eingebildete), die aus Eifersucht heraus entstehen, die Beziehung auseinander brechen lassen und das Entstehen einer natürlichen Treue, die auf gegenseitigem Respekt beruht, blockieren.

Wenn die Liebe nicht reifen kann, dann sind – um es noch einmal zu erwähnen – Emotionalkörper und Fühlkörper aus dem Gleichgewicht geraten, und Übung 17 (Seite 189 f.) kann von unschätzbarem Wert sein, wenn sich eine Beziehung gerade in einer schwierigen Phase befindet. Wenn diese energetischen Verbindungen gesund sind, dann werden die Entscheidungen darüber, welches Potential in der Beziehung vorhanden ist, klarer. Die Wahrscheinlichkeit, aus den falschen Gründen »daran festzuhalten«, ist geringer; es entsteht mehr Stärke, dem Alltag zu trotzen, und paradoxerweise wächst auch die Wahrscheinlichkeit, trotz aller Hindernisse echte Romantik in der Liebesbeziehung aufrechtzuerhalten.

Zwillingsseelen

Unsere Erwartungen in Bezug auf Liebe und Partnerschaft werden auch durch unseren Wunsch und unser Verlangen, unsere Zwillingsseele zu finden, geprägt. Auf Seite 70 ff. beschreibt Gildas den Beginn der evolutionären Reise. Der ursprüngliche Funke aus der Quelle teilt sich in Yin und Yang, und diese beiden Teile werden zu sich ergänzenden Seelenfäden oder Stielen, wobei sich auf beiden die Perlen oder Blumen für mögliche Inkarnationen befinden.

Gildas führt weiter aus:

9 *Die Sehnsucht nach der Zwillingsseele ist wohl bekannt. Wenn die Entwicklung abgeschlossen ist – was bedeutet, dass sich alle Perlen auf dem Faden inkarniert haben und zurückgekehrt sind –, dann werden sich die beiden Fäden bzw. Stiele wieder zu einem vereinen. Während der Inkarnation kann, bis das möglich ist, die Blume eines Stiels oder die Perle eines Fadens der Blume oder Perle ihres Zwillingswesens begegnen, doch Zwillingsseelen inkarnieren sich nicht immer zur selben Zeit. Das vollkommene Wesen inkarniert sich nicht mehr. Die Blumen auf den Stielen bzw. die Perlen auf den Fäden sind Aspekte des Wesens der Seele. Es können sich nicht mehr als sieben Aspekte eines Stiels oder eines Fadens gleichzeitig inkarnieren; wenn sie sich begegnen, dann werden sie eine sehr enge Beziehung zueinander haben. An dieser Stelle sei noch einmal gesagt, dass ein solches Zusammenkommen selten ist, da der Sinn und Zweck der Inkarnation darin besteht, Erfahrungen zu sammeln. Der Impuls, mehr als einen Aspekt gleichzeitig in die Inkarnation zu schicken, liegt darin begründet, dass auf diese Weise gesichert wird, dass ein möglichst umfassendes Wissen von der jeweiligen Epoche erlangt wird. Die Anzahl der Perlen auf einem Faden bzw. Blumen auf einem Stiel ist von Seele zu Seele verschieden.*

Es hat Epochen in der Geschichte gegeben, in denen es häufiger vorkam, dass sich Zwillingsseelen begegnet sind, wie beispielsweise in Atlantis, Ägypten, Griechenland oder zur Zeit der Indianer. In der gegenwärtigen Zeit wird häufig eine außerordentlich große Menge an Arbeit im Laufe einer Inkarnation übernommen, und das bedeutet, dass das Zusammenkommen mit einer Zwillingsseele durch die karmischen Berater und Helfer nicht gefördert wird. Es besteht die Gefahr, dass die beiden Wesen so sehr ineinander vertieft sind, dass Fortschritte, die bei ihrem Lernprozess erzielt werden könnten, gebremst werden. Mit dem Anbrechen des goldenen Zeitalters wird es für Zwillingsseelen wieder normal werden, in einer Inkarnation zusammenzuarbeiten. Im Augenblick ist die Palette der zur Verfügung stehenden Erfahrungen sehr weit gefächert, und Zwillingsseelen sollten möglichst getrennt voneinander leben, um ihre Weiterentwicklung nach besten Kräften zu fördern. ❻

Die Erkenntnis, dass es in dieser Inkarnation unwahrscheinlich ist, unseren perfekten Partner oder unsere andere Hälfte zu treffen, kann beunruhigend und enttäuschend sein. Doch wenn wir das einmal wissen und verstehen, dann können eine gewisse Unzufriedenheit und Sehnsucht in uns sich entspannen, da unsere Erwartungen hinsichtlich der Partner, denen wir begegnen werden, vor dem Hintergrund dieses Wissens realistischer werden. Mit dieser besonderen spirituellen Perspektive können wir das Leben als ein Arbeitsfeld für unsere Weiterentwicklung betrachten und ein größeres Verständnis hinsichtlich der Gesamtorganisation und der Absicht, die sich hinter dem System verbirgt, in dem wir agieren, gewinnen.

Die mangelnde Wahrscheinlichkeit, unseren Zwillingsseelen zu begegnen, schließt jedoch die Möglichkeit einer Begegnung mit Mitgliedern unserer Seelenfamilie oder erweiterten Seelengruppe nicht aus. Diese Begegnungen können von großer Freude und einem tiefen Sinn für Kameradschaft gekennzeichnet sein; dabei können sich Gelegenheiten ergeben, in denen wir uns gegenseitig Lehrer und Unterstützer sein können (vgl. auch Seite 110 ff.).

Wurzel-, Sakral- und Herzchakra als Chakrentriade

Bisher haben wir das Wurzel- und das Sakralchakrenpaar und das Sakral- und das Herzchakrenpaar als getrennte Chakrenpaare betrachtet. Diese drei Zentren bilden jedoch auch in energetischer Hinsicht eine wichtige Chakrentriade.

Die Arbeit mit dem Wurzel- und dem Sakralchakra hilft, Anwandlungen von Geiz und Machtungleichgewichte zu beseitigen, die uns sowohl auf der persönlichen als auch auf der kollektiven Ebene betreffen. Wenn es zwischen den drei hier besprochenen Chakren jedoch einen vollständigen und kraftvollen Austausch gibt und ein Gleichgewicht herrscht, dann kommt noch ein wichtiger Faktor, der uns die Dinge aus einer menschlicheren und sanfteren Perspektive sehen lässt, hinzu. Wenn dieses bestimmte Gleichgewicht vorhanden ist, dann können wir unseren Mikrokosmos auf positive Weise beherrschen und formen, was sich dann wiederum im Makrokosmos widerspiegelt. Wenn in der Chakrentriade die Verbindung zum Herzen noch hergestellt werden muss, dann fällt es uns schwerer, Konditionierungen bzw. Erwartungen aus dem Makrokosmos von uns fern zu halten; wir lassen uns viel zu sehr von der »da draußen« herrschenden Negativität beherrschen und neigen dazu, den Kontakt zu unserem Potential als Mit-Schöpfer zu verlieren.

Machtspiele

Wenn zwischen Wurzel- und Sakralchakra als Paar keine ausreichende Verbindung besteht, dann neigen wir dazu, uns in Machtspielen zu verstricken und falsche Hierarchien zu schaffen. Wir können davon besessen sein, materielle und weltliche Macht zu besitzen, und besitzen nicht das geringste Gefühl für einen spirituellen Lebenssinn. Selbst wenn wir vielleicht mit dem Wurzel- und Sakralchakra als Paar arbeiten, da wir ebensolche – wenn auch nur im Ansatz vorhandene – Tendenzen in uns erkennen und wir sie als Teil unserer spirituellen Reise gerne in eine Harmonie miteinander bringen möchten, so erfahren wir die möglicherweise krasse Auswirkung einer nicht vollständig aufeinander abgestimmten Arbeitsweise zwischen Wurzel- und Sakralchakra doch erst auf der kollektiven Ebene.

In einer Zeit, in der Macht, Habgier und Materialismus zu falschen Göttern erkoren geworden sind, ist es wichtig, mit der

Chakrentriade sowie mit den beschriebenen Chakrenpaaren zu arbeiten. Die energetische Verbindung der Triade vervollständigt und verstärkt die bereits mit den Chakrenpaaren geleistete Arbeit. Die Qualitäten der Berührung und der Zärtlichkeit, die aus dem Herzen kommen, wirken sich mäßigend auf unsere Fähigkeit aus, mit Macht umzugehen und gute Führer zu sein.

Im Laufe der spirituellen Geschichte und der Religionsgeschichte wurde Führung oft missbraucht. Die Herzdimension geht häufig dann verloren, wenn Dogmen überbetont werden und religiöse und spirituelle Praktiken auf der Anwerbung einiger weniger Auserwählter beruhen. Der Glaube an einen eifersüchtigen Gott, der bei potentiellen Anhängern und Gefolgsleuten Angst verbreitet, ist gefährlich. Spirituelle Praxis sollte Menschen befähigen und sie nicht entmachten und verletzbar machen.

In ähnlicher Weise lässt sich sagen, dass auf einer weltlicheren Ebene Führer, die keine reine Verbindung zwischen ihrem Wurzel-, Sakral- und Herzchakra aufgebaut haben, darauf erpicht sein könnten, sich persönliche Vorteile zu verschaffen und Macht über andere zu gewinnen. Wenn darüber hinaus noch Ungleichgewichte zwischen den einzelnen Chakren oder Chakrenpaaren vorherrschen, kann das nur zur Diktatur – mit dem ihr innewohnenden Potential, Anarchie hervorzubringen – führen.

Je stärker und ausgeglichener der Energiefluss zwischen der Chakrentriade ist, umso stärker und spiritueller wird die Ausrichtung auf das der Führung innewohnende positive Potential sein, für uns alle eine harmonischere Welt zu erschaffen. Bei diesen Führern ist die Wahrscheinlichkeit größer, dass sie für die volle Ausschöpfung des menschlichen Potentials und die Befähigung des Einzelnen arbeiten, so dass er sich für das Gute im Allgemeinen einsetzen kann. In *Tao der Führung* (vgl. Bibliographie) beschreibt John Heider die Qualitäten, die Führer, deren Wurzel-, Sakral und Herzchakra in Harmonie zueinander sind, an den Tag legen:

Die erfolgreichsten Führungskräfte arbeiten nicht mit Zwang und Einschränkungen. Sie bieten Gelegenheiten.

Der fähige Gruppenleiter motiviert die Leute zu Höchstleistungen, indem er entsprechende Gelegenheiten schafft – Verbindlichkeiten treten in den Hintergrund.

Auf diese Weise nimmt alles seinen natürlichen Verlauf. Das Leben ist eine Gelegenheit und keine Verpflichtung …

Die Gruppe wird nicht gedeihen, falls der Lehrer das größte Verdienst einer guten Arbeit für sich selbst beansprucht.

Die Gruppe wird aufbegehren und Widerstand leisten, sobald der Gruppenleiter das Geschehen in bestimmte Bahnen zu lenken sucht.

Die Gruppenteilnehmer werden in ihrer Spontaneität und in ihrer Empfänglichkeit geschwächt, falls sich der Lehrer kritisierend und schroff verhält.

Der kluge Gruppenleiter handelt weder gierig und selbstsüchtig oder abwehrend. Er fordert nichts. Auf diese Weise wächst das Vertrauen in seine Fähigkeit, allem die natürliche Entfaltung zu ermöglichen …

In der Natur verläuft alles zyklisch – das Pendel schwingt stets von einem Extrem zum anderen …

… Auf dieselbe Weise vollziehen sich die natürlichen Vorgänge: Spannung löst sich, Leere füllt sich, Übermaß nimmt ab.

Eine auf Materialismus und Eroberung der Natur ausgerichtete Gesellschaft möchte sich diesen Zyklen entziehen. Von etwas Gutem will man immer noch mehr – das höchste Ziel heißt Überfluss. Gleichzeitig fällt den Bedürftigen immer weniger zu. Hilfsbereitschaft und Großzügigkeit bringen dem Gruppenleiter Erfüllung. Selbstlos weist er den andern den Weg zur Selbstverwirklichung. Indem er uneigennützig fördert – ungeachtet des Lobs und der Bezahlung –, wird sein Handeln wirksam und überzeugend.

Wenn wir innere Unsicherheit verspüren, streben wir nach aggressiver Macht über andere, oder wir werden zu Opfern und wirken so unterschwellig an den Mustern von Tyrannei und Unterdrückung mit. Wenn wir danach streben, Kontrolle über andere auszuüben (da wir fürchten, dass sie uns zerstören könnten, wenn sie frei wären), dann können wir nicht zu einer Vision des Individuums vordringen, das selbst über Macht verfügt und seinerseits anderen zu Macht verhilft. Wenn wir Angst haben, dass unsere alte Ordnung zusammenbrechen könnte, dann können wir nur zu Gefangenen dieser Struktur werden.

Gefühle der Unsicherheit können uns auch habgierig und geizig machen. Wir legen Vorratslager an, damit wir Vorräte haben, doch wir haben Angst, sie zu verwenden, für den Fall, dass es unmöglich sein könnte, sie wieder aufzufüllen. Aus unserer Habgier erwächst schließlich Verschwendung *und* Knappheit, wovon solche Skandale aus der heutigen Zeit wie die »Butterberge« und die Zerstörung überschüssiger Ernten in Zeiten von Nahrungsmittelschwemmen und Überangeboten zeugen, während gleichzeitig einige unserer Mitmenschen in der Dritten Welt an Hunger leiden.

Mangelndes Selbstwertgefühl ist zu einem wesentlichen Teil für die gegenwärtige materialistische Lebenseinstellung verantwortlich. Da wir uns unserer eigenen Macht nicht sicher sind, müssen wir uns durch das, was wir besitzen, wichtig machen oder hervortun. An dieser Stelle sei noch einmal darauf hingewiesen, dass wir dadurch Müll erzeugen, dass wir alte Dinge ausrangieren, nur um auf der Modewelle ganz vorne mitzuschwimmen. Wir werden zu einer raffgierigen Konsumgesellschaft, indem wir in die Waren, die wir herstellen, einen kalkulierten Abnutzungsfaktor einbauen.

Selbst wenn wir bereits an der Verbindung zwischen dem Wurzel- und dem Sakralchakra und dem Sakral- und dem Herzchakra gearbeitet haben, bleiben wir so lange in der Verfolgung materieller Ziele stecken, bis die Energie zwischen der oben beschriebenen Chakrentriade ebenfalls frei fließt. Vorher kann es sein, dass wir unsere Vision oder Vorstellungskraft verlieren oder es uns nicht gelingt, sie zu entwickeln, und wir leben weiterhin in einer Welt, in der Diktaturen, Tyrannen, Opfer und falsche Hierarchien uns zeigen, dass wir von frustrierten und ungelösten Machtproblemen und emotionalen Fragen geleitet werden. Durch die Arbeit an den in diesem Kapitel beschriebenen Chakrenpaaren wird die Grundlage, auf der die Verbindung zwischen dem Wurzel-, Sakral- und Herzchakra aufgebaut werden kann, geschaffen. Die Aktivierung der Chakrenpaare, d. h. des Wurzel- und Sakralchakras und des Sakral- und Herzchakras, wird unseren Heilungsprozess als Individuen fördern, doch die Art von Heilung, die auch die Gesellschaft erreicht, kann erst dann Fortschritte machen, wenn eine möglichst große Anzahl von uns die andersartigen, reicheren Harmonien erfahren hat, die durch die Aktivierung der Chakrentriade aus Wurzel-, Sakral- und Herzchakra ermöglicht werden.

Wenn diese Chakrentriade auf positive Weise funktioniert, dann werden wir:

- uns unseres inneren Reichtums bewusster
- bei der Gestaltung unserer Welt kreativer sein
- kritischer bei der Auswahl unserer Führer sein
- uns der Rolle bewusster sein, die wir als Individuen bei der Erschaffung der Armut oder des Mangels anderer spielen
- mehr Vertrauen in ein Universum haben, in dem Überfluss herrscht; und deshalb werden wir eine größere Fähigkeit entwickeln können, unseren Respekt für natürliche Wachstums- und Fruchtbarkeitszyklen mit einem gerechtem Verteilen der vorhandenen Ressourcen zu verbinden
- in engerem Kontakt mit unserer eigenen Macht und unseren Fähigkeiten sein; deshalb werden wir großherziger sein und anderen ebenfalls zu ihrer Macht verhelfen
- weniger von Eifersucht und Neidgefühlen getrieben werden
- weniger autoritär sein
- weniger den Modetrends unterliegen bzw. von ihnen versklavt werden.

Diana, Prinzessin von Wales

Ein Großteil dieses Buches ist unter den Nachwirkungen des plötzlichen Todes von Diana, der Prinzessin von Wales, geschrieben worden. Ein Nachdenken über Dianas Leben und ihren Tod wird zu einem tieferen Verständnis dafür führen, welche Wirkung ein Mensch mit einer sehr gut funktionierenden Chakrentriade aus Wurzel-, Sakral- und Herzchakra auf die Gestaltung der kollektiven und persönlichen Welt haben kann.

Prinzessin Diana wurde zu einer beliebten und mitfühlenden Frau, die über ihre Fähigkeit zur bedingungslosen Liebe hinaus (vgl. auch Seite 315) in ihrem Leben deutlich gezeigt hat, wie notwendig es ist, Themen, die mit Macht zusammenhängen, mit dem Herzchakra in Verbindung zu bringen.

Hinter jedem Problem sah sie den Menschen und das menschliche Leiden, das weitergeht, auch wenn das Protokoll die damit zusammenhängenden Fragen aufschiebt und die Bürokratie überhand nimmt. Unaufhörlich überwand sie die Trennung zwischen dem, was fälschlicherweise aufgewertet worden war, und dem Einfachen. Sie wusste, dass sie die menschliche Stärke besaß, auf einem stillen Teich Wellen zu erzeugen und schreckte nicht davor zurück, genau das zu tun. In der Öffentlichkeit trat sie für soziale Gerechtigkeit ein und setzte ihre Empörung auf effektive Weise ein, um einige Aspekte des Lebens des normalen Bürgers zu verändern.

Trotz eines gewaltigen und häufig verzweifelten Kampfes, bei dem ihre Chancen absolut nicht gut standen, entwickelte sie ein Selbstwertgefühl, das frei von übertriebenem Stolz war und deshalb auch andere Menschen befähigte, eine bessere Sicht ihres Selbst zu gewinnen und Hoffnung für die Zukunft zu schöpfen. Obwohl sie selbst eine persönliche Tragödie durchlebte, bewahrte sie sich ihren ansteckenden Sinn für Freude, Licht und Heilung, der viele andere Menschen trotz der harten Schicksalsschläge, die sie vielleicht selbst gerade erlebten, trotz Krankheit, körperlicher Behinderung oder ihrem bevorstehenden Tod berührte, ihre Stimmung hob und sie segnete.

Die Archetypen: Kreativität, Frieden, Sexualität, Macht und Fülle

Kreativität

Eine nützliche Definition von Kreativität, die zum Nachdenken einlädt, lautet: »Das Zusammenkommen zweier bekannter, jedoch voneinander getrennter Kräfte, um eine neue, vorher unbekannte, bisher noch nicht manifestierte Kraft hervorzubringen.«

Wenn wir uns einen spirituellen Überblick über viele Leben verschaffen und an die Zusammenarbeit unserer Seelen bei der Entscheidung, uns zu inkarnieren oder nicht, glauben, dann können wir sehen, dass wir tatsächlich im weitesten Sinne unsere eigene Welt erschaffen. Zu lernen, unsere persönliche Welt mitzuerschaffen, indem wir die Entwicklung unserer Persönlichkeit mit der Weiterentwicklung unserer Seele verbinden, ist eines der vorrangigen Ziele des spirituellen Wachstums. Deshalb wird Kreativität mit seinem ihm nahe stehenden Partner der Co-Kreativität zur treibenden Kraft, durch die wir leben. Und damit ist sie ein Archetypus.

Als Archetypus bezeichnet Kreativität die machtvolle Verbindung zwischen zwei grundlegenden Prinzipien des Universums, nämlich Yin und Yang. Kreativität verkörpert deshalb auch viele Aspekte der Sexualität und unserer Beziehungen zueinander und zum Universum.

Die Verbindungen zwischen dem Wurzel- und dem Sakralchakra und dem Sakral- und dem Herzchakra sind ausschlaggebend für die Schaffung einer spirituellen Kreativität (vgl. Übung 17, Seite 189 f.). Weitere Informationen über Kreativität finden Sie auf Seite 160 ff.

Frieden

Wenn es zwischen dem Wurzel- und dem Sakralchakra und dem Sakral- und dem Herzchakra eine positive Verbindung gibt, dann entsteht daraus ein Gefühl von Frieden. Vor dem Hintergrund dieses inneren Friedens können wir uns dazu befähigen, selbst in den emotional sehr aufgeladenen Bereichen von Sexualität und Gewalt an unseren Schwierigkeiten zu arbeiten.

Manchmal sehen wir Frieden vielleicht als eine sehr passive Qualität an, aber in Wirklichkeit ist Frieden eng mit Harmonie verbunden, die aktiv und interaktiv ist. Wenn in der Musik ein Ton erklingt, dann wird er zurückgeworfen und hallt wider und erzeugt andere Töne, mit denen er in Harmonie oder in einer Beziehung steht und die ihrerseits widerhallen. Frieden ist ein Ton. Wenn er in uns erklingt und von uns ausstrahlt, dann erzeugt er andere widerhallende Töne, die unser Leben und unsere Beziehungen positiv beeinflussen. Der Energieausgleich und die Energiebewegung, die durch das Praktizieren der Übungen auf den Seiten 189 ff. entstehen, werden Ihnen dabei helfen, Ihr Energiesystem zu harmonisieren und Ihre ganz persönlichen Friedenstöne zu erzeugen. Wenn wir in unserem eigenen Energiefeld Friedenstöne erklingen lassen, dann hallen sie in der Atmosphäre wider und suchen und erzeugen in anderen ein Echo. Wenn wir über Frieden nachdenken, dann gilt hier besonders, dass wir, wenn wir unsere Umgebung verändern möchten, gut daran tun, bei uns selbst anzufangen (vgl. Übung 22 auf Seite 191 f.).

Sexualität

Zu einer geführten Reise in einem Workshop über Sexualität und Spiritualität gehörte auch eine Begegnung mit dem Archetypus Sexualität. Als der Archetypus aufgefordert wurde, zu sprechen und einige seine vielen Seiten zu zeigen, hatten mehrere Gruppenteilnehmer eine Erfahrung, bei der der Archetypus seinen Kummer darüber ausdrückte, wie er mit dem schweren und negativen

Gepäck der Menschen beladen worden war. Die positive Seite dieses Archetypus ist voller Freude, Spontaneität, Spaß, Humor und Kreativität. Es geht um das Feiern des Frauseins und des Mannseins und um das gewaltige Potential, das zwischen den Geschlechtern und zwischen den Prinzipien von Yin und Yang in jedem von uns und im Universum existiert (vgl. auch »Kreativität« auf Seite 182).

Im Bereich der Sexualität haben wir viele Hemmungen entwickelt und uns wurden viele Verbote auferlegt. Die dunkle Seite der Sexualität, die Vergewaltigung, sexuellen Missbrauch, Gewalt, Unterdrückung und Pornographie und anderes umfasst, ist in unserer heutigen Welt weit verbreitet. Es ist sehr ernüchternd, darüber nachzudenken, was mit einem Archetypus passiert ist, der an der Quelle der Lebenskraft angesiedelt ist.

Wenn wir den Archetypus als Unterstützung für unsere persönliche Heilung betrachten, dann müssen wir uns ansehen, was wir selbst ihm auf seine Schultern geladen haben. Wenn wir sehen, was wir loslassen können und welch helle Seite der Archetypus zu bieten hat, dann kann uns das dabei helfen, jegliche Heilung, die wir im Bereich des Sex und der Sexualität brauchen, zu gestalten, zu aktivieren und zu lenken (vgl. Übung 23 auf Seite 197 ff.).

Macht

Macht ist eine Energie. Macht ist an sich weder gut noch schlecht, sie ist einfach nur eine Kraft, die man nicht übersehen kann. Wenn wir an Ausdrücke wie »die Macht, etwas zu tun« usw. denken, dann werden wir den Satz wahrscheinlich mit positiveren Worten und Gefühlen beenden, als wenn wir an Ausdrücke wie »Macht über etwas« denken. In spiritueller Hinsicht verwenden wir Begriffe wie die »Macht zu heilen« oder »die Kraft des Gebets«.

Im *Chambers' English Dictionary* heißt es über Macht:

❾ *Die Fähigkeit, etwas auf physischem, geistigem, spirituellem, rechtlichem Gebiet usw. zu tun; die Fähigkeit, eine Wirkung zu*

erzielen; Stärke, Energie, Fähigkeit des Geistes, treibende Kraft
für alles, das Recht zu befehlen, Autorität, Herrschaft, Ein-
fluss, Kontrolle; das Regierungsamt; die Erlaubnis zu handeln;
Wirkungsvermögen, starker Einfluss oder Herrschaft. ❻

Macht ist fast ein Synonym für Lebenskraft. Ohne Macht erfährt
das Leben eine Stagnation. Sie ist eine Energie, die die Erschaffung
und die Kontinuität des Universums vorantreibt und gleichzeitig eine Kraft, die für physische, geistige, emotionale und spirituelle Zerstörung eingesetzt werden kann. Sie ist eine intensive innere
Kraft, die von uns fordert, dass wir mit ihr zurechtkommen. Ohne
Macht können wir nicht funktionieren. Wenn sie falsch verteilt
oder gehandhabt wird, dann kann sie großes Leid hervorrufen. Die
Macht des Göttlichen ist »ehrfurchterregend«, die Folgen zeitwei-
liger Macht können sowohl »ehrfurchtgebietend« als auch »furcht-
bar« sein!

Zum Archetypus Macht gehört auch Autorität und Führung.
Unsere persönliche Macht und unser Umgang mit unserer eigenen
Macht werden durch unsere Interaktion mit und unsere Beziehung
zu diesen gesellschaftlichen Faktoren beeinflusst.

Häufig wird Macht automatisch als etwas angesehen, das hart,
negativ oder zerstörerisch ist. Diese Interpretation des Archetypus
sagt viel über unsere immer wieder auftretende Unfähigkeit aus,
mit ihm zurechtzukommen. Religiöse und spirituelle Lehren haben die Tendenz, in uns Verwirrung über unsere eigene innere
Macht und Göttlichkeit auszulösen, indem sie uns mit ungelösten
und paradoxen Fragen wie der folgenden konfrontieren: »Sind wir
nach dem Bild Gottes erschaffen worden, und haben wir daher
noch etwas Essentielles oder einen Funken des Göttlichen in uns,
oder sind wir aussätzige, arme Sünder, die des Göttlichen nicht
wert sind und deren innerer Funke entweder nicht existiert oder
durch unsere Vergehen ausgelöscht worden ist?«

Wenn wir über Macht als Archetypus nachdenken, dann müssen

wir uns ihres Potentials für Missbrauch bewusst werden und auch lernen, mit ihrer reinen und vitalen Kraft, die göttlichen Ursprungs ist, zurechtzukommen. Das bedeutet, dass wir lernen müssen, diese Kraft für innere Veränderungen einzusetzen und den Glauben zu entwickeln, dass alle Hindernisse überwunden oder transformiert werden können.

Fülle

Wir können Fülle nur dann als Archetypus ansehen, wenn wir daran glauben, dass sie ein göttliches Prinzip ist. Religiöse Lehren und spirituelle Wege und Disziplinen haben in uns häufig den Glauben geweckt, dass es tugendhaft sei, sich selbst Dinge zu versagen und Abstinenz zu üben. Hedonismus (die Lehre, dass die Lust der höchste Wert sei, Anm. d. Ü.) wird häufig als letztes Hindernis auf dem Weg zu Spiritualität angesehen. Doch paradoxerweise haben religiöse Denker den reichen Mann als von Gott gesegnet und begünstigt angesehen und den armen Mann als jemanden, dessen Hoffnung bzw. Recht auf Gottes Gunst geringer ist. Obwohl das Kirchenlied »All Things Bright and Beautiful« das Lieblingslied vieler Menschen ist und es von Überfluss spricht, enthält es den widersprüchlichen Vers:

❯ *Der reiche Mann in seinem Schloss*
Der arme Mann an seinem Tor,
Gott, der Herr, hat sie alle erschaffen
und ihren Besitz geordnet. ❮

Vielleicht war eine andere Lektion, die Prinzessin Diana uns lehren sollte, das Leben in Fülle. Vom weltlichen Reichtum einmal abgesehen, hat sich Prinzessin Diana ins Leben gestürzt und eine große Menge Erfahrungen gewonnen. Indem sie das tat, machte sie sich verletzbar. Sie litt sogar unter Magersucht und Bulimie, die sie jedoch überwand – gesundheitliche Störungen unserer heutigen Zeit, die in symbolischer Hinsicht sehr viel über unsere Verwirrung in Bezug auf Fülle und Mangel aussagen.

Die Angst vor dem Leben und die Angst vor Mangel führen nicht nur zu Habgier, sondern auch zu Verletzungen des Archetypus Fülle. Wir neigen dazu zu glauben, dass die Dinge rationiert seien und zu Ende gingen; lassen Sie uns diesen Glauben einmal auf emotionale Dinge – insbesondere auf die Liebe – übertragen. So stellen wir Vergleiche an und gehen in einen Konkurrenzkampf. »Wen findest du am besten?« – »Wen liebst du am meisten?« – »Liebst du mich genauso wie ihn?« Das sind Fragen, die viele von uns in der Kindheit unseren Eltern stellen oder in der Pubertät unseren Geliebten. Es scheint, als ob wir diese Fragen für den Großteil unseres Lebens auch an Götter, Göttinnen und das Universum stellen würden.

Wir neigen dazu, die Menschen aus unserer Umgebung in solche zu unterteilen, die wir lieben, und solche, die wir nicht lieben. Selbstverständlich wird es immer eine natürliche Zuneigung und Anziehung geben (vgl. Seite 173 ff.), doch wenn wir dem Denken in Gegensätzen einen übermäßigen Wert beimessen, dann wird es für uns schwierig, zu jenem Ort des Fühlens und Akzeptierens zu gelangen, wo wir das grundlegende Wesen der Menschheit in Ehren halten und vom Menschsein sowohl berührt als auch inspiriert werden. Bevor wir uns der Fülle wirklich öffnen können, müssen wir erst erkennen, dass wir persönlich liebenswert sind und dass das Universum das Potential hat, uns zu lieben und in Ehren zu halten.

An materieller Fülle ist nichts Schlechtes, und wir müssen keine Ressourcen verschwenden, um Überfluss zu schaffen. Für jeden Bereich unserer Bemühungen gilt, dass nicht das, was wir besitzen, verkehrt ist, sondern unsere Einstellung dazu. Nicht-Anhaftung, ein oft zitierter und häufig falsch verstandener Schlüsselbegriff bedeutet nicht, dass wir nichts besitzen dürfen, sondern er besagt lediglich, dass wir nichts horten und unsere Besitztümer nicht als

Mittel zur Machtausübung einsetzen sollten. Überfluss ist ein Fließen. Eine zu große Anhaftung an unseren Besitz schafft unerlaubte Dämme im Fluss. Wenn wir in unserem Leben materiellen Überfluss erschaffen und Geldprobleme loslassen möchten, dann müssen wir uns mit dem Archetypus der Fülle auseinander setzen und uns den Wert zugestehen und uns die volle Erlaubnis geben, zu empfangen und zu besitzen.

Wenn uns beigebracht wird, immer etwas zurückzuhalten und niemals »zu übertreiben«, dann wird uns das Gegenteil und die Verleugnung des Archetypus Fülle beigebracht. Wenn Normen aufgestellt werden, werden diejenigen, die sich nicht anpassen, an den Rand gedrückt, und diese Normen können auch eine Verleugnung von Kreativität darstellen, die in enger Verbindung zu Fülle steht und durch diese auch Inspiration erfährt. Wenn wir mit Hilfe unserer Kreativität etwas erschaffen und deshalb auch ein kreatives Leben führen können, dann wird der Überfluss nie versiegen. Wenn wir die Verbindung zwischen der Wurzel-, Sakral- und Herzchakrentriade aufbauen, dann hilft uns das dabei, persönliche Blockaden, Unsicherheiten und Probleme zu erkennen, die die Manifestation von Fülle in unserem Leben vielleicht behindern. Dadurch werden außerdem Energiemuster in uns aktiviert und geheilt, die den Fluss von Fülle anziehen.

ÜBUNG 17   *Die Energien des Sakralchakras*
und des Wurzelchakras
miteinander verbinden

Diese Übung sollten Sie im Sitzen oder Stehen ausführen, wobei Ihr
Rücken aufrecht und gegebenenfalls abgestützt sein sollte. Sie sollten
Ihre Beine nicht überkreuzen, außer wenn Sie eine Position wie den
Schneidersitz, den Halblotos oder den Lotossitz eingenommen haben.

- Beginnen Sie mit der Beatmung des zentralen Energiekanals (vgl.
  Seite 29).
- Wenn sich ein Gefühl von Zentriertheit eingestellt hat, dann konzentrieren Sie sich auf Ihr Sakralchakra, indem Sie Ihre Aufmerksamkeit auf Ihren Atemrhythmus richten. Atmen Sie durch Ihr Sakralchakra ein und aus und lassen Sie dabei mit jeder Einatmung die
  Atemluft durch die Blütenblätter einströmen und lassen Sie sie mit
  jeder Ausatmung durch den Stiel ausströmen. Sie können sich entweder ausschließlich auf Ihren Atemrhythmus konzentrieren oder
  Sie können, wenn Sie möchten, sich im Geiste die Farbe Bernstein
  oder Orange vorstellen und auf diese Weise zwei Übungen zur Aktivierung Ihres Sakralchakras miteinander kombinieren (vgl. Seite
  204 f. für eine detaillierte Beschreibung dieser Farben).
- Nachdem Sie fünf- bis zehnmal durch Ihr Sakralchakra ein- und aus-
  geatmet haben, verändern Sie Ihr Atemmuster und lenken Ihren
  Atem in die Mitte des Chakras, wobei Sie Ihren Atem dort so lange
  halten, bis Sie bis drei gezählt haben und dann nach unten in Ihr
  Wurzelchakra fünf bis zehn Atemzüge lang in die Erde hinein ausatmen. (Wenn Sie gleichzeitig eine Visualisierung mit Farben ausge-
  führt haben, sollten Sie immer noch mit den Farben Bernstein und
  Orange arbeiten.)
- Wenn Sie sowohl mit Farben als auch mit dem Atem arbeiten, ändern Sie die Farbe jetzt in ein tiefes Rosarot oder in Malve ab (vgl.

Seite 60 f.). Atmen Sie von der Erde aus hoch bis in die Mitte Ihres Wurzelchakras, halten Sie Ihren Atem so lange dort, bis Sie bis drei gezählt haben, atmen Sie dann nach oben in die Mitte Ihres Sakralchakras ein und durch die Blütenblätter dieses Chakras wieder aus (fünf bis zehn Atemzüge lang).

• Beenden Sie diese verbindende Übung, indem Sie noch einmal die oben beschriebene Atemsequenz zwischen Sakralchakra, Wurzelchakra und Erde ausführen (der vorletzte Schritt).

Übung 18   *Die nach unten gerichtete Energiespirale korrigieren*

Diese Übung sollten Sie im Sitzen oder Stehen mit aufrechtem Rücken ausführen (wie oben in Übung 17).

• Beginnen Sie mit der Beatmung des zentralen Energiekanals (vgl. Seite 29).

• Wenn sich ein Gefühl von Zentriertheit eingestellt hat, dann atmen Sie durch die Blütenblätter Ihres Sakralchakras ein und aus. Stellen Sie sich im Geiste eine Energiespirale vor, die von der Mitte Ihres Sakralchakras nach unten durch die nach unten gerichteten Blütenblätter Ihres Wurzelchakras und in die Erde hineinfließt. *(Wenn diese Spirale aus dem Gleichgewicht geraten ist, wie auf den Seiten 223 f. beschrieben, dann zerstreut sich die Energie entweder im Wurzelchakra selbst oder dann, wenn sie die Erde erreicht, ohne dass sie dabei in dem so wichtigen und ergänzenden Energiefluss nach oben aufgenommen wird.)* Stellen Sie sich, um den Gegenfluss zu korrigieren oder zu stärken, einen riesengroßen Diamanten vor, der sich tief unten in der Erde befindet. Stellen Sie sich vor, dass die nach unten gerichtete Energiespirale aus dem Sakralchakra kraftvoll ganz tief nach unten durch die Erde bis in den Diamanten fließt. Nehmen Sie Ihren Atem zu Hilfe, um die

Spirale mit Kraft nach unten in den Diamanten auszuatmen (fünf bis zehn Atemzüge lang).

- Stellen Sie sich jetzt eine Energiespirale vor, die mit Kraft nach oben fließt, aus dem Diamanten in der Erde heraufströmt, durch Ihr Wurzelchakra, Ihr Sakralchakra und den zentralen Energiekanal weiter nach oben strömt und dann durch Ihren Solarplexus bis zur Mitte Ihres Herzchakras fließt. Unterstützen Sie diese Energiespirale auf ihrer Reise, indem Sie sie mit Hilfe Ihres Atems nach oben lenken. Wenn die Spirale die Mitte Ihres Herzchakras erreicht hat, dann atmen Sie sie durch die Blütenblätter Ihres Herzens aus und behalten das Bild der Spirale weiterhin konzentriert in Ihrem Geiste (fünf bis zehn Atemzüge lang).

Diese Übung weist Ähnlichkeiten zu der Übung zur Beatmung des zentralen Energiekanals auf (Seite 29). Hier liegt die Betonung jedoch auf der Korrektur der Energiespirale, so dass kein Energiestau zwischen dem Sakral- und dem Wurzelchakra entsteht (vgl. auch Seite 223 f.).

ÜBUNG 19   **Die Energien des Sakralchakras und des Herzchakras miteinander verbinden**

Nehmen Sie dieselbe Position ein wie in Übung 17 (vgl. Seite 189 f.).

- Beginnen Sie mit der Beatmung des zentralen Energiekanals (vgl. Seite 29).
- Atmen Sie durch die Blütenblätter Ihres Sakralchakras ein und durch seinen Stiel aus. Wenn Sie sich gleichzeitig eine Farbe vorstellen möchten, während Sie sich auf Ihren Atem konzentrieren, dann nehmen Sie Bernstein oder Gold (vgl. Seite 204 f.) (fünf bis zehn Atemzüge lang).

- Atmen Sie durch die Blütenblätter Ihres Sakralchakras ein (verwenden Sie dabei immer noch die Farben Bernstein oder Gold, wenn Sie möchten). Halten Sie Ihren Atem in der Mitte des Sakralchakras und zählen Sie dabei bis drei; lenken Sie Ihren Atem dann durch den zentralen Energiekanal nach oben bis in die Mitte Ihres Herzchakras und atmen Sie durch die Blütenblätter Ihres Herzens wieder aus (fünf bis zehn Atemzüge lang).

- Atmen Sie durch die Blütenblätter Ihres Herzens ein und durch seinen Stiel wieder aus. Wenn Sie gleichzeitig Farben verwenden möchten, dann arbeiten Sie mit Lindgrün (vgl. Seite 135 f.) (fünf bis zehn Atemzüge lang).

- Atmen Sie durch die Blütenblätter Ihres Herzchakras ein und visualisieren Sie dabei weiterhin die Farbe Lindgrün, wenn Sie möchten. Halten Sie den Atem in der Mitte Ihres Herzens und zählen Sie dabei bis drei. Lenken Sie Ihren Atem dann durch den zentralen Energiekanal nach unten in die Mitte Ihres Sakralchakras und atmen Sie durch die Blütenblätter des Sakralchakras aus (fünf bis zehn Atemzüge lang).

Übung 20   ***Die Energien des Wurzelchakras, des Sakralchakras und des Herzchakras zu einer Triade verbinden***

Nehmen Sie dieselbe Position ein wie in Übung 17 (vgl. Seite 189 f.).

- Beginnen Sie mit der Beatmung des zentralen Energiekanals (vgl. Seite 29).
- Wenn sich ein Gefühl von Zentriertheit eingestellt hat, dann atmen Sie durch die Blütenblätter Ihres Herzchakras ein und aus (fünf bis zehn Atemzüge lang).

- Atmen Sie jetzt in die Mitte Ihres Herzchakras ein, halten Sie Ihren Atem dort so lange, bis Sie bis drei gezählt haben, lenken Sie Ihren Atem dann durch den zentralen Energiekanal nach unten in die Mitte Ihres Sakralchakras. Atmen Sie durch die Blütenblätter Ihres Sakralchakras aus (fünf bis zehn Atemzüge lang).

- Atmen Sie jetzt durch die Blütenblätter Ihres Sakralchakras ein, halten Sie Ihren Atem in der Mitte Ihres Sakralchakras und zählen bis drei, lenken Sie Ihren Atem dann nach unten in die Mitte Ihres Wurzelchakras und atmen Sie durch seine Blütenblätter in die Erde aus (für fünf bis zehn Atemzüge).

- Atmen Sie jetzt in die Blütenblätter Ihres Wurzelchakras ein, halten Sie Ihren Atem so lange in der Mitte, bis Sie bis drei gezählt haben, lenken Sie Ihren Atem dann durch den zentralen Energiekanal nach oben in Ihr Herzchakra und atmen Sie durch die Blütenblätter Ihres Herzens aus (fünf bis zehn Atemzüge lang).

- Nehmen Sie jetzt einen tiefen Atemzug durch die Blütenblätter Ihres Herzchakras, stellen Sie ihn sich im Geiste als Energiestrom vor, der durch den Stiel Ihres Herzchakras nach außen strömt, Ihre Wirbelsäule entlangläuft, durch den Stiel des Sakralchakras in dessen Mitte hineingeht und dann nach unten durch den zentralen Energiekanal in Ihr Wurzelchakra strömt und nach draußen in die Erde abfließt (fünf bis zehn Atemzüge lang).

- Atmen Sie durch die nach unten gerichteten Blütenblätter Ihres Wurzelchakras ein und stellen Sie sich Ihren Atem als Energiestrom vor, der in die Mitte Ihres Sakralchakras fließt, dieses über den Stiel verlässt, die Wirbelsäule entlangläuft, über den Stiel Ihres Herzens hinein- und durch die Blütenblätter des Herzchakras wieder herausfließt (fünf bis zehn Atemzüge lang).

- Beenden Sie diese Übung, indem Sie weitere fünf bis zehn Atemzüge Ihren zentralen Energiekanal beatmen.

ÜBUNG 21   *Eine geführte Reise, um Kontakt*
mit dem Archetypus
der Kreativität aufzunehmen

Sorgen Sie dafür, dass Sie ungestört bleiben und legen Sie sich Papier, Schreib- und Malutensilien zurecht. Legen oder setzen Sie sich in eine bequeme Position und halten Sie eine Decke bereit für den Fall, dass Ihnen kalt werden sollte. Sie sollten Ihren Körper symmetrisch ausrichten und Ihre Beine sollten an den Knien oder Fußgelenken nicht überkreuzt sein.

- Beginnen Sie mit der Beatmung des zentralen Energiekanals (vgl. Seite 29). Wenn sich ein Gefühl von Zentriertheit eingestellt hat, konzentrieren Sie sich auf Ihr Wurzelchakra und Ihr Sakralchakra, indem Sie Ihre Aufmerksamkeit auf Ihren Atemrhythmus richten und so diese beiden Chakren aktivieren.
- Lenken Sie Ihren Atem jetzt in Ihr Herzchakra, so dass Ihre Herzenergie mit jeder Ein- und Ausatmung aktiviert wird ... Reisen Sie mit Hilfe Ihres Herzatems in Ihre innere Welt oder Landschaft und stellen Sie sich vor, dass Sie sich auf einer Wiese befinden ... Während Sie Ihre Wiese erleben, aktivieren Sie all Ihre inneren Sinne, so dass Sie Gegenstände und Farben sehen ... hören Sie die Geräusche ... fühlen Sie die Beschaffenheit der Dinge in Ihrer Umgebung ... riechen Sie die Düfte ... und schmecken Sie die unterschiedlichen Geschmacksrichtungen ...
- Während Sie von Ihrer Wiese aus auf Ihre Landschaft schauen, können Sie einen wunderschönen Regenbogen sehen ... Die Stelle, an der der Regenbogen beginnt (oder endet), der sich kraftvoll über der Erde erhebt, ist sehr klar ... Sie wissen, dass Sie in Ihrer inneren Welt Dinge tun können, die in der äußeren unmöglich sind ... Sie können zu der Stelle reisen, an der Regenbogen seinen Ursprung hat ... Wenn Sie an diesem magischen Ort ankommen, sind die Farben

sehr klar ... Sie sind so spürbar, dass man sie fast berühren kann ... Sie scheinen einen Duft und einen Klang zu haben ... In diesem Regenbogen aus Licht wird, wenn Sie ihn dazu einladen, der Archetypus der Kreativität erscheinen, und während Sie ihn beobachten, wird er zu Ihrer Unterhaltung die wunderbaren Farben miteinander vermischen ... Sie werden durcheinander gemischt, aneinander angepasst und verschmolzen werden, bis neue Farben aller Schattierungen, unterschiedlicher Tiefe und Beschaffenheit für Sie erscheinen ... Nehmen Sie wahr, wie zwei Ihnen bekannte Farben, die auf unterschiedliche Weise miteinander vermischt werden, eine neue Palette an Farben und Schattierungen erzeugen ... Während Sie das beobachten, beobachten Sie das grundlegende Zusammenspiel der Kräfte, die Kreativität heißen ...

- Während Sie das Spiel weiterhin beobachten, werden Sie sich eines drängenden Problems, das Sie vielleicht in Ihrem Leben haben oder einer Frage, die einer Antwort oder Lösung bedarf, bewusst, und bitten Sie darum, dass sie vom Archetypus der Kreativität gesegnet werden mögen ... Wenn es kein bestimmtes Problem gibt, das Sie dorthin bringen möchten, dann bitten Sie darum, dass Ihre eigene innere Kreativität gesegnet und inspiriert werden möge ...

- Sie können bis zu fünfzehn Minuten beim Archetypus der Kreativität verweilen, doch spätestens dann sollten Sie ihm für sein Erscheinen danken und den Ursprung des Regenbogens verlassen ... Kehren Sie zu der Wiese zurück, an der Sie mit dieser Visualisierung begonnen haben ... Nehmen Sie allmählich den Atemrhythmus in Ihrem Herzchakra wahr ... Spüren Sie den Kontakt Ihres Körpers zum Stuhl oder Boden ... Kehren Sie vollständig in die äußere Welt zurück ... Stellen Sie sich im Geiste einen Mantel aus Licht vor, an dem sich auch eine Kapuze für Ihren Kopf befindet ...

- Nehmen Sie sich jetzt Zeit, um Ihre Reise aufzumalen oder aufzuschreiben.

ÜBUNG 22   *Eine Reflexion, um Kontakt*
              mit dem Archetypus
              des Friedens aufzunehmen

Sorgen Sie dafür, dass Sie ungestört bleiben, legen oder setzen Sie sich in
eine bequeme Position und richten Sie Ihren Körper symmetrisch aus.
Wenn Sie nicht im Schneidersitz oder der Lotosposition sitzen, sollten
Sie Ihre Beine an den Knien oder Fußgelenken nicht überkreuzen. Unterstützen Sie Ihren Rücken, wenn es nötig ist, und legen Sie sich eine Decke
bereit, um sich damit zuzudecken, falls Ihnen zu kalt werden sollte.

- Beginnen Sie mit der Beatmung des zentralen Energiekanals (vgl.
  Seite 29).
- Wenn sich ein Gefühl von Zentriertheit eingestellt hat, atmen Sie
  durch die Blütenblätter Ihres Sakralchakras ein, in seine Mitte hinein
  und dann nach unten durch das Wurzelchakra in die Erde aus ...
  (fünf bis zehn Atemzüge lang).
- Atmen Sie jetzt durch die Blütenblätter Ihres Herzchakras ein, in seine Mitte hinein, dann durch den zentralen Energiekanal nach unten,
  durch die Mitte des Sakralchakras und das Wurzelchakra hindurch
  und schließlich in die Erde aus ... (fünf bis zehn Atemzüge lang).
- Atmen Sie weiterhin durch Ihr Herzchakra ein und nach unten in die
  Erde aus und beginnen Sie sich im Geiste das Mantra »in Frieden«
  aufzusagen; wiederholen Sie diese beiden Worte immer wieder und
  lassen Sie alle Gedanken oder Bilder, die bei diesem Prozess in Ihrem
  Inneren aufsteigen wie Bilder auf einem sich vor Ihnen befindlichen
  Fernsehbildschirm vorüberziehen; Sie bemerken sie zwar, doch Sie
  bleiben nicht an ihnen hängen ... (zehn bis fünfzehn Minuten lang).
- Stellen Sie sich im Geiste einen Lichtmantel vor, an dem sich auch
  eine Kapuze für Ihren Kopf befindet, und malen oder schreiben Sie
  dann die Eindrücke über das Thema Frieden, die Sie während dieser
  Reflexion gewonnen haben, auf.

ÜBUNG 23　　*Eine geführte Reise, um Kontakt*
mit dem Archetypus
der Sexualität aufzunehmen

Bei dieser geführten Reise gibt es an einem bestimmten Punkt zwei verschiedene Möglichkeiten, die Übung weiterzuführen. Bei der ersten Möglichkeit werden Sie zum Archetypus der Sexualität in seiner positivsten Ausprägung geführt. Bei der zweiten erhalten Sie die Gelegenheit, den Archetypus darum zu bitten, Ihnen jegliche Negativität aufzuzeigen, die er für Sie beinhalten könnte. Sie können beide Teile der Visualisierung bei derselben Gelegenheit ausführen, wenn Sie das möchten; legen Sie zwischendurch lediglich eine Pause ein. Wenn Ihre Sexualität jedoch sehr viel Heilung braucht, dann sollten Sie den zweiten Teil der Übung erst dann machen, wenn Sie sich vollkommen dafür bereit fühlen, oder wenn ein Freund, Partner oder Therapeut, dem Sie vertrauen, Sie bei der Übung unterstützen kann.

Sorgen Sie dafür, dass Sie ungestört bleiben, und legen Sie sich Papier, Schreib- und Malutensilien zurecht. Legen oder setzen Sie sich in eine bequeme Position und legen Sie sich eine Decke bereit für den Fall, dass Ihnen kalt werden sollte. Sie sollten Ihren Körper symmetrisch ausrichten, und Ihre Beine sollten an den Knien oder Fußgelenken nicht überkreuzt sein, außer wenn Sie im Schneider- oder Lotossitz sitzen.

- Beginnen Sie mit der Beatmung des zentralen Energiekanals (vgl. Seite 29). Wenn sich ein Gefühl von Zentriertheit eingestellt hat, konzentrieren Sie sich auf Ihr Wurzelchakra und Ihr Sakralchakra, indem Sie Ihre Aufmerksamkeit auf Ihren Atemrhythmus richten und so beide Chakren aktivieren.
- Lenken Sie Ihren Atem jetzt in Ihr Herzchakra, so dass Ihre Herzenergie mit jeder Ein- und Ausatmung aktiviert wird ... Reisen Sie mit Ihrem Herzatem in Ihre innere Welt oder Landschaft und stellen Sie sich vor, dass Sie sich auf einer Wiese befinden ... Während Sie Ihre Wiese erleben, aktivieren Sie all Ihre inneren Sinne, so dass Sie die

Gegenstände und Farben sehen ... Lauschen Sie den Geräuschen ...
Fühlen Sie die Beschaffenheit der Dinge in Ihrer Umgebung ... Riechen Sie die Düfte ... und schmecken Sie die unterschiedlichen Geschmacksrichtungen ...

- Suchen Sie sich einen ruhigen, sonnigen Platz auf der Wiese, wo
Sie eine Weile sitzen und nachdenken können ... Es ist gut, wenn Sie
mit Ihrem Rücken gegen einen Baum oder Stein gelehnt sitzen ...
Während Sie sich im Geiste auf die Begegnung mit dem Archetypen
der Sexualität vorbereiten, können Sie über Fragen nachdenken, die
Sie ihm gerne stellen würden, und sich der Aspekte Ihrer Sexualität
bewusst werden, die einer Heilung bedürfen ... (fünf Minuten lang).

- Von der Wiese aus können Sie auf Ihre Landschaft blicken ... Fangen Sie nun an, sich in der Gegend umzuschauen und sprechen Sie,
während Sie das tun, Ihren Wunsch aus, dem Archetypen der
Sexualität zu begegnen ... Irgendwo auf einer Erhebung in Ihrer
Landschaft können Sie einen Lichtbereich ausmachen, und Sie wissen, dass das ein sicherer Ort ist, um dem Archetypus zu begegnen ... Bewegen Sie sich innerhalb der nächsten drei Minuten zu diesem Ort hin und suchen Sie sich noch einmal einen Platz, an dem Sie
sich bequem niederlassen und den Archetypen bitten können, Ihnen
zu erscheinen ... Denken Sie daran, dass Sie dem reinen Archetypus
der Sexualität in seiner positivsten Form begegnen ...

*An dieser Stelle sind wir bei der Arbeit mit dem Archetypus an den zwei unter-
schiedlichen Möglichkeiten weiterzumachen angelangt. Vielleicht möchten Sie
die oben beschriebenen Anweisungen noch einmal durchlesen, bevor Sie zum
nächsten Übungsteil übergehen.*

1. MÖGLICHKEIT

- Wenn Ihnen der Archetypus erscheint, dann stellen Sie ihm alle Fragen, die Sie haben, oder teilen Sie ihm mit, für welche Aspekte Ihrer
Sexualität Sie sich Heilung wünschen ... Der Archetypus kann zu Ih-

nen sprechen, es kann sich ein inneres Wissen bei Ihnen einstellen, oder vielleicht sehen Sie auch ein Symbol oder erhalten ein symbolisches Geschenk … (fünf bis zehn Minuten lang).

Wenn Sie jetzt nicht mit der zweiten Möglichkeit weitermachen möchten, dann kehren Sie zu Ihrer Wiese zurück, werden Sie sich Ihres Atems bewusst und nehmen Sie den Kontakt Ihres Körpers zum Stuhl oder Boden wahr. Umhüllen Sie sich mit einem Lichtmantel, an dem sich auch eine Kapuze für Ihren Kopf befindet, und nehmen Sie sich Zeit, um Ihre Reise aufzumalen oder aufzuschreiben.

2. Möglichkeit

- Jetzt können Sie den Archetypus der Sexualität bitten, Ihnen etwas von dem Negativen zu zeigen, das er für Sie auf sich geladen hat, und Sie können ihn um Hilfe dabei bitten, Ängste, Hemmungen oder negative Glaubenssätze loszulassen, die Sie daran hindern, Ihre eigene wahre sexuelle Natur und Neigung verantwortlich zu leben … (fünf Minuten lang).

- Fragen Sie den Archetypus der Sexualität, wie Sie dazu beitragen können, sich selbst und ihn von dieser schweren Last zu befreien … Auch jetzt kann es sein, dass Sie in Ihrem Inneren hören, wie der Archetypus zu Ihnen spricht, Sie können ein inneres Wissen erfahren, ein Symbol sehen oder ein symbolisches Geschenk erhalten … (fünf Minuten lang).

- In dem Wissen, dass Sie zu dem Teil Ihrer inneren Landschaft immer zurückkehren können, auf dem Sie sich einmal aufgehalten haben, danken Sie dem Archetypus der Sexualität und verabschieden Sie sich von ihm, um zu Ihrer Wiese zurückzukehren … Werden Sie sich von dort aus Ihres Atems bewusst und nehmen Sie den Kontakt Ihres Körpers zum Stuhl oder Boden wahr … Stellen Sie sich im Geiste einen Lichtmantel vor, an dem sich auch eine Kapuze für Ihren Kopf befindet … Kehren Sie vollständig in die äußere Welt zurück und nehmen Sie sich Zeit, um Ihre Reise aufzumalen oder aufzuschreiben.

ÜBUNG 24   *Über Ihre Verbindung zum*
              Archetypus der Macht nachdenken

Sorgen Sie dafür, dass Sie ungestört bleiben und dass Papier, Schreib-
und Malutensilien griffbereit in Ihrer Nähe liegen. Nehmen Sie im Liegen oder Sitzen eine bequeme Position mit aufrechtem Rücken ein. Ihr
Körper sollte symmetrisch ausgerichtet sein und Ihre Beine sollten an
den Knien oder Fußgelenken nicht überkreuzt sein. Legen Sie sich eine
Decke bereit für den Fall, dass Ihnen kalt werden sollte.

- Beginnen Sie mit der Beatmung des zentralen Energiekanals (vgl.
  Seite 29).
- Wenn sich ein Gefühl von Zentriertheit eingestellt hat, fangen Sie
  an, einen Brief an den Archetypus der Macht zu schreiben. Thema
  dieses Briefes ist ein Rückblick über Ihr Leben, der bei der Gegenwart beginnt und in Abständen von sieben Jahren so weit zurück-
  geht, wie Sie wünschen, wobei Sie sich alle Ereignisse in Ihrem Leben, die Ihre Beziehung zur Macht beeinflusst haben, in Erinnerung
  rufen sollten.
- Sie können zum Beispiel bei dem heutigen Tag beginnen und Folgendes aufschreiben:

  Lieber Archetypus der Macht,
  Im Augenblick habe ich das Gefühl, dass ich folgende Bereiche meines Lebens
  im Griff habe: ...
  Ich habe das Gefühl, einen Teil meiner Kontrolle zu verlieren, wenn ich durch
  folgende Personen oder Umstände in eine schwierige Lage gebracht werde: ...
  Vor sieben Jahren hatten folgende Aspekte meines Lebens mit Macht zu tun: ...
  Vor sieben Jahren, als du mir geholfen hast, Folgendes zu tun: ...

- Gehen Sie, wenn Sie können, bis zum Zeitpunkt Ihrer Geburt zurück.
  Obwohl Sie sich nicht an diese Zeit erinnern werden, sind Ihnen be-

stimmte Ereignisse im Zusammenhang mit Ihrer Geburt oder den Umständen, unter denen sie stattgefunden hat, erzählt worden. Schreiben, malen oder denken Sie darüber nach, wie die Macht in Ihrer Familie zur Zeit Ihrer Geburt verteilt war.

- Wenn Sie Ihren Rückblick nicht in allen Details aufschreiben möchten, dann können Sie ihn auch mit Hilfe von Schlüsselbegriffen niederschreiben oder eine Reihe von Zeichnungen anfertigen.
- Wenn Sie nicht Ihr ganzes Leben während einer Sitzung aufschreiben möchten, dann können Sie diese Übung auch über einen längeren Zeitraum ausführen.

ÜBUNG 25　*Innere Fülle (Eine geführte Reise)*

Sorgen Sie dafür, dass Sie ungestört bleiben und legen Sie sich Papier, Schreib- und Malutensilien zurecht. Legen oder setzen Sie sich in eine bequeme Position mit aufrechtem Rücken, richten Sie Ihren Körper symmetrisch aus. Ihre Beine sollten an den Knien oder Fußgelenken nicht überkreuzt sein, außer wenn Sie im Schneider- oder Lotossitz sitzen. Legen Sie sich eine Decke bereit, falls Sie möchten.

- Beginnen Sie mit der Beatmung des zentralen Energiekanals (vgl. Seite 29).
- Wenn sich ein Gefühl von Zentriertheit eingestellt hat, beginnen Sie damit, durch die Blütenblätter Ihres Herzchakras ein- und auszuatmen ... Reisen Sie mit Hilfe Ihres Herzatems in Ihre innere Landschaft und stellen Sie sich vor, dass Sie auf einer Wiese ankommen ...
- Während Sie sich auf Ihrer Wiese aufhalten, nehmen Sie die Gelegenheit wahr, all Ihre inneren Sinne zu aktivieren ... Sehen Sie die Gegenstände und Farben ... Lauschen Sie den Geräuschen ... Riechen Sie die Düfte ... Fühlen Sie die Beschaffenheit der Dinge in Ihrer Um-

gebung ... Schmecken Sie die unterschiedlichen Geschmacksrichtungen ...

- Sie werden Ihre innere Landschaft jetzt von einem höher gelegenen
  Punkt aus überblicken, und Sie können sich aussuchen, wie Sie das
  tun wollen:
  - Sie können zu einer Erhebung in Ihrer Landschaft reisen.
  - Sie können auf einem Zauberteppich fliegen, den Sie zu sich ru-
    fen können und der sich ganz unter Ihrer Kontrolle befindet.
  - Sie können auf einem Pferd, auf einem Einhorn, einem geflügel-
    ten Pferd oder einem geflügelten Einhorn reiten oder aber auf
    einem großen Vogel oder auf dem Rücken eines anderen Tieres,
    das Sie sich vor Ihrem inneren Auge vorstellen.
  - Sie können einen Regenbogen hinaufklettern, auf einer einzigen
    Farbe, auf einem Sonnenstrahl oder einem Mondstrahl nach
    oben gelangen.
  - Sie können Hand in Hand mit einer inneren weisen Figur, einem
    Beschützer oder Engel fliegen.
- Sie können sich entweder bewusst für Ihr Transportmittel entscheiden oder es kommt während Ihrer Visualisierung auf natürliche Weise zu Ihnen ... Wenn Sie für die Reise bereit sind, dann machen Sie
  sich auf den Weg, um Ihre Landschaft von oben zu betrachten, und
  nehmen Sie den Schlüsselbegriff »Fülle« mit ...
- Werden Sie sich auf Ihrer Reise all der Bereiche Ihrer Landschaft
  bewusst, die üppig, fruchtbar und wunderschön sind ...

Alles, was für Fülle steht, kann in Ihrer Landschaft vorhanden sein:

- reife Getreidefelder
- Obstgärten, die in voller Blüte stehen, oder Bäume, die reich mit
  Obst behangen sind
- Reißende Flüsse oder Wasserfälle
- Üppige, feuchte Wiesen
- Baumbestandene Berghänge mit Alpenwiesen, auf denen Kühe
  weiden
- Blaue Meere mit Sandstränden

- Wunderschöne Seen
- Dicke, fruchtbare Wälder
- Von der Sonne erwärmte, jedoch nicht verbrannte Plätze
- Gegenden, die reich mit Blumen bewachsen sind
- Mit Kristallen und Juwelen besetzte Höhlen
- Gold- oder Silberminen, die in gutem Zustand sind und die Landschaft nicht verschandeln
- Orte voller Frieden
- Ewig brennende Feuer oder Flammen, die nicht zerstören
- Tiefe Ozeane mit reichem Fischbestand
- Orte mit einem großen Reichtum an Tieren

Hier handelt es sich um Vorschläge. Es kann sein, dass Sie alles oder nur einiges davon in Ihrer Landschaft vorfinden oder dass Sie noch andere Bereiche kennen, die für Sie Fülle bedeuten ...

- Nehmen Sie sich für die Betrachtung Ihrer inneren Fülle zehn Minuten Zeit und kehren Sie dann zu Ihrer Wiese zurück ...
- Verweilen Sie noch einige Momente auf Ihrer Wiese, bevor Sie in die äußere Welt zurückkehren, um über Ihre innere Fülle nachzudenken, darüber, wie sie verteilt ist, und über die Leichtigkeit, mit der Sie sie gefunden haben ...
- Fragen Sie sich, wie Sie sich in Bezug auf diese innere Fülle fühlen ...
- Danken Sie Ihren Reisegefährten, wenn Sie welche hatten, und kehren Sie von der Wiese zum Bewusstsein Ihres Atems in Ihrem Herzchakra zurück ... Fangen Sie an, wieder bewusst Ihren Körper und Ihre äußere Umgebung wahrzunehmen ... Stellen Sie sich im Geiste einen Lichtmantel vor, an dem sich auch eine Kapuze für Ihren Kopf befindet, und lassen Sie sich von ihm einhüllen ...
- Nehmen Sie sich Zeit, um Ihre Reise aufzuzeichnen oder aufzuschreiben, und denken Sie über alles nach, was diese Reise Sie über Ihre innere Beziehung zu Fülle gelehrt hat.

Farben

Die Farben für das Sakralchakra sind Orange, Bernstein und Gold (nicht-metallisch). Sie sind Farben der Lebenskraft.

In positiver Hinsicht ist Orange eine warme Farbe, die Energie spendet. Für manche Menschen kann sie in einem lebhafteren Ton als schwächend oder konfrontativ erlebt werden. Wenn Ihre persönliche Reaktion auf Orange so aussieht, dann konzentrieren Sie sich mehr auf Bernstein und die Goldtöne.

In der Erholungsphase nach einer Krankheit, wenn Sie sich müde fühlen oder einfach nur eine Energiespritze brauchen, dann kann es von wohltuender Wirkung sein, wenn Sie sich im Geiste vorstellen, wie orangefarbenes Licht in Ihr Sakralchakra einströmt. Eine Schüssel mit Orangen in Ihrem Zimmer oder orange- oder bernsteinfarbenes Glas, das im Fenster hängt und durch das Sonnenlicht fallen kann, sind der allgemeinen Vitalität und der Entwicklung des Sakralchakras förderlich.

Negative Schattierungen von Orange erzeugen Disharmonie und können Unruhe oder sogar Gewalt erzeugen.

Bernstein ist eine Farbe, die wir im Alltag verwenden, um auf Vorsicht hinzuweisen oder darauf, an Dinge mit Vorsicht heranzugehen. Mit anderen Worten, es wird dazu verwendet, um uns daran zu erinnern, achtsam zu sein. Eine der grundlegendsten und wirkungsvollsten spirituellen Lektionen, die es zu lernen gilt, besteht darin, die ganze Zeit und in allen Situationen präsent zu sein. Präsenz hilft uns dabei, uns vor dem Unvorhergesehenen oder den negativen Seiten des Lebens zu schützen. Wenn wir sehr präsent sind, dann sind wir automatisch in der Lage, Situationen vorwegzunehmen. Wir sind »am Ball« und können uns aus diesem Grunde auf unsere Handlungen vorbereiten, egal, ob wir einer Situation ausweichen, uns mit ihr konfrontieren oder an ihr teilhaben möchten.

In negativer Hinsicht kann Bernstein uns übervorsichtig machen oder unspezifische Ängste oder Sorgen in uns auslösen.

Nicht-metallisches Gold ist eine warme, glühende Farbe, die Kreativität, insbesondere in menschlichen Beziehungen, hervorbringt.

Negative oder dunkle Goldtöne können Depressionen oder Lethargie auslösen.

Verwenden Sie diese Farben wie in Übung 8 (Seite 61) vorgeschlagen, um Ihr Sakralchakra zu entwickeln, es zu erwecken und zu heilen.

Die Farben für das Wurzelchakra sind Rot, Braun und Malve; diejenigen für das Herzchakra Lindgrün, Rosa und Amethystrosa. Wenn Sie die Farben in Ihrem Wurzel- und Herzchakra stärken möchten, finden Sie die entsprechenden Vorschläge in Übung 8 (Seite 61).

Düfte

Moschus und Ambra regen das Sakralchakra an, wohingegen Rosmarin und Rosengeranium es beruhigen. Moschusöl ist wie Ambra ein pflanzliches Produkt, und diese Düfte sollten nicht mit den Tierextrakten, die häufig in der Parfumindustrie verwendet werden, verwechselt werden. Verwenden Sie die anregenden Düfte, wenn Sie eher zu Passivität neigen, es Ihnen an Vitalität fehlt und Sie Schwierigkeiten haben, Entscheidungen zu treffen, oder wenn Sie eine größere sexuelle Vitalität benötigen. Verwenden Sie die beruhigenden Düfte, wenn Sie hyperaktiv sind, Angst vor einem Kontrollverlust haben oder es Ihnen schwer fällt, zu »spielen«, zu entspannen oder zu schlafen.

Beruhigende Düfte für das Wurzelchakra sind Zedernholz und Patchouli, anregende Düfte sind Moschus, Lavendel und Hyazinthe. Beruhigende Düfte für das Herzchakra sind Sandelholz und Rose, anregende Düfte sind Kiefer und Geißblatt. Auf Seite 62 f. finden Sie weitere Informationen über den Gebrauch der Düfte.

Sie können damit experimentieren, Düfte für die Verbindung zwischen Sakral- und Wurzelchakra und für die Verbindung zwischen Sakral- und Herzchakra miteinander zu vermischen.

Edelsteine und Kristalle

Auf Seite 63 f. und im Glossar finden Sie eine allgemeine Anleitung zum Gebrauch von Edelsteinen und Kristallen. Bei den in diesem Kapitel behandelten Themen sind folgende Edelsteine und Kristalle besonders hilfreich:

Achat   Stärkt Ihre Beziehung zum Leben und bringt Lebensfreude. Er fördert Fülle und unterstützt die Heilung von Ängsten oder Wunden, die durch Armut oder Entbehrung entstanden sind. Er gleicht die männlichen und weiblichen Energien in Ihrem Inneren aus. Er hilft uns dabei, unseren Kinder eine gute Mutter oder ein guter Vater zu sein.

Aventurin   Hilft, Blockaden in Bezug auf Kreativität zu lösen und aktiviert die Vorstellungskraft.

Jaspis   Dieser Stein verleiht Macht und verhilft dazu, in die eigene Macht zu kommen. Das Wasserelement wird häufig als instabil und übersensibel interpretiert, doch es kann auch geleitet werden und aktiv und voller Kraft sein. Der Jaspis fördert das Erblühen dieser letztgenannten Eigenschaften, womit kein Verlust an Feinfühligkeit verbunden ist.

Chrysoberyll   Ein wunderschöner Stein, der viele verschiedene Farben und Formen haben kann, zu denen unter anderem Smaragdgrün gehört. Chrysoberylle sind vergleichsweise selten und teuer, doch sie ziehen Freundlichkeit und Großzügigkeit an und erzeugen auch diese Eigenschaften. Dieser Stein belebt all Ihre Energien und wird manchmal auch als »Stein der ewigen Jugend« bezeichnet.

Angelit   Ein Stein, der, wie der Name schon sagt, hilft, die Segnungen der Engel anzuziehen. Er ist ein Stein der Transformation, der dabei unterstützt, die Last alter Muster und Blockaden abzulegen.

Gebete bzw. Affirmationen

Das Gebet bzw. die Affirmation für das Wurzelchakra lautet:

Möge der Geist durch den Akt der Inkarnation in die Materie hineingebracht werden. Möge die Lebenskraft durch die Verbindung mit der Erde energetisch aufgeladen und ausgetauscht werden. Wir erkennen die Ganzheit an und streben danach, akzeptiert zu werden und andere zu akzeptieren.

Das Gebet bzw. die Affirmation für das Sakralchakra lautet:

❯ *Möge die Einheit der Menschen untereinander und mit der Erde wirkliche Kreativität ermöglichen. Möge die Loslösung von einem Gefühl von Sünde und Wertlosigkeit uns zu einem vollständigeren Wissen hinsichtlich unserer Befähigung als Mitschöpfer, die mit dem Göttlichen eins und gleichzeitig Teil davon sind, führen.* ❮

Das Gebet bzw. die Affirmation für das Herzchakra lautet:

❯ *Im goldenen Zentrum der Rose des Herzens möge sich zartes Mitgefühl mit bedingungsloser Liebe vereinen. Möge wahre Loslösung Wachstum und Kontinuität ermöglichen. Möge durch das Verständnis der Geburt im Tod und des Todes in der Geburt echte Transformation geschehen.* ❮

Vorschläge, wie Sie Gebete oder Affirmationen anwenden können, finden Sie auf Seite 64.

KAPITEL 7

Gesang von mir selbst:
Das Individuum in der Welt

Schlüsselthemen:
Das Puzzlespiel des Selbst, Arbeit und Ausdruck
in der Welt, Gehörtwerden und die eigene
Stimme finden

Chakrenpaare:
Sakralchakra und Solarplexus, Sakralchakra und
Kehlchakra

Archetypus:
Die Welt

Dieses Kapitel wird Ihnen helfen:

- tiefere Einsichten in die zahlreichen Aspekte
  Ihrer Persönlichkeit zu gewinnen
- die Kraft des Selbstausdrucks besser zu
  verstehen und einen leichteren Zugang zu ihr
  zu gewinnen

Bereiche, denen die Chakren zugeordnet werden

Eine Liste der Bereiche, denen das Sakralchakra zugeordnet wird, finden Sie auf Seite 154.

Der Solarplexus
Lage: Direkt unter dem Brustbein, erstreckt sich bis zum Nabel (der Stiel befindet sich in derselben Höhe auf dem Rücken)
Schlüsselworte: Logik, Verstand, Meinung, Aufnahme von Informationen, übersinnliche Intuition
Entwicklungsalter: Zwischen dem 8. und 12. Lebensjahr
Farben: Gelb, Gold, Rosa
Element: Feuer
Sinn: Sehsinn
Körper: Astralkörper
Zugeordnete Drüse: Nebennieren
Beruhigende Düfte: Vetiver, Rose
Anregende Düfte: Bergamotte, Ylang-Ylang
Edelsteine und Kristalle: Gelber Zitrin, Apatit, Calcit, Kunzit, Rosenquarz, Pyrit (Katzengold), Topas, Malachit

Gebet bzw. Affirmation
Mögen durch das Geschenk des Feuers der Verstand, das logische Denken, die Meinungsfindung und die Aufnahme von Informationen sich mit wahrer Inspiration verbinden, so dass wir nicht in Begrenzungen und Trennungen gefangen sein mögen.

Das Kehlchakra
Lage: Hals (die Blütenblätter befinden sich an der Vorderseite, der Stiel an der Rückseite)
Schlüsselworte: Ausdruck, Verantwortung, Kommunikation, universelle Wahrheit
Entwicklungsalter: Zwischen dem 15. und 21. Lebensjahr

Farben: Blau, Silberfarben, Türkis
Element: Äther / Akasha
Sinn: Hörsinn
Körper: Mentalkörper
Zugeordnete Drüse: Schilddrüsen und Nebenschilddrüsen
Beruhigende Düfte: Lavendel, Hyazinthe
Anregende Düfte: Patchouli, Weißer Moschus
Kristalle und Edelsteine: Lapislazuli, Aquamarin, Sodalith, Türkis, Saphir

Gebet bzw. Affirmation

Hilf uns, Verantwortung zu entwickeln. Möge die universelle Wahrheit das kausale Handeln durchdringen, so dass sich die Stimme der Menschheit mit der Stimme der Erde in wahrer Harmonie verbinden kann.

Das Sakralchakra und der Solarplexus als Chakrenpaar

Der Solarplexus ist ein komplexes Zentrum, was sich auch in der Bandbreite der Schlüsselbegriffe widerspiegelt. Vielleicht ist ein Großteil seiner Komplexität auf die Verbindung mit dem niederen Willen, der Persönlichkeit und dem Ego zurückzuführen. Wenn wir das Leben aus spirituellerer Sicht betrachten und dem Leben einen Sinn verleihen, dann muss sich das niedere Selbst bzw. das Ego anerkannt und respektiert fühlen, bevor es beginnen kann, mit der höheren Bestimmung zusammenzuarbeiten.

Persönlichkeit und Ego

Es gibt ein traditionelles spirituelles Gebot, das den Reisenden auf dem Weg anleitet, »sein Ego zu verlieren«. Dieses Gebot wird häufig falsch verstanden und ohne Zusammenhang zitiert. Nach meinem Gefühl liegt hier eine Fehlinterpretation vor. Diese Worte sind für sich allein genommen als Schlüsselbegriffe auf dem Weg zur

Spiritualität zweifelhaft und gefährlich; sie ermöglichen nicht, zwischen der Welt der Psyche und der Spiritualität eine Brücke zu schlagen.

Unser Ego ist unsere Identität. Es muss erst eine gewisse Stärke erreicht haben, bevor wir es gefahrlos genauer untersuchen können. Einige psychotische Zustände gehen mit dem Verlust des Ego einher. Es gibt sehr viele Beispiele von Menschen, die sich auf dem spirituellen oder religiösen Weg verloren haben und sich dann einer psychiatrischen Behandlung unterziehen mussten, einfach deshalb, weil die Struktur ihres Ego nicht stark genug war, um die Intensität der von ihnen angetretenen spirituellen Reise auszuhalten.

Spiritualität kann psychologisches Wachstum nicht *ersetzen*, aber psychologisches Wachstum kann uns ohne Spiritualität auch nicht alle unsere Fragen beantworten. Wenn beide jedoch Hand in Hand gehen, dann kann das menschliche Potential unerwartete Höhen erreichen. Letztlich, und das scheint im Widerspruch zu dem Vorhergesagten zu stehen, hängt das Erreichen spiritueller Ziele davon ab, das Ego zu *überwinden und aufzugeben*, ein Prozess, der sich mit Anmut und Freude und im Einklang mit dem höheren Willen und einem höheren Sinn vollzieht. Wenn das, was aufgegeben wird, ein starkes und gut gestimmtes Werkzeug ist, dann ist es für den höheren Willen ein potentiell besseres Instrument.

Der Solarplexus richtet unsere Aufmerksamkeit also auf die Entwicklung unserer Persönlichkeit. Gleichzeitig ist er jedoch mit dem Feuerelement verbunden und ist der Sitz der visionären Kraft. Wenn der Solarplexus auf gesunde Weise funktioniert, dann kann sich sowohl unsere physische als auch unsere spirituelle Sehkraft verbessern. Die Frage, die uns der Solarplexus zu stellen auffordert, lautet: »Wie sehe ich die Welt und wie sieht die Welt mich?«

Logik, Verstand und Meinung

Die Schlüsselbegriffe Logik, Verstand und Meinung gehören auf jeden Fall zu den Aspekten des Solarplexus, die mit unserer Persön-

lichkeit und unserer Fähigkeit, mit weltlichen Dingen zurechtzukommen, verbunden sind. In unserem Leben brauchen wir eine logische und vernünftige Herangehensweise. Wir müssen in der Lage
sein, unsere persönliche Meinung zu formulieren und auszudrücken.
Eine unabhängige Verstandeskraft ist notwendig, um Lebensentscheidungen zu treffen, die es uns erlauben, unser volles persönliches
Potential zu erreichen. Intellekt und Verstand haben eine wichtige
Beziehung zum Solarplexus. Das Sakralchakra und seine Verbindung
zum Wurzel- und zum Herzchakra hat etwas mit der eigenen Ermächtigung zu tun, wie wir in Kapitel 6 gesehen haben. Der Solarplexus wiederum leistet seinen eigenen Beitrag zu dem kontinuierli-
chen Prozess der Entwicklung der eigenen Macht. Wir können weder
unsere persönlichen Meinungen herausbilden oder behaupten, noch
diejenigen der Gesellschaft in Frage stellen, ohne über die Fähigkeiten der Logik, des Verstandes und der Meinung zu verfügen.

Die hellsichtigen Fähigkeiten

Obwohl man den Solarplexus als »Sitz« des niederen Willens bezeichnen kann, ist er aufgrund seiner Verbindung zum Sehsinn und
zu den Eigenschaften der übersinnlichen Intuition auch das Zentrum, durch das wir uns anderer Welten bewusst werden und erkennen, dass es mehr als nur eine Realität gibt.

Bei vielen Menschen, die anfangen, sich für spirituelles und esoterisches Wissen zu interessieren, besteht Verwirrung hinsichtlich
des Unterschiedes zwischen den Begriffen »psychic« = psychisch,
seelisch bzw. übersinnlich, hellsichtig, »spiritual« = spirituell und
den Gebrauch des Wortes »psyche« = »Psyche« in der Psychologie
und der Psychotherapie.

In psychologischer Hinsicht bezieht sich »psychic« = psychisch
auf das, was mit der »Psyche« zu tun hat (vgl. Glossar). Der Begriff
wird verwendet, um die ineinander greifenden Persönlichkeits-
und Verhaltensmuster zu beschreiben, die jedes Individuum zu
einem einzigartigen und vielseitigen Wesen machen.

Im Bereich der Esoterik wird das Wort »psychic« im Sinne von hellsichtig, übersinnlich verwendet, um eine bestimmte Art von Sensibilität zu beschreiben. Ein hellsichtiger Mensch kann bestimmte Vorahnungen haben, die ihm entweder im Traum, durch Eingebungen oder einfach durch Wissen kommen. Menschen, die in Kristallkugeln lesen, setzen ihre hellsichtigen Fähigkeiten ein. Tarotkarten, Handlesen und astrologische Deutungen nehmen erneut ihren Platz als ernst zu nehmende Wissensgebiete ein, die in spiritueller Hinsicht wertvolle Anregungen geben können. Hinzu kommt, dass sie auch auf einer hellsichtigen Ebene – und besonders auf dieser – ausgeübt werden können.

Die Fähigkeit des Hellsehens und der übersinnlichen Wahrnehmung insgesamt spielt beim spirituellen Wachstum und der spirituellen Praxis eine wichtige Rolle. Sie muss allerdings weitergeführt und mit den höheren Zentren im Chakrensystem verbunden werden, wenn sie sich auf einen größeren Bereich als die materielle Welt, die Zukunft, unser Liebesleben, »Glücksfälle« und all die anderen Bereiche, die in der Regel mit Wahrsagen assoziiert werden, beziehen soll.

Einige Menschen sind von übersinnlichen Phänomenen so fasziniert, dass ihre Suche nach Beweisen für die Richtigkeit der Telekinese, des Löffelbiegens, des Uhrenanhaltens, der Erscheinungen von Poltergeistern und der Psychometrie zu ernsthaften Hindernissen auf ihrem spirituellen Weg werden kann. Andere Menschen, die das Übersinnliche mit dunklen, okkulten Praktiken verwechseln, werden sehr ängstlich und ziehen sich häufig hinter die eng gesteckten Grenzen dogmatischer Religionen zurück.

Die Welt des Übersinnlichen kann tatsächlich eine sehr große Faszination ausüben und sehr viel Angst einflößen, doch die hellsichtige bzw. übersinnliche Energie ist ein notwendiger Bestandteil der Vision und Macht, welche uns befähigen, unsere spirituelle Richtung zu sehen, zu definieren, umzusetzen und an den notwendigen Punkten zu verändern.

Das Feuerelement

Feuer verzehrt, doch es setzt ebenso Prozesse in Gang, führt Veränderungen herbei und ermöglicht Assimilation. Wir können uns selbst als vor Verlangen, Leidenschaft und Absicht brennend beschreiben, oder wir können sagen, dass wir durch unsere Vorstellungskraft oder unseren Geist *angefeuert* werden.

Bei einer Unterfunktion des Solarplexus neigen wir dazu, in einer unpassenden Tretmühle stecken zu bleiben und sind nicht in der Lage zu sehen, wie wir in unserem Leben kreative Veränderungen herbeiführen können. Unser Sehvermögen und unsere Handlungsfähigkeit können blockiert sein. Ein aktives Feuerelement, das von einem gut funktionierenden Solarplexus mit Energie versorgt wird, erfüllt unser Leben mit Freude und Leidenschaft.

Ein überaktiver Solarplexus oder ein übersteigertes Feuerelement kann uns zu feurig und reizbar machen, wir fühlen uns unbehaglich, haben eine trockene Haut und verhalten uns uns selbst und anderen Menschen gegenüber zu spitz. Unser Körper verbrennt die Nahrung vielleicht zu schnell und nimmt Nährstoffe nur unzureichend auf.

Teilpersönlichkeiten

Der Solarplexus steht mit der Entwicklung und dem Ausdruck des niederen Willens sowie mit der Persönlichkeit und dem Ich in Zusammenhang. Er braucht die dynamische Anregung und die Eigenschaften, die aus dem Sakralchakra kommen, um die Entwicklung dieses grundlegenden Teils in uns zu unterstützen. Wenn wir anfangen, unsere inneren Antriebe und Konditionierungen zu akzeptieren, dann können das Sakralchakra und der Solarplexus gut zusammenarbeiten.

Wenn sich die Energie des Sakralchakras mit der des Solarplexus vereint, dann bringt uns das zu der grundlegenden Frage: »Wen oder was meine ich, wenn ich das Wort ›Ich‹ ausspreche?« Wenn wir uns diese Frage stellen, werden wir uns unserer Vielfalt und

Komplexität bewusst. Irgendwo gibt es ein zentrales, integrierendes »Ich«, doch es kann bei der Beobachtung schwer zu fassen sein, dass »ein Teil von mir dieses fühlt und ein anderer Teil jenes ...« Wenn es um Entscheidungen geht, stellt sich die Frage, wie wir letztlich dorthin gelangen können, was das »Ich« als zentrales Wesen möchte, oder wie wir die Fähigkeit erlangen, einen kreativen Kompromiss zu schließen, der all die reichen Anteile umfasst, die einen Beitrag zu leisten haben?

Das ist das Dilemma, mit dem wir in unserem Leben konfrontiert sind. In psychologischer und weltlicher Hinsicht bilden diese Fragen nicht nur die Grundlage bei der Suche nach dem »Ich«, sondern sie steuern auch den Antrieb, der für die Suche nach einer spirituellen Bedeutung und einem spirituellen Sinn verantwortlich ist. Sowohl das Problem als auch die Lösung sind bei der Verbindung zwischen Sakralchakra und Solarplexus Teil des Reifeprozesses. Übung 26 (auf Seite 229) ist eine ausgleichende und verbindende Übung für das Zusammenspiel von Sakralchakra und Solarplexus. Die grundlegende psychologische Arbeit wird unterstützt, wenn die Energieverbindung hergestellt worden ist, und die energetische Arbeit wird gestärkt, wenn gleichzeitig auf der psychologischen Ebene Arbeit geleistet wird.

Das Konzept des höheren Selbst und der »Perlen auf der Schnur« (vgl. Seite 70) kann uns zu der Annahme führen, dass das höhere Selbst das Sagen hat und dass es die integrierende Kraft ist, nach der wir streben. Doch es ist so, dass das Wesen, das wir auf der Erde sind, die Persönlichkeit, von der aus wir funktionieren, ihre eigene Existenzberechtigung hat. Wenn wir zu sehr darum bemüht sind, das höhere Selbst die Führung übernehmen zu lassen, dann messen wir der Entwicklung des Ich vielleicht nicht genügend Bedeutung bei. Das Werkzeug, dessen sich das höhere Selbst dann bedienen würde, wäre in diesem Falle nur ungenügend ausgebildet und könnte Vorstellungen von Größenwahn, der Unfähigkeit, Entscheidungen zu treffen, Obrigkeitsdenken, einem Gefühl von

Nicht-Existenz oder einer Psychose verfallen. Diese Gefahren bestehen, wenn das psychologische Verständnis und das spirituelle Wachstum voneinander getrennt sind.

Wenn wir uns in psychologischer Hinsicht unserer vielen Anteile bewusst sind und darauf hinarbeiten, sie zu verstehen, dann erreichen wir einen Ort der Integration, an dem wir unseren Reichtum und unser vielseitiges Potential schätzen lernen. Die Stimme, die »Ich« sagt, speist sich aus diesem Potential und verfügt über ihre eigene innere Weisheit und Reife. Wenn es dann die Entscheidung trifft, sich mit einem höheren Selbst zu verbinden und nach einer tieferen Bedeutung und einem tieferen Sinn im Leben zu suchen, dann wird ein Zustand erreicht, der von Jung als »Individuation« und von Maslow als »Selbstverwirklichung« beschrieben wird (vgl. C. G. Jung in der Bibliographie).

Der italienische Psychologe Assagioli, der das als Psychosynthese bekannte System der Selbstanalyse formulierte (vgl. Piero Ferrucci in der Bibliographie), bezeichnete die vielen Facetten in uns als Teilpersönlichkeiten. Zu einem früheren Zeitpunkt hatte Jung bereits von der Persona oder Maske gesprochen. Unser Arbeits-Ich unterscheidet sich in der Regel sehr von unserem entspannten, privaten Ich oder unserem Urlaubs-Ich. Wir und diejenigen, mit denen wir leben und zusammenarbeiten, brauchen diese Masken, die uns helfen, die vielen verschiedenen Rollen zu spielen, die das Leben uns abverlangt. Wir tragen sogar bestimmte Uniformen, um die entsprechende »Persona« hervorzubringen: Den Nadelstreifenanzug für das Berufsleben, die Schürze für die Hausarbeit, den Sportanzug zum Joggen, das T-Shirt zum Entspannen, die formellen bzw. schönen Kleider für Vergnügungen und Partys – all diese verschiedenen Kleidungsstücke tragen dazu bei, im Zusammensein mit anderen die wesentlichen Aspekte unserer täglichen Handlungen zu unterstreichen.

Das Konzept der Teilpersönlichkeiten geht weiter als das der Persona und bezieht sich auf die tiefere Dynamik, die unserer Psyche zugrunde liegt. Wir setzen die Persona bewusster ein. Die Teilpersönlichkeiten entstehen als Folge von Konditionierungen und können Überlebensmechanismen sein. Es sind klar zu unterscheidende Energien innerhalb der Psyche. Piero Ferrucci, ein Schüler von Assagioli, bezeichnet sie als »degradierte Archetypen«.

Konditionierende Einflüsse entwickeln sich häufig aus entarteten oder falsch verstandenen archetypischen Kräften. Um mit den auf diese Weise entstandenen Schwierigkeiten in unserer Entwicklung umzugehen, entwickeln wir in unserem Inneren degradierte Archetypen (d. h. entartete oder zurückgebliebene Ausdrucksformen der Archetypen, Anm. d. Ü.), die dann zu unseren Teilpersönlichkeiten werden. In der Regel manifestieren sie sich als Gegensatzpaare.

Menschen, die in ihrer Kindheit sehr ordentlich sein mussten, haben wahrscheinlich eine Teilpersönlichkeit, die von Ordnungsliebe besessen ist, und gleichzeitig eine, die unordentlich und chaotisch ist. Menschen, die Macht und Manipulationen ausgesetzt waren, können einen inneren Tyrannen und gleichzeitig ein inneres Opfer haben. Menschen, von denen verlangt wurde, immer gut zu sein, können ein inneres »braves Kind« haben, aber genauso eine ungezogene, verschlagene, unehrliche oder durchtriebene Teilpersönlichkeit.

Diese gegensätzlichen Paare verstärken sich gegenseitig und bleiben dauerhaft bestehen. Wir verdrängen die Teile, die wir als nicht wünschenswert ansehen, aus unserem Bewusstsein. Unser Erfolg zeigt sich dann darin, dass uns diese Teilpersönlichkeiten bis zu dem Zeitpunkt, an dem wir anfangen, mit ihnen zu arbeiten, relativ unbewusst waren. Dinge, deren Existenz verneint wird, gewinnen an Eigendynamik. Deshalb können autonome Teilpersönlichkeiten auftauchen, die uns in unerwarteten Situationen Überraschungen bereiten und uns besonders dann, wenn wir unter Stress stehen, peinlich sind. Bemerkungen von Freunden wie »Diese Seite habe ich noch nie an dir gesehen« oder unsere eigene Selbstkritik wie »Ich weiß wirklich nicht, was da in mich gefahren ist« sind gewöhnlich Warnungen, dass sich eine autonome oder irgendwie abgespaltene Teilpersönlichkeit gezeigt hat.

Es lohnt sich, mit Teilpersönlichkeiten zu arbeiten. Sie enthüllen sich uns bereitwillig, wenn wir nach ihnen suchen; sie erzählen ihre Geschichte und helfen uns zu verstehen, wonach sie streben und warum sie entstanden sind. Letztlich werden sie auf unserer Reise zu Selbsterkenntnis und Integration wichtige Verbündete für uns werden. Wenn wir sie kennen und mit ihnen arbeiten, wird sich unsere Verbindung zu unserem höheren Selbst klären und produktiver gestalten.

Übung 28 auf Seite 231 ff. wird Ihnen dabei helfen, mit Ihren Teilpersönlichkeiten in Kontakt zu kommen. Verwenden Sie diese Übung parallel zur Übung auf Seite 229, mit der Sie die Energien Ihres Sakralchakras mit denjenigen des Solarplexus verbinden können.

Sakral- und Kehlchakra als Chakrenpaar

Nach der Verbindung zwischen Kronen- und Wurzelchakra (vgl. Kapitel 2) ist die Verbindung zwischen dem Sakral- und dem Kehlchakra die natürlichste Verbindung im gesamten Chakrensystem. Ein schwacher Austausch zwischen diesen beiden Chakren kann unser Leben und unsere Gesundheit nachhaltig beeinträchtigen, wohingegen eine gut funktionierende Verbindung uns dabei helfen kann, stärker in der Welt zu sein.

Da das siebenfache Chakrensystem in zwei Gruppen unterteilt ist, die im Austausch zueinander stehen, und das Kehlchakra zu beiden Gruppen gehört, ist es ein Chakra, das die Funktion eines Tores erfüllt. Als eines der unteren fünf Chakren sind ihm ein Element, ein Entwicklungsalter und ein Sinnesorgan zugeordnet. Als eines der drei oberen Chakren besteht seine Aufgabe im überpersönlichen Ausdruck und in der Verbindung zum höheren Selbst, dem Geist und der Seele.

Das Kehlchakra ist mit dem Hörsinn verbunden, aber auch mit der Stimme. Die Frage, die sich für das Kehlchakra stellt, lautet: »Wie höre ich die Welt und wie hört die Welt mich?«

Wie wir uns selbst hören und wie wir selbst »klingen«, ist ebenfalls von Bedeutung. Wie bei den anderen Chakren, so muss die Sinnesfunktion auch dieses Chakras sowohl symbolisch als auch konkret interpretiert werden. Wenn ein Ton erklingt, dann hallt er wider und wird zurückgeworfen, es antworten Töne in den unterschiedlichsten Harmonien oder Disharmonien. Wenn wir unseren wahren Ton anschlagen, dann werden die Disharmonien verringert und wir ziehen Synchronizitäten und positive Situationen an, die zu uns passen. Das Leben wird glatter dahinfließen, da wir erkennen werden, dass wir uns immer zum richtigen Zeitpunkt am richtigen Ort befinden. Wenn wir uns in unserem Leben einsam gefühlt haben und wir mit unserer Ursprungsfamilie in erster Linie durch die Gene und weniger durch spirituelle Ziele verbunden sind, dann werden wir, wenn wir unseren wahren Ton erklingen lassen, Freunde, Begleiter und Verwandte unserer Seelengruppe anziehen, die uns dabei unterstützen werden, unsere Wurzeln zu heilen (vgl. Kapitel 4).

Wenn wir das Kehlchakra und seine Verbindungen zu den anderen Chakren stärken, dann hilft uns das, unseren eigenen Ton zu finden und ihn mit Vertrauen erklingen zu lassen.

Zum Aufgabenbereich des Kehlchakras gehören – auf der konkreten und übertragenen Ebene – folgende Themen: seine Stimme finden und gehört werden sowie sich in der Welt seinen Ausdruck verschaffen. Auf einer spirituelleren Ebene befähigt uns die Kehle, uns mit unserem höheren Selbst und mit unseren spirituellen Qualitäten zu verbinden. Wenn diese Verbindung einmal hergestellt worden ist, dann schließen wir keine Kompromisse mehr, wenn es darum geht, unser wahres Selbst auszudrücken.

Das Kehlchakra entwickelt sich zwischen dem 15. und 21. Lebensjahr; in dieser Zeit werden wir auch volljährig, d. h., dass wir

laut Gesetz erwachsen sind und für jede unserer Handlungen un-
eingeschränkt zur Verantwortung gezogen werden.

In spiritueller Hinsicht hat volljährig werden damit zu tun, auf
eine göttliche oder höhere Aufgabe zu reagieren und uns der Forderungen, die diese an uns stellt, bewusst zu werden. Die Arbeit
mit dem Kehlchakra hilft uns, unseren Ruf bzw. unsere Berufung
im Leben zu erkennen und auf sie zu reagieren.

Kommunikation

Das Thema Kommunikation ist ziemlich komplex. Wir entwickeln
eine Sprache, um miteinander zu kommunizieren; doch das, was
wir mitzuteilen haben, geht über das geschriebene Wort oder den
Wirkungsbereich von Sprache oder Hören weit hinaus. Unsere
Körpersprache, die Kleidung, die wir tragen, die subtilen Gerüche,
die wir aussondern, das Ungesagte und das Gesagte – all das sind
wichtige Faktoren.

Unser Körper arbeitet in unserem Sinne, da unsere Organe miteinander kommunizieren. Die einzelnen Körperteile sind voneinander abhängig, obwohl wir uns der Kommunikation der einzelnen Teile miteinander erst bewusst werden, wenn es zu einem
kleineren oder größeren Zusammenbruch innerhalb des Systems
kommt. Wenn die Nahrung, die wir aufnehmen, von unserem Körper angenommen wird, dann arbeiten unsere Verdauungs- und
Ausscheidungsorgane fröhlich zusammen und wir müssen ihnen
keine besondere Aufmerksamkeit schenken. Doch wenn wir etwas
essen, das wir nicht vertragen, dann lässt unser System uns das wissen. Wenn wir uns eine schwere Grippe zuziehen, dann gehorchen
uns unsere Gliedmaßen nicht mehr. Das innere Kommunikations-
system weiß, dass Ruhe angesagt ist. In den Zeiten, in denen wir
gesund sind und uns wohl fühlen, laufen die Signale innerhalb unseres wunderbaren und fein abgestimmten inneren Kommunika-
tionssystems auf einer unbewussten Ebene ab und werden von uns
als selbstverständlich angesehen. Die Arbeit mit dem Kehlchakra

hilft uns, stärker auf unseren Körper zu hören und ein feineres Gefühl für unsere Gesundheit und ihre möglichen Beeinträchtigungen zu entwickeln.

Da ein großer Teil unserer Kommunikation mit Klang zu tun hat, ist es von Interesse, dass einige Wissenschaftler glauben, dass der Klang das Grundmuster ist, das für die Entstehung des Universums verantwortlich ist. Wenn wir versuchen, höhere abstrakte Gesetze zu verstehen, dann müssen wir sie benennen und aussprechen, bevor sie wirklich anfangen zu existieren bzw. sich zu manifestieren. Deshalb ist die Bildung von Konzepten, die durch Sprache ihre Form erhalten und verbal kommuniziert werden, der Prozess, mit dessen Hilfe etwas erschaffen wird. Dabei spielt das Kehlchakra eine äußerst wichtige Rolle, da es uns in die Lage versetzt, unser vollständiges Potential als Mensch zu verwirklichen.

Das Sakralchakra wird in erster Linie mit Kräften in Verbindung gebracht, die als »treibend« oder »dynamisch« beschrieben werden (vgl. Kapitel 6). Diese Kräfte finden schließlich im Leben durch das Kehlchakra ihren Ausdruck. Die Verbindung zwischen dem Sakral- und dem Kehlchakra nimmt nach der Verbindung zwischen Kronen- und Wurzelchakra im Chakrensystem den zweitwichtigsten Platz hinsichtlich Stärke und Natürlichkeit ein.

Vorrangige Lebensthemen wie Kreativität, Sexualität, Macht und Ermächtigung auf der Ebene des Sakralchakras fordern von uns, dass wir Verantwortung übernehmen. Diese Lebensbereiche müssen einen ihnen gemäßen Ausdruck finden. Die Themen Verantwortungsgefühl, Ausdrucksfähigkeit und Kommunikation werden alle mit dem Kehlchakra in Verbindung gebracht. Das Sakralchakra *braucht* die Kehle, damit die fundamentalen Aspekte in uns in unserem Leben ihren Ausdruck finden. Wenn die Kehle in irgendeiner Hinsicht ein belastetes Chakra ist, dann werden wir in unserem Innern eine Menge Frustration ansammeln, da es uns schwer fallen wird, unsere innere Kraft zu kanalisieren und zu fokussieren. Wenn das Sakralchakra unterentwickelt ist, dann wird der Kraftstrom, der zum Ausdruckszentrum, nämlich der Kehle, fließt, zu schwach, ungleichmäßig oder diffus sein. Wie wir bereits an früherer Stelle in diesem Kapitel gesehen haben, wird dadurch auch die Entwicklung des niederen Willen und des Ego im Solarplexus behindert und das ganze Wesen kann stark zerfließend und formlos sein, wobei das Energiesystem von »rücklaufenden Energieschleifen« gekennzeichnet ist.

Rücklaufende Energieschleifen

Zu rücklaufenden Energieschleifen im Chakrensystem kommt es, wenn die Entwicklung eines oder mehrerer Chakren ernsthaft gestört ist. Rücklaufende Energieschleifen führen besonders dann zu Problemen, wenn sie infolge einer Unausgeglichenheit bei einer der Hauptchakrenverbindungen wie beispielsweise der Verbindung zwischen dem Sakral- und dem Kehlchakra auftreten. Rücklaufende Energieschleifen zwischen dem Sakral- und dem Kehlchakra wirken sich auch auf den Solarplexus und das Herzchakra aus.

Wenn das Sakralchakra unterentwickelt ist, dann steht die entsprechende Energie dem Solarplexus nicht zur Verfügung und der Energievorrat reicht nicht aus, um die Verbindung zum Herzen oder zur Kehle herzustellen. Ein wichtiger Energiekanal bleibt so unterentwickelt oder wird kaum ausgebildet. Egal, welche Kraft auch vorhanden sein mag, sie wird in das Sakralchakra zurücksacken oder wie in einer Schleife zurücklaufen; dadurch wird Energie aufgebaut, die keinen entsprechenden Kanal hat, durch die sie einen Weg nach draußen finden könnte. Die Energie, die zurücksackt und nicht kanalisiert worden ist, kann eine Blockade oder eine Energieansammlung im Sakralchakra selbst verursachen, wodurch dieses überaktiv wird. Die Kehle, die keine Energie von ihrem Hauptpartner bezieht, wird folglich schwach und zu wenig aktiv sein.

Wenn sich immer mehr Energie im Sakralchakra anstaut, dann kann diese Person in sexueller Hinsicht sehr frustriert, machtorientiert oder gewalttätig werden. Wenn sich ein Teil der Energie durch den Solarplexus entlädt, ohne dass diese dort richtig integriert wird, dann kann sich die entsprechende Person als sehr eigenwillig oder egozentrisch erweisen. Wenn die überschüssige Energie in das Wurzelchakra zurücksackt und keine vollständige Erdung vorhanden ist, dann können sich daraus Depressionen, Schwierigkeiten, sich auf das Leben einzulassen, oder ein übersteigerter Materialismus und ein Nichtwahrnehmen der natürlichen Zyklen und des natürlichen Flusses ergeben.

Körperliche Krankheiten und Beeinträchtigungen können ebenfalls durch rücklaufende Energieschleifen in den Chakren verursacht werden. Beim Kehl- und beim Sakralchakra können sie sich als Probleme mit den Ohren, der Kehle, der Schilddrüse und den Lymphgefäßen zeigen oder aber als sexuelle Probleme bzw. in Form von Schwierigkeiten bei der Menstruation oder im Harntrakt.

Mit Hilfe der Beatmung des zentralen Energiekanals (vgl. Seite 29) können alle Kanäle freigehalten werden; Blockaden in den Chakren werden auf ein Minimum heruntergeschraubt oder geheilt und Energieschleifen werden verhindert. Jedoch bedürfen nicht befriedigend funktionierende Verbindungen der Erkennung und Behandlung, so wie sie sich aus der Arbeit mit den Chakren in Form von Paaren oder Triaden oder mit dem einzelnen Chakra ergibt. (Weitere Informationen für die spezifische Arbeit an den einzelnen Chakren finden Sie in meinem vorherigen Buch *Arbeit mit den Chakren*, das in der Bibliographie aufgeführt ist.)

Durch Übung 27 auf Seite 230 wird die Verbindung zwischen Ihrem Sakral- und Ihrem Kehlchakra aktiviert, und sie trägt auch dazu bei, dass die wichtigsten rücklaufenden Energieschleifen, die im Chakrensystem auftreten können, verhindert werden.

Das Sakralchakra, der Solarplexus und das Kehlchakra

Diese drei Chakren sind keine Triade in dem Sinne, wie es Wurzel-, Sakral- und Herzchakra sind; doch wenn das Sakralchakra harmonisch mit dem Solarplexus *und* der Kehle zusammenarbeitet, dann ergibt sich daraus ein natürlicher Fluss und ein Zusammenwirken aller drei Chakren, wodurch eine der größten Stärken im Chakrensystem aufgebaut wird.

FALLSTUDIE   ***Identitätskrise***

Brian war auf seiner Gesamtschule ein herausragender Schüler gewesen. Er erbrachte in jedem Unterrichtsfach gute Leistungen und zeichnete sich durch großen Wissensdurst aus. Außerdem war er musikalisch, künstlerisch begabt und zudem sportlich. Er schien einer jener jungen Menschen zu sein, von denen man sagt, dass »sie in der Gunst der Götter stehen«.

Der krönende Moment dieser Entwicklung war, dass Brian ein Stipendium für Oxford bekam. Seine Schule, seine Eltern, seine Freunde und er selbst freuten sich sehr darüber und waren voller Stolz. Da ihm so viele Wege offen standen, fiel es ihm nicht leicht, eine Entscheidung hinsichtlich der Wahl seiner Studienfächer zu treffen. Schließlich entschied er sich für Philosophie, Politik und Wirtschaft, weil der das Gefühl hatte, dass ihm mit einem solchen Studium breit gefächerte Möglichkeiten für eine zukünftige Karriere offen stünden.

Zwar war Brian aufgrund seiner Talente im Allgemeinen und seiner sportlichen Leistungen im Besonderen beliebt und er gehörte zur tonangebenden Gruppe, die sich aus Mitgliedern beiderlei Geschlechts zusammensetzte, doch zu einem Mädchen hatte er nie eine ernsthafte Beziehung aufbauen können. Seine Eltern neckten ihn deshalb ein wenig, sie akzeptierten jedoch, dass er einen Großteil seiner Zeit mit Lernen und Sport verbrachte.

Die Krise trat gegen Ende seines ersten Jahres an der Universität ein. Anfangs war Brian gut mit seinem Studium zurechtgekommen, doch im zweiten Trimester stellte er fest, dass er sich zu einem männlichen Studienkollegen hingezogen fühlte und sich schließlich in ihn verliebte. Die Frage, »schwul« zu sein, war ihm niemals in den Sinn gekommen, und obwohl seine Liebe erwidert wurde, fühlte er sich emotional verwirrt und verfiel in eine Identitätskrise. Er wusste, dass seine Eltern, selbst wenn sie ihn letzten Endes verstehen würden, diese Entdeckung als unübersehbaren Makel ansehen würden. Er würde es schwierig finden, mit der zu erwartenden Enttäuschung, die wahrscheinlich nicht offen zum Ausdruck käme, zu leben.

An der Universität gab es zwar die Möglichkeit einer psychologischen Beratung, doch Brians Gefühle waren so verwirrt, dass er sich von einer derartigen Einrichtung keine Hilfe versprach. In dem Bemühen, alleine zurechtzukommen, beendete er seine Beziehung und traf Vorkehrungen, im zweiten Studienjahr einen anderen Kurs zu belegen, um Anschluss an andere Kreise zu finden.

Da Brian in den großen Ferien Stoff nachholen musste, um den Anschluss an den neuen Kurs zu schaffen, war dies eine gute Entschuldigung für ihn, lange Stunden alleine in seinem Zimmer zu verbringen. Zwar spürten seine Eltern seinen Stress, doch sie akzeptierten ihn als relativ normal und unvermeidbar. Doch dann kam der Tag, an dem Brian eine Menge Wein trank und eine Überdosis Aspirin schluckte. Es stellte sich heraus, dass Brians Psyche auf diese Weise um Hilfe rief, anstatt dass es sich um einen sorgfältig geplanten Selbstmordversuch handelte. Nun ließ es sich nicht mehr vermeiden, dass die ganze Geschichte ans Tageslicht kam; doch trotz des Mitgefühls und der Unterstützung von seiten seiner Eltern glitt Brian in eine tiefe Depression und kehrte nicht mehr zur Universität zurück.

Bis zu diesem Zeitpunkt war Brians Leben vorausgeplant gewesen – alle Wege sollten zu dem führen, was in der Welt als »Erfolg« bezeichnet werden würde. Doch seine starke sexuelle Neigung war niemals angesprochen worden, und da er in intellektueller Hinsicht herausragend war, hatte er automatisch akzeptiert, dass er ein akademisches Studium und einen akademischen Beruf anstreben würde.

Als Teil der Behandlung, der sich Brian wegen seiner Depression unterzogen hatte, verbrachte er mehrere Wochen in einer therapeutischen Gemeinschaft. Hier gelang es ihm, mit Hilfe von Gruppentherapie, Psychodrama, Musik, kreativem Schreiben und Kunsttherapie mit seiner Homosexualität zurechtzukommen. Während der Nachmittage, die er mit kreativem Schreiben verbrachte, entdeckte Brian seine Liebe zur Literatur sowie sein beachtliches schriftstellerisches Talent wieder. Als Brian auf dem Wege der Genesung war und auch eine glückliche Beziehung mit jemandem begonnen hatte, den er in der Gemeinschaft kennen gelernt hatte, arbeitete er mehrere Monate als freiwilliger und ehrenamtlicher Helfer in der therapeutischen Gemeinschaft. Schließlich entschloss er sich, einen Kurs in Kommunikations- und Medienwissenschaften zu belegen, in der Hoffnung, dass er dadurch einen Zugang zu seinen schriftstellerischen und kreativen Talenten gewinnen könnte.

Ich lernte Brian zu einem viel späteren Zeitpunkt in seinem Leben kennen, als er bereits ein erfolgreicher Schriftsteller war und Meditationstechniken erlernen wollte, um seine kreative Entwicklung zu unterstützen. Ich habe ihn an dieser Stelle wegen seiner Identitätskrise als Fallstudie verwendet und aufgrund der rücklaufenden Energieschleife zu seinem Sakralchakra, die dafür verantwortlich war, dass ihm seine Sexualität zeitweilig unbewusst war bzw. ihn plötzlich überkam und nach Ausdruck verlangte; und auch deshalb, weil er nicht die Möglichkeit gehabt hatte, seinen eigenen »Ton« zu finden, sondern von traditionellen Erwartungen geleitet worden war. Durch den Lauf der Dinge wäre er schließlich in einen Bereich geführt worden, zu dem er bestimmt befähigt gewesen wäre, in dem er allerdings nie seine tiefere und sensiblere Natur hätte ausdrücken können.

Archetypus: Die Welt

Der für dieses Kapitel ausgewählte Archetypus heißt »Die Welt«. Dem Wort »Welt« stellen wir häufig ein Possesivpronomen voran. Wir sprechen von »meiner Welt«, »deiner Welt«, »ihrer Welt« und erkennen bis zu einem gewissen Grade an, dass wir zwar zusammen in »der« Welt leben, dass es jedoch viele miteinander im Austausch stehende Welten gibt, die wir alle auf unterschiedliche Weise erleben und erschaffen.

In spiritueller Hinsicht ist die Erde die Welt der physischen Inkarnation. Es ist die Welt, in der wir einen Großteil unseres Schicksals durcharbeiten und die Lektionen lernen, die uns zu einem Zustand der Ganzheit bzw. Vollkommenheit führen werden. Bei einem wesentlichen Teil unserer Reise geht es darum, dass wir die Beziehung des Geistes zur Materie verstehen und unser Leben dementsprechend ins Gleichgewicht bringen. Die materielle Welt kann zu einer spirituellen Falle werden. Die Verneinung der materiellen Welt kann dazu führen, dass wir nicht genügend geerdet sind, und uns der Lektionen, die wir in unserem Leben auf der Erde lernen müssen, vielleicht zu wenig bewusst sind.

Es ist wichtig, die Welt nicht mit dem Universum zu verwechseln. Unsere Welt ist die Erde, wie sie auf der Weltkarte als »die Welt« abgebildet ist. Das Universum ist im Begriff, sich schnell für uns zu öffnen und zu einem Teil unserer Welt zu werden, doch es ist von Bedeutung, dass wir uns dieser Interaktion bewusst werden und nicht annehmen, dass unsere Welt das Universum sei. Wenn wir die konzeptionellen Grenzen richtig ziehen und unsere Welt definieren bzw. neu definieren, dann trägt das dazu bei, dass wir uns auf andere Welten und Ebenen beziehen können.

Beim Legen der traditionellen Tarotkarten weist »Die Welt« darauf hin, dass wir bei der Erreichung eines Zieles erfolgreich sein werden. Wenn wir die umgedrehte Karte ziehen, dann bedeutet das, dass wir den weltlichen Dingen zu stark anhaften und ein Hindernis überwinden müssen.

ÜBUNG 26 **Die Energien des Sakralchakras und des Solarplexus miteinander verbinden**

Sorgen Sie dafür, dass Sie ungestört bleiben. Nehmen Sie eine Position mit aufrechtem Rücken im Sitzen oder Stehen ein, richten Sie Ihren Körper symmetrisch aus und achten Sie darauf, dass Ihre Beine an den Knien oder Fußgelenken nicht überkreuzt sind.

- Beginnen Sie mit der Beatmung des zentralen Energiekanals (vgl. Seite 29).
- Wenn sich ein Gefühl von Zentriertheit eingestellt hat, dann richten Sie Ihre Aufmerksamkeit auf Ihr Sakralchakra, wobei Sie Ihren Atemrhythmus zu Hilfe nehmen. Atmen Sie nun durch die Blütenblätter Ihres Sakralchakras ein und durch seinen Stiel wieder aus (fünf bis zehn Atemzüge lang).
- Lenken Sie Ihre Aufmerksamkeit nun auf Ihren Solarplexus und beginnen Sie, durch die Blütenblätter Ihres Solarplexus einzuatmen und durch seinen Stiel wieder auszuatmen (fünf bis zehn Atemzüge lang).
- Atmen Sie jetzt noch einmal durch die Blütenblätter Ihres Sakralchakras ein, halten Sie Ihren Atem jedoch in der Mitte Ihres Sakralchakras und zählen Sie bis drei, bevor Sie den Atem bzw. den Energiestrom durch den zentralen Energiekanal nach oben in die Mitte Ihres Solarplexus lenken und durch seine Blütenblätter wieder ausatmen (fünf bis zehn Atemzüge lang).
- Atmen Sie durch die Blütenblätter Ihres Solarplexus ein. Halten Sie den Atem in der Mitte Ihres Solarplexus an und zählen Sie bis drei, bevor Sie den Atemzug bzw. den Energiestrom durch den zentralen Energiekanal nach unten in die Mitte Ihres Sakralchakras lenken und durch seine Blütenblätter wieder ausatmen (fünf bis zehn Atemzüge lang).
- Beenden Sie die Übung mit der Beatmung des zentralen Energiekanals.

ÜBUNG 27   **Die Energien des Sakralchakras**
und des Kehlchakras
miteinander verbinden

Sorgen Sie dafür, dass Sie ungestört bleiben. Nehmen Sie eine Position
mit aufrechtem Rücken im Sitzen oder Stehen ein, richten Sie Ihren
Körper symmetrisch aus und achten Sie darauf, dass Ihre Beine an den
Knien oder Fußgelenken nicht überkreuzt sind.

- Beginnen Sie mit der Beatmung des zentralen Energiekanals (vgl.
  Seite 29).
- Wenn sich ein Gefühl von Zentriertheit eingestellt hat, dann neh-
  men Sie Ihren Atem zu Hilfe, um Ihre Aufmerksamkeit zu fokussie-
  ren. Beginnen Sie, durch die Blütenblätter Ihres Sakralchakras ein-
  zuatmen und durch seinen Stiel wieder auszuatmen (fünf bis zehn
  Atemzüge lang).
- Verändern Sie nun Ihre Atemrichtung, indem Sie durch die Blüten-
  blätter Ihres Kehlchakras ein- und durch seinen Stiel wieder aus-
  atmen (fünf bis zehn Atemzüge lang).
- Kehren Sie nun wieder dahin zurück, durch die Blütenblätter Ihres
  Sakralchakras einzuatmen, halten Sie Ihren Atem in der Mitte Ihres
  Sakralchakras an und zählen Sie bis drei. Lenken Sie Ihren Atem
  durch den zentralen Energiekanal nach oben in die Mitte Ihres
  Kehlchakras und atmen Sie durch seine Blütenblätter aus (fünf bis
  zehn Atemzüge lang).
- Atmen Sie durch die Blütenblätter Ihres Kehlchakras ein und halten
  Sie Ihren Atem in der Mitte Ihres Herzchakras und zählen Sie dabei
  bis drei. Lenken Sie Ihren Atem durch den zentralen Energiekanal
  nach unten in die Mitte Ihres Sakralchakras und atmen Sie durch
  seine Blütenblätter aus (für fünf bis zehn Atemzüge).
- Beenden Sie die Übung mit der Beatmung des zentralen Energiekanals.

ÜBUNG 28   **Nehmen Sie Kontakt zu Ihren Teilpersönlichkeiten auf**

Der Anteil in uns, der bereits integriert ist bzw. eine Vorstellung davon hat, was Integration bedeutet, ist unser weises inneres Wesen. Im Folgenden wird Ihnen eine geführte Reise vorgestellt und der Vorschlag unterbreitet, sich mit diesem Wesen in Verbindung zu setzen, damit es Ihnen bei der Kontaktaufnahme mit Ihren Teilpersönlichkeiten seine Unterstützung zukommen lässt. Das weise innere Wesen ist ein solch universelles inneres Symbol, dass es, wenn Sie es bitten zu erscheinen, auch auf ziemlich natürliche Weise in Ihrer Visualisierung erscheinen wird. Für manche Menschen kann die innere Weisheit die Form einer Essenz bzw. Präsenz annehmen und ist kein tatsächlich personifiziertes Wesen.

Sorgen Sie dafür, dass Sie ungestört bleiben und Sie Schreib- und Malutensilien zur Hand haben. Legen Sie sich eine Decke zurecht für den Fall, dass Ihnen kalt wird, und nehmen Sie dann eine entspannte Lage ein, in der sich Ihr Körper im Gleichgewicht befindet und gegebenenfalls abgestützt ist.

• Schließen Sie Ihre Augen ... Lenken Sie Ihre Aufmerksamkeit auf Ihren Atemrhythmus und bewegen Sie sich dann mit Ihrem Atemrhythmus zu Ihrem Herzchakra, wodurch Sie Ihre Herzenergie aktivieren, mit der Sie sich auf die Reise zu Ihrer inneren Landschaft begeben ... Stellen Sie sich vor, dass Sie sich auf einer Wiese befinden ... Aktivieren Sie Ihre gesamten inneren Sinne, so dass Sie die Gegenstände und Farben sehen, die den Geräuschen lauschen, die Beschaffenheit der Dinge in Ihrer Umgebung fühlen, die Düfte riechen und die unterschiedlichen Geschmacksrichtungen schmecken ...
• Bitten Sie Ihr weises inneres Wesen bzw. Ihre weise innere Präsenz darum, sich zu Ihnen auf die Wiese zu begeben ... Bitten Sie dieses Wesen darum, dass es Sie auf Ihrer Reise zu dem Ort begleitet, an dem Ihre Teilpersönlichkeiten leben ... Nehmen Sie einen besonde-

ren Gegenstand, ein Amulett oder einen Talisman mit, der Ihnen dabei hilft, Ihre Mitte zu finden und Ihnen ein Gefühl von Beschützt-
sein vermittelt ... (Vergleichen Sie die Erläuterungen unter »Amulett«
und »Talisman« im Glossar.)

- Irgendwo auf Ihrer inneren Landschaft, vielleicht ganz in der Nähe
  der Wiese, befindet sich ein Fluss ... Zusammen mit Ihrem Talisman
  oder in Begleitung Ihrer weisen inneren Präsenz können Sie sich jetzt
  zu diesem Fluss begeben ...

- Während Sie am Flussufer entlangschlendern, nehmen Sie einen
  Seitenarm bzw. einen ruhigen Nebenfluss wahr ... Auf diesem Seitenarm bzw. Nebenfluss befindet sich ein vertäutes Hausboot ... Es
  ist das Zuhause der Teilpersönlichkeiten ...

- Während Sie sich dem Boot nähern, werden Sie sich vielleicht der
  Aktivitäten und des Lärms bewusst, den Ihre Teilpersönlichkeiten
  verursachen ...

- Bleiben Sie in der Nähe stehen und beobachten Sie Ihr Boot ... Was
  für ein Boot ist es? In welchem Zustand befindet es sich? Ist es gut
  erhalten? Welche Vereinbarungen gibt es hinsichtlich des Einstei-
  gens und des Anlegens?

- Nach dieser anfänglichen Untersuchung entfernen Sie sich ein paar
  Schritte vom Flussufer und suchen Sie sich einen bequemen Platz,
  auf dem Sie sich niederlassen können und von dem aus Sie das Boot
  voll in Ihrem Blickfeld haben ... Wählen Sie sich einen von der Sonne
  erwärmten Platz und ruhen Sie sich aus, wobei Sie Ihren Rücken an
  einen Baum oder einen Felsen lehnen ... Werden Sie sich Ihrer weisen
  inneren Präsenz bewusst, die Sie unterstützt ...

- Bitten Sie darum, dass sich nicht mehr als drei Teilpersönlichkeiten
  aus dem Hausboot darauf vorbereiten mögen, sich Ihnen zu offen-
  baren ...

- Bestehen Sie darauf, dass Ihre Teilpersönlichkeiten sich Ihnen nacheinander zeigen, außer wenn sie ein unzertrennliches Paar sind und
  deshalb tatsächlich eine vollständige Teilpersönlichkeit darstellen ...
  Wenn Sie die erste Teilpersönlichkeit getroffen und begrüßt haben,

bitten Sie sie darum, einen Schritt beiseite zu treten, damit Sie die nächste begrüßen können ... Die nächste Teilpersönlichkeit sollte dann ebenfalls einen Schritt zur Seite machen, damit die dritte hervortreten kann ...

• Beobachten und begrüßen Sie jede Teilpersönlichkeit und lassen Sie zu, dass sie Sie ebenfalls beobachten und begrüßen ... Bitten Sie jede Teilpersönlichkeit darum, Ihnen ihre Geschichte kurz zu erzählen (wie und wann sie entstanden sind, wovor sie Angst haben, was sie zum jetzigen Zeitpunkt brauchen) ...

• Nachdem Sie diese drei Teilpersönlichkeiten kennen gelernt haben, könnten Sie darüber nachdenken, ob sich vielleicht zwei von ihnen miteinander unterhalten sollten; bitten Sie Ihre weise innere Präsenz um Rat ... Den Dialog können Sie zu einem anderen Zeitpunkt in die Tat umsetzen. Nutzen Sie diese Gelegenheit, um sich bewusst zu werden, was hieran für Ihr inneres Wachstum von Wert sein könnte ...

• Bevor Sie Ihre Teilpersönlichkeiten darum bitten, zu ihrem Hausboot zurückzukehren, denken Sie darüber nach, ob Sie bereit sind, sich darauf einzulassen, weiter mit ihnen zu arbeiten ... (Das könnte Folgendes beinhalten: Sie müssten zu einem weiteren Gespräch mit Ihren Teilpersönlichkeiten noch einmal an diesen Ort zurückkehren; Sie müssten eine Entscheidung treffen, was Sie im Hinblick auf deren Bedürfnisse unternehmen möchten; Sie müssten an diesen Ort zurückkehren und zulassen, dass sich eventuell zwei der Teilpersönlichkeiten miteinander unterhalten; Sie müssten zustimmen, einer Teilpersönlichkeit das zu geben, was sie braucht, und zwar in Form eines Sicherheitsgefühls oder eines symbolischen Geschenks, für das Sie vielleicht etwas, das Sie von der Teilpersönlichkeit brauchen, eintauschen können. Setzen Sie Ihre Kreativität und die Unterstützung Ihrer weisen inneren Präsenz ein, um dadurch Ihre Teilpersönlichkeiten verstehen zu lernen, ihre Schwächen abzumildern und sich ihre Stärken zunutze zu machen. Nehmen Sie sich nichts vor, was Sie in der nahe liegenden Zukunft nicht umsetzen können.)

- Danken Sie schließlich Ihren Teilpersönlichkeiten dafür, dass sie sich Ihnen offenbart haben und bitten Sie sie, zum Hausboot zurückzukehren. Dabei können Sie ihnen noch einmal ein Gefühl der Sicherheit vermitteln bzw. ihnen solche Versprechungen geben, die zu erfüllen Sie sich im gegenwärtigen Moment in der Lage fühlen ...
- Wenn sich die Teilpersönlichkeiten wieder sicher an Bord befinden, dann reisen Sie in Begleitung Ihrer weisen inneren Präsenz zu Ihrer Wiese zurück ...
- Kehren Sie von der Wiese zum Atemrhythmus in Ihrem Herzzentrum zurück ... Werden Sie sich wieder Ihres Körpers bewusst und nehmen Sie Kontakt zum Boden und zu Ihrer normalen Umgebung auf ... Stellen Sie sich im Geiste vor, wie sich ein Lichtmantel, an dem sich auch eine Kapuze für Ihren Kopf befindet, um Sie legt ... Nehmen Sie Ihren Stift, Ihren Bleistift oder Ihre Buntstifte zur Hand und schreiben oder malen Sie Ihre Reise auf.

Vergegenwärtigen Sie sich, dass es Ihnen diese Reise ermöglicht, drei Ihrer Teilpersönlichkeiten kennen zu lernen, jedoch nicht mehr. Bei weiteren Gelegenheiten können Sie darum bitten, drei weitere Teilpersönlichkeiten kennen zu lernen, doch ist es empfehlenswert, die Zahl bei jedem Mal zu begrenzen. Einige Teilpersönlichkeiten manifestieren sich in Form von Zwillingen, oder sie haben auf andere Weise ein Gegenstück, das untrennbar mit ihnen verbunden ist. Diese Paare zählen als eine Teilpersönlichkeit. Ich bin beispielsweise Punch und Judy begegnet (ein in Großbritannien beliebtes Kasperletheater, Anm. d. Ü.), einem Schläger und einem Ball und einer Peitsche und einem Kreisel.

ÜBUNG 29   *Über den Archetypus*
             »Die Welt« nachdenken

Legen Sie sich für diese Übung einfach Ihre Schreib- und Malutensilien
zurecht und denken Sie darüber nach, was die Welt für Sie bedeutet.

• Betrachten Sie Ihre Fähigkeit, ein Gleichgewicht zwischen spirituel-
  len und materiellen Werten herzustellen.
• Denken Sie außerdem über folgende Fragen nach:
  – »Wie schmecke ich die Welt? Wie schmeckt die Welt mich?«
  – »Wie sehe ich die Welt? Wie sieht die Welt mich?«
  – »Wie höre ich die Welt? Wie hört die Welt mich?«

ÜBUNG 30   *Lassen Sie Ihren Ton erklingen*

• Experimentieren Sie, indem Sie verschiedene Klänge erzeugen und
  unterschiedliche Töne singen.
• Singen oder chanten Sie Ihren Namen auf rhythmische Weise.
• Trommeln Sie.
• Suchen Sie sich eine tibetische Klangschale, die für Sie einen heilen-
  den Ton erklingen lässt (vgl. im Glossar den Eintrag »Tibetische
  Klangschalen«).
• Wenn Sie die Möglichkeit haben, draußen zu tönen oder zu singen,
  wird die Wirkung einer solchen Erfahrung sehr viel kraftvoller und
  bedeutungsvoller sein.

Farben

Die Farben für den Solarplexus sind Gelb, Gold und Rosa.

In positiver Hinsicht bringt Gelb Klarheit und Lebensfreude. Ein helles, klares Gelb ist in mentaler und intellektueller Hinsicht anregend.

In negativer Hinsicht können Gelbtöne Depressionen und intellektuelle Trägheit hervorrufen und das Verdauungssystem negativ beeinflussen.

Gold ist eine nicht-metallische Farbe und verleiht auf positive Weise Wärme und Expansion. Für die Verdauung kann sie sehr heilsam sein.

Negative Goldtöne können Energie absorbieren und haben eine ähnliche Wirkung wie die negativen Gelbtöne.

Rosa ist die Farbe des Rosenquarzes. In positiver Hinsicht verleiht sie ein Gefühl von Ruhe, Behaglichkeit, Sicherheit und Zärtlichkeit. Sie verleiht dem inneren Kind wie auch anderen verwirrten Teilpersönlichkeiten ein Gefühl von Sicherheit und fördert die Integration der Teilpersönlichkeiten.

In negativer Hinsicht können Rosatöne bewirken, dass das schmollende innere Kind in seiner Haltung verharrt und die Entwicklung eines Selbstwertgefühls wird erschwert.

Die Farben für das Kehlchakra sind Blau, Silberfarben und Türkis. Es sind alle »kühle« Farben.

Blau ist eine Farbe, die beruhigt und heilt. Sie kann helfen, Fieber zu lindern. Der Farbton, der in der Regel für das Kehlchakra empfohlen wird, ist der des Lapislazuli. Er erhellt, klärt und mäßigt.

In negativer Hinsicht können Blautöne zu kalt und ohne Resonanz sein. Sie können ein Gefühl von Isolation und Einsamkeit hervorrufen.

Silber ist eine metallische Farbe. Sie macht weich, stärkt und wirkt beschützend. Sie bringt das weibliche Prinzip in ein Zentrum, das ansonsten zu stark vom männlichen Prinzip aktiviert werden könnte.

In negativer Hinsicht können Silbertöne so »kalt wie Stahl« sein. Sie können auch Sarkasmus, scharfe Worte, verletzende Bemerkungen und Aggressionen hervorrufen.

Türkis fördert Tiefe und Ausweitung. Diese Farben sollten Sie verwenden, wenn Sie ein größeres Publikum erreichen möchten, für die Medien arbeiten, Vorträge halten oder schreiben.

In negativer Hinsicht können Türkistöne unterdrückend sein. Sie können zum Verlust von Mitgefühl und sogar zu Tyrannei führen.

Die Farben für das Sakralchakra sind Orange, Bernstein und Gold (nicht-metallisch).

Verwenden Sie diese Farben wie in Übung 8 (Seite 61) vorgeschlagen, um Ihre Chakren zu entwickeln, sie zu erwecken und zu heilen.

Düfte

Vetiver und Rose beruhigen den Solarplexus, wohingegen Bergamotte und Ylang-Ylang ihn anregen. (Bergamotte ist als Zusatz im Earl Grey Tee verwendet.) Benutzen Sie die beruhigenden Düfte, wenn Sie durch Kolotis oder Geschwüre hervorgerufene Verdauungsprobleme haben; wenn es Ihnen schwer fällt, sich in Menschenmassen aufzuhalten oder öffentliche Verkehrsmittel zu benutzen; und wenn Sie sich in Ihrem Leben in einer Übergangsphase befinden. Verwenden Sie die anregenden Düfte, wenn Sie einen langsamen Stoffwechsel, eine eingeschränkte Sehkraft oder Angst vor Veränderungen haben.

Lavendel und Hyazinthe beruhigen die Kehle, wohingegen Patchouli und weißer Moschus sie anregen. Menschen mit angespannter, hoher, nervöser Stimme brauchen in der Regel die beruhigenden Düfte, ebenso wie diejenigen, die sehr viel reden und sich allzu große Sorgen darüber machen, ob sie die richtige Arbeit finden. Diejenigen, die eine zu weiche Stimme haben oder überhaupt sehr wenig sprechen, die bei ihrer Arbeit offensichtlich zu wenig Leistung zeigen und nicht ausgefüllt sind, jedoch verwirrt im Hinblick darauf sind, was sie dagegen unternehmen könnten, brauchen die anregenden Düfte.

Beruhigende Düfte für das Sakralchakra sind Rosmarin und Rosengeranium und anregende Düfte sind Moschus und Ambra. Auf Seite 62 f. finden Sie weitere Informationen über den Gebrauch der Düfte.

Edelsteine und Kristalle

Auf Seite 63 f. und im Glossar finden Sie eine allgemeine Anleitung zum Gebrauch von Edelsteinen und Kristallen. Bei den in diesem Kapitel behandelten Themen sind folgende Edelsteine und Kristalle besonders hilfreich:

Bergkristall   Hier handelt es sich um einen Kristall mit Universalcharakter; das bedeutet, dass er für jedes Chakra eingesetzt werden kann und der Unterstützung eines jeden Zwecks bzw. Ziels dienlich ist. Wählen Sie einen Kristall aus, der klare Schliffflächen hat, an einem Ende eine deutliche Spitze und am anderen Ende eine gute Rundung aufweist, so dass dadurch die zahlreichen Facetten Ihrer Identität und die kristallene Klarheit, nach der Sie streben, repräsentiert werden.

Rosenquarz   Dieser Kristall kann ebenfalls bei den meisten Chakren und für einen Großteil der Chakrenarbeit eingesetzt werden. In seiner »massiven« Form (kristallin, jedoch ohne klare Spitzen oder Schliffflächen) spendet er Trost und hilft dabei, ein gutes Klima für Veränderungen und Integration zu schaffen.

Zitrin   Ein heller, klarer, gelber Zitrin trägt dazu bei, dass Klarheit, Wärme und ein Gefühl für das eigene Selbst gedeihen. Er zeigt darüber hinaus eine heilende Wirkung bei Verdauungsproblemen.

Lapislazuli　Wirkt sich unterstützend auf die Ausdrucksfähigkeit in unterschiedlichen Bereichen aus. Er fördert den Koordinierungs- und Integrationsprozess der Persönlichkeit, verhilft dazu, dass besondere Talente ihren Ausdruck finden und unterstützt den Heilungsprozess bei Taubheit bzw. den Umgang damit.

Gebete bzw. Affirmationen

Das Gebet bzw. die Affirmation für das Sakralchakra lautet folgendermaßen:

❥ *Möge die Einheit der Menschen untereinander und mit der Erde wirkliche Kreativität ermöglichen. Möge die Loslösung von einem Gefühl von Sünde und Wertlosigkeit uns zu einem vollständigeren Wissen hinsichtlich unserer Befähigung als Mitschöpfer, die mit dem Göttlichen eins und gleichzeitig Teil davon sind, führen.* ❧

Das Gebet bzw. die Affirmation für den Solarplexus lautet folgendermaßen:

❥ *Mögen durch das Geschenk des Feuers der Verstand, das logische Denken, die Meinungsfindung und die Aufnahme von Informationen sich mit wahrer Inspiration verbinden, so dass wir nicht in Begrenzungen und Trennungen gefangen sein mögen.* ❧

Das Gebet bzw. die Affirmation für das Kehlchakra lautet folgendermaßen:

❥ *Hilf uns, Verantwortung zu entwickeln. Möge die universelle*
Wahrheit das kausale Handeln durchdringen, so dass sich
die Stimme der Menschheit mit der Stimme der Erde in wahrer
Harmonie verbinden kann. ❧

Vorschläge, wie Sie Gebete oder Affirmationen anwenden können,
finden Sie auf Seite 64.

KAPITEL 8

Den Geist befreien:
Die Seele, der Geist,
Geistführer und Engel

Schlüsselthemen:
Seele und Geist, höheres und niederes Selbst,
Geistführer und Engel

Chakrenpaare:
Solarplexus und Stirn, Solarplexus und Krone,
Solarplexus und Herz

Chakrentriade:
Solarplexus, Stirn und Krone

Archetypen:
Guru und Anhänger

Dieses Kapitel wird Ihnen helfen:

- mehr über die Beziehung zwischen Seele
  und Geist, dem höheren und dem niederen
  Willen zu erfahren
- ein größeres Verständnis der Kommunikation
  mit Geistführern und Engeln zu erlangen

Bereiche, denen die Chakren zugeordnet werden

Eine Liste der Bereiche, denen das Solarplexuschakra zugeordnet ist, finden Sie auf Seite 210, diejenigen für das Herzchakra auf Seite 104 und diejenigen für das Kronenchakra auf Seite 32.

Das Stirnchakra

Lage: Oberhalb der Augen und zwischen ihnen, wobei der Stiel in den Hinterkopf hineinreicht

Schlüsselbegriffe: Geist, Vollständigkeit, Inspiration, Einsichten, Meisterschaft

Farben: Indigo, Türkis, Malve

Element: Radium

Körper: Höherer Mentalkörper

Zugeordnete Drüse: Zirbeldrüse

Beruhigende Düfte: Weißer Moschus, Hyazinthe

Anregende Düfte: Veilchen, Rosengeranium

Edelsteine und Kristalle: Amethyst, Purpurfarbener Apatit, Azurit, Calcit, Perle, Saphir, Blauer und Weißer Fluorit

Gebet bzw. Affirmation

Wir streben danach, durch die Inspiration der Meisterschaft Gottes Herrschaft über uns zu erlangen. Mögen uns wahre Einsichten gewährt werden, und möge der begrenzte Geist zu einem Wissen von seiner Vollendung inspiriert werden.

Solarplexus und Stirn als Chakrenpaar

Das Stirnchakra ist das Fenster, durch das die Flamme unseres Geistes scheint, während das Kronenchakra das Tor zu unserer Seele ist.

Aufgrund seines Wesens ist der Geist schwer zu beschreiben und zu definieren. Es besteht auch sehr große Verwirrung hinsichtlich des Unterschiedes zwischen Geist und Seele. In einigen alchimistischen Lehren (vgl. Glossar) wird der Geist als Yang bzw. männlich angesehen und die Seele als weiblich. Das ist eine hilfreiche Definition, mit der wir arbeiten können.

Der Geist kann also als reine Flamme angesehen werden. Er ist klar, direkt, ewig und hat initiatorische Qualitäten. Der Geist initiiert; er herrscht über das Leben und die Aufgaben, vor die es uns für unsere Weiterentwicklung stellt. Er strebt nach Vollendung, er befehligt Handlungen, damit wir die Aufgaben meistern lernen, und er lässt Inspiration und Einsichten aufblühen.

In jedem Menschen gibt es einen Funken bzw. eine Essenz, deren Licht nie ganz verlöschen kann. Diese Flamme brennt weiter – sie ist größer als unsere Verhaltensmuster, unsere Reaktionen auf das Leben; sie bleibt unberührt von Persönlichkeitsmängeln oder Charakterschwächen bzw. moralischen Mängeln und selbst beim größten Verbrecher geht diese Flamme niemals aus. Wenn wir diese Essenz in uns selbst kennen und sie in anderen achten, dann werden wir mit großer Wahrscheinlichkeit andere Menschen nicht schlecht behandeln können.

Wenn das Stirnchakra aktiv ist, dann motiviert es uns, vollständige innere Harmonie von Körper, Verstand, Emotionen, Geist und Seele zu erlangen.

Die meisten von uns glauben, dass geistige Angelegenheiten von der Inspiration abhängen. Das Wort »Inspiration« bedeutet jedoch ebenfalls »Einatmung«. Der griechische Begriff *pneuma* und der lateinische Begriff *spiritus* bedeuten sowohl »Geist« als auch »Atem«. Folglich ist das Stirnchakra auch das Fenster, durch das wir die Inspiration des größeren Geistes einatmen und die Flamme des uns innewohnenden Geistes nähren.

Einsichten verbinden Wahrnehmung und Verstehen miteinander; das ist die höchste Ebene der Intuition. Das erwachte Stirnchakra aktiviert jene Einsichten, die über die Grenze von Zeit und Raum hinausgehen und Begegnungen mit Geistführern und Engeln sowie ein umfassenderes Begreifen der unwägbaren Mysterien ermöglichen.

Der Sanskritname für das Stirnchakra lautet »Ajna« bzw. »Meisterschaft«. Durch die Arbeit mit dem Stirnchakra können wir eine größere spirituelle Meisterschaft über unser Leben erlangen.

Das dem Stirnchakra zugeordnete Element ist Radium. Vielleicht können wir dieses Element nur schwer mit spirituellen Qualitäten in Verbindung bringen, da wir es als metallisches und radioaktives Element kennen, das in Röntgenstrahlen, bei der Strahlentherapie und bei der Herstellung von Leuchtstoffen verwendet wird.

Als ich Gildas über Radium als Element für das Stirnchakra befragt habe, hat er Folgendes geantwortet:

❾ *Radium bringt Kraft und Licht. Es ist am Aufbrechen von Mustern beteiligt und ermöglicht so eine Neuordnung. Es hat eine hohe Schwingungsrate. Seine Symbolik im Stirnchakra stellt die Leichtigkeit dar, mit der es auf mehr als einer Ebene bzw. Dimension wirkt und gleichzeitig materiell inkarniert ist. Es geht bei diesem Element um die Begegnung von Licht und Geist in der Materie.* ❻

Der Geist ist seinem eigentlichen Wesen nach numinos. (Dieser Begriff bezieht sich auf das Göttliche und bedeutet »schauervoll und anziehend zugleich« – Anm. d. Ü.) Sofern das Stirnchakra nicht fest mit anderen Chakren im Chakrenteam verbunden ist, besteht die Gefahr, dass der spirituelle Sucher eine allzu numinose Beziehung gegenüber dem Leben entwickelt. Wenn wir irrtümlicherweise die spirituelle Reise so verstehen, dass es darum geht, uns ausschließlich auf die Entwicklung höherer Fähigkeiten und veränderter Bewusstseinszustände zu konzentrieren, dann könnte es sein, dass die Persönlichkeit, durch die der Geist hindurchleuchten muss, ein zu zersplittertes und zerbrechliches Gefäß ist, um das

Licht zu halten. Aus diesem Grunde ist die Verbindung zwischen dem Chakrenpaar Solarplexus und Stirn außerordentlich wichtig.

Der Solarplexus ist sowohl mit der Vision sowie mit der Identität und der Persönlichkeitsentwicklung verbunden (vgl. dazu auch Kapitel 7). Wenn die Verbindung zwischen dem Solarplexus, der Kehle und dem Sakralchakra geschaffen worden ist, dann kann das kraftvolle Radium-Licht des Geistes die Persönlichkeit wahrhaftig inspirieren und die Aspekte des Geistes aktivieren, die an die Materie gebunden sind.

Wir haben bereits gesehen (hauptsächlich in den Kapiteln 4 und 5) und werden es auch in diesem und in Kapitel 9 wieder sehen, wie die Verbindung des Herzens mit seinen anderen wichtigen Chakren innerhalb des Chakrensystems zur Manifestation von Weisheit und Liebe führen kann. Der Geist fügt dem jedoch noch die Perspektive reiner Inspiration und Erhellung hinzu.

Die Arbeit mit der Verbindung zwischen Ihrem Solarplexus und Ihrem Stirnchakra erhöht das Potential Ihres essentiellen, höheren und wahren Selbst, sie lässt Ihre integrierte Persönlichkeit erstrahlen und inspiriert sie. Außerdem kann auf diese Weise die Harmonie Ihres Wesens eine hohe Ausdrucksebene erreichen.

Solarplexus und Krone als Chakrenpaar

Die Hauptverbindung zwischen dem Stirnchakra und dem Kronenchakra ist diejenige zwischen Seele und Geist. Der Solarplexus bildet zusammen mit dem Stirnchakra ein Paar und mit dem Kronenchakra ein weiteres Paar und alle drei zusammen bilden eine Triade. Der Solarplexus hat also eine Verbindung sowohl zu der Vision des Geistes wie auch zu derjenigen der Seele.

Wenn der Geist Yang ist, dann ist die Seele Yin. Sie nimmt die Erfahrungen der Evolution auf und integriert sie. Sie trägt das Gewicht sämtlicher Erfahrungen, die gesammelt wurden, bis alles Karma geklärt worden ist. Während des Entwicklungsprozesses gewinnt die integrierende Seelenschnur ebenfalls an Weisheit und Visionskraft. Dieser integrierende Teil ist das »höhere Selbst« bzw. der »höhere Wille«.

Das Kronenchakra ist das Fenster, durch das wir uns mit dem höheren Willen verbinden, und der Solarplexus ist der Sitz des niederen Willens. Wenn der höhere und der niedere Wille sich in einer guten Beziehung zueinander befinden und miteinander kommunizieren, dann kann das Leben leichter und sinnvoller werden.

Wir neigen dazu, alles »Höhere« als Autorität anzusehen, und auf diese Autorität die Qualitäten eines urteilenden, fordernden und strengen Lehrers zu übertragen. Das höhere Selbst hat einen schlechten Ruf! Der Erfolg der Partnerschaft zwischen höherem und niederen Willen besteht teilweise darin, dass der niedere Wille sich seiner selbst genügend bewusst sein sollte, um Selbständigkeit zu erlangen. Während dieser Prozess stattfindet, kann der spirituelle Weg voller Stolpersteine und Gefahren sein. Wenn wir jedoch den Überblick, die Weisheit und die von Mitgefühl getragene Hilfe des höheren Selbst annehmen, dann sehen wir Licht am Ende des spirituellen Tunnels. Unser höheres Selbst ist kein strenger Lehrer, der eine karmische Last auf die andere häuft. Es sehnt sich danach, dass wir in unserem Leben Erfüllung, Glück und Erfolg finden, und es möchte mit uns zusammenarbeiten, damit die Entwicklung so glatt wie möglich ablaufen kann.

Die Verbindung zwischen Solarplexus und Krone bedeutet, dass zwei wichtige Aspekte harmonisch zusammenarbeiten, anstatt womöglich unterschiedliche Pole zu schaffen, die zueinander in Konkurrenz stehen und ein Tauziehen miteinander veranstalten.

Solarplexus und Herz als Chakrenpaar

Auf der Reise, auf der sich der niedere Wille mit dem höheren Willen verbindet, bringt das Herz Mitgefühl, Weisheit und Zärtlichkeit ein, um so die Schaffung einer Verbindung zwischen dem Solarplexus und der Krone zu ermöglichen; gleichzeitig bilden der Solarplexus und das Herz jedoch ein eigenes Chakrenpaar.

Die vollständige Integration der Persönlichkeit kann nur dann stattfinden, wenn die Herzqualitäten aktiviert sind. Das integrierte Wesen hat Zugang zur Herzenergie, und es setzt sie in seinem Alltagsleben, seinen Beziehungen, bei seinen Gefühlen und seinen Werturteilen ein. Das innere Wesen und insbesondere das innere Kind können keine wirkliche Kompetenz entwickeln, bis nicht die Herzenergie verfügbar ist, um das Selbst zu leiten. Der Fluss im Herzen fördert auf der einen Seite ein echtes Gefühl von Selbstwert und hält dieses auf der anderen auch unter Kontrolle, indem er es aus seiner Ich-Zentriertheit heraushebt, um »die Herrlichkeit Gottes zu verwirklichen, die in uns ist« (vgl. Seite 124 für den Rest dieses Zitates aus der Antrittsrede von Nelson Mandela).

Solarplexus, Stirn und Krone als Chakrentriade

Das letztliche Ziel der Entwicklung ist die Vermählung (bzw. Neuvermählung) von Seele und Geist. Diese kann nur stattfinden, wenn alles Karma geklärt worden ist und die volle Natur und sämtliche Möglichkeiten des Lebens verstanden worden sind. Der Solarplexus wird in diesem Zusammenhang zu einer wichtigen Brücke, da er das Leben verdaut, das Auge der Vision auf das Leben richtet und es uns ermöglicht, ein Bewusstsein hinsichtlich unseres Daseins hier auf der Erde zu entwickeln.

Bei der Arbeit zur Aktivierung der Solarplexus-, Stirn- und Kronenchakrentriade fließt aufrichtiges Engagement und Bewusstheit in die spirituelle Suche mit hinein.

Die Arbeit mit Geistführern und Engeln

Die Verbindungen zwischen dem Solarplexus und dem Herzchakra, dem Solarplexus und dem Stirnchakra sowie zwischen dem

Solarplexus und dem Kronenchakra und die Aktivierung der So-
larplexus-, Stirn- und Kronenchakrentriade stärken die energetischen Kanäle, die die Kommunikation mit anderen Dimensionen
ermöglichen und absichern. Sie sollten sich darüber im Klaren sein,
dass die Kommunikation mit Geistführern und Engeln ein um-
fangreiches Thema ist. In meinem Buch *Working with Guides and
Angels* (vgl. Bibliographie) gehe ich näher darauf ein.

Gildas hat das Wesen und die Funktion von Geistführern folgendermaßen beschrieben:

❥ *Der ursprüngliche Funke bzw. die Seele stammt aus der Quelle.
Um wie die Quelle zu werden und um sicherzustellen, dass
die Quelle nicht statisch wird, inkarniert sich die Seele und reist
durch viele Leben hindurch, um sich weiterzuentwickeln.
Allmählich bildet sich ein überprüfendes, beobachtendes bzw.
höheres Selbst heraus; wenn eine Inkarnation stattfindet,
personifiziert sich jedes Mal nur ein Teil des Ganzen, um die
weiterführenden Erfahrungen zu machen, die die Essenz
in ihrem Streben nach Ganzheit benötigt.
Wenn die Seelenschnur ausreichend entwickelt ist, dann stellt
das Rad der Wiedergeburten nicht länger den Hauptfokus dar.
Dann ist die Möglichkeit gegeben, um auf dem Weg der Weiterentwicklung voranzuschreiten, indem man auf unterschiedliche
Art und Weise dient. Geistführer und Vermittler zwischen den
Welten haben zugestimmt, uns auf unserer kollektiven Reise
zu unterstützen, indem sie den weniger begrenzten Blick und
die weitere Perspektive anderer Seinsebenen mit uns teilen. Aus
diesem Grund suchen wir Individuen auf der Erde, mit denen
wir kommunizieren können. Unser Ziel besteht darin, die
Erfahrung der Inkarnation für euch weniger engstirnig und
begrenzt sein zu lassen.
Geistführer können sich zum Zwecke der Kommunikation
zwischen den verschiedenen Seinsebenen hin und her bewegen.*

Wenn sie mit inkarnierten Menschen Kontakt aufnehmen, dann verfolgen sie damit unterschiedliche Anliegen bzw. Ziele. Für einige wird der Hauptfokus auf der Heilung liegen, für andere auf dem Lehren, wieder andere möchten Künstler, Dichter Architekten, Musiker oder Schriftsteller inspirieren.
Unser Wesen ist auf diesen Ebenen diffuser als euer Wesen auf der Erde, es ist nicht so dicht und fest. Wir nehmen eine Persönlichkeit an, damit wir einen besser verständlichen, direkten und von Zärtlichkeit geprägten Kontakt mit euch haben – aber wir haben nicht länger unter den Begrenzungen der Persönlichkeit zu leiden, so wie ihr es tut. ❍

Der Glaube an Engel ist mit der spirituellen Suche der Menschheit verwoben. Von der ungeschulten Verehrung bis hin zu Mythen, Glaubenssystemen von Stämmen sowie jeder Form von religiöser Praxis waren Engel diejenigen, an die man sich im Gebet wandte, und ebenso waren sie Gäste auf Feiern und bei Ritualen.

Engel bringen uns Licht; sie bringen uns zum Lachen und befähigen unseren begrenzten Verstand, zu einem umfassenderen Verständnis von Göttlichkeit, Unendlichkeit und dem universellen Plan zu gelangen.

Viele nicht inkarnierte Führer weisen uns jetzt darauf hin, dass Engel eine persönlichere Beziehung zu den Menschen anstreben. Sie wollen uns das Wesen des Lichts lehren und uns helfen, die Dimension der Schwerkraft ebenso wie diejenige der Aufhebung der Schwerkraft zu verstehen.

Geistführer sind Teil des menschlichen Bewusstseinsstroms, Engel sind es jedoch nicht. Geistführer waren einmal inkarniert, Engel werden es niemals sein. Geistführer und Menschen werden niemals Engel werden. Die Engel manifestieren göttliche Prinzipien bzw. die Archetypen der höheren Qualitäten für uns. Wenn wir danach streben, das Potential unseres Lebens als Mensch zu erfüllen, dann kommen wir den Engeln näher.

Das Wort »Engel« bedeutet Bote. Wenn Sie mit Engeln kommunizieren, dann können Sie Botschaften in den Kosmos schicken und auch welche von dort empfangen; es handelt sich hier um einen Botendienst, der in beiden Richtungen funktioniert.

Auf die Frage, wie man zwischen den Botschaften, die von Engeln stammen und denjenigen von Geistführern unterscheiden könne, sagte Gildas:

> ❥ *Stelle dir Glockenläuten vor. Die höheren, helleren Töne sind diejenigen der Engel. Die tieferen Töne sind diejenigen der Geistführer. Ein Glockenspiel ist ein Zusammenspiel von vielen verschiedenen Harmonien.* ❦

Um die Kommunikation mit Geistführern und Engeln in Gang zu bringen, müssen das Kehl-, das Stirn- und das Kronenchakra offen und aktiv sein, so dass wir unseren Teil der Reise absolvieren können, um diesen Wesen von seltenerer Substanz zu begegnen. Wir müssen ihnen entgegenreisen und dürfen nicht einfach erwarten, dass sie auf uns zukommen und uns erwecken. Wir brauchen ein offenes Herzchakra, um von unserer inneren Weisheit aus mit der höheren Weisheit zu kommunizieren und ihre Führung so auf bestmögliche Weise zu nutzen. Wir brauchen eine aktive Verbindung zwischen dem Solarplexus, dem Stirn- und dem Kronenchakra, um ihre Führung in unserem Leben wirksam einsetzen zu können.

Die Übungen 35 und 36 auf den Seiten 257 ff. werden von Gildas empfohlen, um den Kontakt mit unseren Geistführern und Engeln herzustellen.

FALLSTUDIE   ***Den Geist befreien***

Marion war vor kurzem in Rente gegangen. Sie war Einzelkind und erst geboren worden, als ihre Mutter bereits über vierzig war. Marion hatte immer schwer gearbeitet, um ihre Eltern im Alter zu unterstützen. Ihr Vater war vor längerer Zeit gestorben, ihre Mutter etwa zwei Jahre, bevor Marion mich zum ersten Mal aufsuchte.

Nachdem ihre Mutter gestorben war, hatte Marion weitergearbeitet, da sie Geld sparen wollte, um reisen zu können. Nach der Schule hatte sie eine Banklehre gemacht und bis zu ihrer Pensionierung eine leitende Position erreicht. Durch ihre Banktätigkeit war sie ein wenig herumgekommen, aber insbesondere in den letzten Jahren hatte sie es vermieden, sich zu weit von zu Hause wegzubewegen. Sie hatte sich danach gesehnt, etwas von der Welt zu sehen, gleichzeitig fühlte sie sich jedoch sehr stark ihren Eltern gegenüber verpflichtet und hatte diese Verpflichtung klaglos auf sich genommen.

Seit ihrer Rente war Marion in einige exotische Länder gereist. Sie kam auf die Empfehlung einer Freundin zu mir, denn, obwohl ihre Reisen aufregend gewesen waren und in gewisser Hinsicht die Erfüllung eines Traums darstellten, hatte sie dennoch das Gefühl, dass sie nach etwas suchte, das sie noch nicht gefunden hatte.

Schon nach kurzer Zeit war klar, dass das, was Marion eigentlich suchte, eine innere Reise war. Zunächst einmal wollte sie lediglich mehr über sich selbst und ihre Psyche erfahren. Schließlich begann sie auch, Fragen über Geistführer, Engel und die spirituelle Dimension zu stellen. Obwohl sie sich nie für die etablierte Religion interessiert hatte, begann sie jetzt mit einer umfangreichen Lektüre von Büchern über Philosophie, Buddhismus und das New Age, wozu unter anderem auch Informationen über mediale Führung und Lehren gehörten.

Einige Zeit später machte Marion die Entdeckung, dass sie wunderschöne Gedichte channeln konnte, von denen einige in einem Gedichtband veröffentlicht wurden. Ihre Lebensgeschichte war im Großen und Ganzen direkt und ohne große Umwege verlaufen, aber als sie die Fenster ihrer Seele öffnete und ihren Geist befreite, bekam ihr ansonsten sehr weltlich erscheinendes Leben einen ganz neuen Sinn. Ihre Fähigkeit, zu meditieren und schöne Worte zu channeln, machte sie sehr glücklich, und dieses Glück strahlte sie auch aus. Sie vertraute mir an, dass

viele ihrer Freunde sie gefragt hatten, ob sie sich seit ihrer Rente insge-
heim einen Liebhaber gesucht hätte. In gewisser Hinsicht hatte sie das
Gefühl, mit Hilfe von psychologischem Verstehen und spiritueller Arbeit dies auch getan zu haben. Sie hatte sich ein inneres Gleichgewicht
erworben, das sie ganz zufrieden machte und ihr ein Strahlen von innen
heraus verlieh.

Die Archetypen: Der Guru und der Anhänger

Der Guru und der Anhänger sind als Archetypen für dieses Kapitel ausgewählt worden, weil wir auf unserer spirituellen Suche oft-
mals darauf angewiesen sind, einen Lehrer zu finden. Gildas hat
dazu gesagt, dass der Guru und der Anhänger zum Fische-Zeitalter
gehören. Er sieht sie als Archetypen an, die sich selbst Ewigkeit
verleihen. Der Guru bleibt Guru und der Anhänger bleibt Anhänger. Der Anhänger gibt dem Guru Macht, aber der Guru arbeitet
nicht darauf hin, sich selbst überflüssig zu machen. Gildas ermutigt
uns für das kommende Wassermann-Zeitalter, in unserer Suche
wählerisch zu sein und Lehrer zu bevorzugen, die in ihren Schülern
das Gefühl für ihre eigene Macht wecken wollen und die sich damit
zufrieden geben, sich durch ihre Arbeit allmählich überflüssig zu
machen.

Wir sollten auch nicht davon ausgehen, dass unsere inneren
Führer Gurus sind, die sklavischen Gehorsam von uns verlangen.
Unsere Geistführer möchten uns eine andere Sicht der Dinge ver-
mitteln; in vielen Fällen bieten sie spirituelle Lernprozesse und
Trost an, aber sie möchten nicht unser Leben für uns leben, noch
möchten sie, dass wir erwarten, dass sie das tun.

Es gibt keine formelle Übung, um mit dem Guru und dem Anhänger in diesem Kapitel Kontakt aufzunehmen. Ich bitte Sie lediglich, über diese beiden Archetypen und über die Konzepte
Selbstverantwortung und innere Ressourcen nachzudenken.

Übung 31   *Die Energien des Solarplexus*
                und des Stirnchakras
                miteinander verbinden

Diese Übung sollten Sie im Sitzen oder Stehen ausführen, wobei Ihr Rücken aufrecht und Ihr Kopf gut auf Ihrem Hals balanciert sein sollte. Richten Sie Ihren Körper symmetrisch aus und überkreuzen Sie Ihre Beine nicht, außer wenn Sie im Schneidersitz oder Lotossitz sitzen.

- Beginnen Sie mit der Beatmung des zentralen Energiekanals (vgl. Seite 29).
- Richten Sie Ihre Aufmerksamkeit auf Ihr Solarplexuschakra und nehmen Sie dabei Ihren Atemrhythmus zu Hilfe. Atmen Sie durch die Blütenblätter ein und durch den Stiel aus (fünf bis zehn Atemzüge lang).
- Konzentrieren Sie sich auf Ihr Stirnchakra. Atmen Sie durch seine Blütenblätter ein und durch seinen Stiel aus (fünf bis zehn Atemzüge lang).
- Konzentrieren Sie sich noch einmal auf Ihr Solarplexuschakra. Atmen Sie durch die Blütenblätter dieses Chakras ein, halten Sie Ihren Atem so lange in seiner Mitte, bis Sie bis drei gezählt haben. Lenken Sie Ihren Atem dann durch Ihren zentralen Energiekanal nach oben bis zur Mitte Ihres Stirnchakras. Atmen Sie durch die Blütenblätter Ihres Stirnchakras aus (fünf bis zehn Atemzüge lang).
- Konzentrieren Sie sich auf Ihr Stirnchakra. Atmen Sie durch die Blütenblätter Ihres Stirnchakras ein. Halten Sie Ihren Atem so lange in der Mitte des Stirnchakras, bis Sie bis drei gezählt haben. Lenken Sie Ihren Atem dann durch den zentralen Energiekanal nach unten in Ihr Solarplexuschakra und atmen Sie durch seine Blütenblätter aus (fünf bis zehn Atemzüge lang).
- Beenden Sie diese Übung mit der Beatmung des zentralen Energiekanals, wobei Sie zum Schluss nach unten, die Wirbelsäule hinunter atmen.

Übung 32   **Die Energien des Solarplexus**
            und des Kronenchakras
            miteinander verbinden

Setzen oder legen Sie sich hin wie in Übung 31 oben beschrieben.

- Beginnen Sie mit der Beatmung des zentralen Energiekanals (vgl. Seite 29).
- Konzentrieren Sie sich auf Ihr Solarplexuschakra, atmen Sie durch seine Blütenblätter ein und durch seinen Stil aus (fünf bis zehn Atemzüge lang).
- Konzentrieren Sie sich weiterhin auf Ihr Solarplexuschakra, atmen Sie in die Mitte dieses Chakras ein und halten Sie Ihren Atem dort so lange, bis Sie bis drei gezählt haben. Lenken Sie Ihren Atem dann durch den zentralen Energiekanal nach oben und atmen Sie durch Ihr Kronenchakra aus (fünf bis zehn Atemzüge lang).
- Beenden Sie diese Übung mit der Beatmung des zentralen Energiekanals, wobei Sie zum Schluss nach unten, die Wirbelsäule hinunter atmen.

ÜBUNG 33   ***Die Energien des Solarplexus
und des Herzchakras
miteinander verbinden***

Setzen oder legen Sie sich hin wie in Übung 31 oben beschrieben.

- Beginnen Sie mit der Beatmung des zentralen Energiekanals (vgl. Seite 29).
- Konzentrieren Sie sich auf Ihr Solarplexuschakra, atmen Sie durch seine Blütenblätter ein und durch seinen Stil aus (fünf bis zehn Atemzüge lang).
- Atmen Sie durch die Blütenblätter Ihres Solarplexuschakras ein, halten Sie Ihren Atem so lange in der Mitte dieses Chakras, bis Sie bis drei gezählt haben. Lenken Sie Ihren Atem dann durch den zentralen Energiekanal nach oben in die Mitte Ihres Herzchakras und atmen Sie seine Blütenblätter aus (fünf bis zehn Atemzüge lang).
- Atmen Sie durch die Blütenblätter Ihres Herzchakras ein und durch seinen Stiel aus (fünf bis zehn Atemzüge lang).
- Atmen Sie durch die Blütenblätter Ihres Herzchakras ein und lenken Sie Ihren Atem in die Mitte dieses Chakras. Halten Sie Ihren Atem so lange dort, bis Sie bis drei gezählt haben, lenken Sie Ihren Atem dann durch den zentralen Energiekanal nach unten in die Mitte Ihres Solarplexuschakras und atmen Sie durch seine Blütenblätter aus (fünf bis zehn Atemzüge lang).
- Beenden Sie diese Übung mit der Beatmung des zentralen Energiekanals, wobei Sie zum Schluss nach unten, die Wirbelsäule hinunter atmen.

Übung 34   ***Die Energien des Solarplexus, des Stirnchakras und des Kronen-chakras zu einer Triade verbinden***

Setzen oder legen Sie sich hin wie in Übung 31 oben beschrieben.

- Beginnen Sie mit der Beatmung des zentralen Energiekanals (vgl. Seite 29).
- Atmen Sie durch die Blütenblätter Ihres Solarplexuschakras ein und durch seinen Stil aus (fünf bis zehn Atemzüge lang).
- Atmen Sie durch die Blütenblätter Ihres Stirnchakras ein und durch seinen Stiel aus (fünf bis zehn Atemzüge lang).
- Atmen Sie tief durch die Blütenblätter Ihres Solarplexuschakras ein, halten Sie Ihren Atem so lange in seiner Mitte, bis Sie bis drei gezählt haben. Lenken Sie Ihren Atem dann durch den zentralen Energiekanal nach oben in Ihr Stirnchakra und atmen Sie durch seine Blütenblätter aus. Atmen Sie jetzt durch die Blütenblätter Ihres Stirnchakras, lenken Sie Ihren Atem bis in seine Mitte und halten Sie nach der Einatmung inne, während Sie visualisieren, wie die Atemenergie durch Ihren zentralen Energiekanal nach oben strömt, durch Ihr Kronenchakra hindurchfließt und an der Vorderseite Ihres Körpers wieder nach unten strömt. Und visualisieren Sie bei der Ausatmung, wie die Energie in die Mitte Ihres Solarplexuschakras hineinströmt und dann schließlich durch den Stiel nach außen geht (fünfmal zwei Ein- und Ausatmungssequenzen).
- Beenden Sie diese Übung mit der Beatmung des zentralen Energiekanals, wobei Sie zum Schluss nach unten, die Wirbelsäule hinunter atmen.

ÜBUNG 35   *Eine innere Begegnungsstätte für die Arbeit mit Geistführern und Engeln schaffen*

Sorgen Sie dafür, dass Sie ungestört bleiben und halten Sie eine Decke bereit für den Fall, dass Ihnen kalt werden sollte. Legen Sie sich Schreib- und Zeichenutensilien zurecht, bevor Sie sich im Sitzen oder Liegen in einer bequemen Position niederlassen, in der ihr Körper symmetrisch ausgerichtet ist.

- Spüren Sie Ihren Atemrhythmus ... Lassen Sie allmählich Ihren Atem in Ihr Herzzentrum hineinströmen und reisen Sie in Ihre innere Landschaft. Sie finden sich auf einer Wiese wieder ...
  Aktivieren Sie Ihre sämtlichen Sinnesorgane und betrachten Sie die Farben und die Gegenstände ... Riechen Sie die Düfte ... Lauschen Sie den Geräuschen ... Fühlen Sie die Beschaffenheit der Dinge in Ihrer Umgebung ... Schmecken Sie die unterschiedlichen Geschmacksrichtungen.
- Schauen Sie von der Wiese aus auf die Landschaft, die Sie umgibt ... In der Nähe befindet sich ein gewundener Pfad, der in die Hügel hinein- und weiter in die Berge hinaufführt ...
- Sie werden auf diesem Pfad hinaufwandern, und Sie wissen, dass Sie zu einem Plateau gelangen möchten, das sich in der Nähe eines Berggipfels befindet, jedoch nicht über die Baumlinie hinausgeht ...
- Gehen Sie in Ihrem eigenen Tempo bis zu diesem Plateau und nehmen Sie die Landschaft wahr, durch die Sie gehen ...
- Nehmen Sie sich auf dem Plateau Zeit, um die Umgebung zu erforschen ... Sie werden dort wahrscheinlich eine Quelle mit klarem, fließendem Wasser entdecken, an der Sie sich erfrischen können, und es könnte sein, dass sich dort eine kleine Schutzhütte oder ein Ruheplatz für Reisende befindet ... Vielleicht befindet sich dort auch ein natürlicher geschützter Ort mit einem sonnendurchwärmten

Felsen, gegen den Sie Ihren Rücken lehnen können, während Sie in die Landschaft hinausschauen... Während Sie das Plateau auskundschaften, suchen Sie auch nach einem Ort, an dem Sie sich gerne hinsetzen und mit offenem Herzen und ohne besondere Erwartungen warten möchten...

- Wenn Sie sich an dem Platz Ihrer Wahl niedergelassen haben, dann genießen Sie den Frieden dort... Wenn es in Ihrem Herzen eine Frage gibt, dann halten Sie sie dort und denken Sie entspannt darüber nach...

- Erwarten Sie in dieser Phase nicht, dass Sie eine Erscheinung sehen, und laden Sie sie auch nicht ein, sondern versuchen Sie eher, sich an dieser Begegnungsstätte niederzulassen... Sie haben Ihren Teil der Reise gemacht... Dieses Gebiet gehört Ihnen, aber seien Sie sich bewusst, dass es auch Teil der Brücke zu anderen Welten und anderen Ebenen ist...

- Bleiben Sie nicht länger als zehn Minuten dort... Wenn Sie zur Rückkehr bereit sind, dann trinken Sie noch einmal von der Wasserquelle... Suchen Sie sich Ihren Weg zurück zu der Wiese...

- Wenn Sie auf der Wiese angekommen sind, richten Sie Ihr Bewusstsein erneut auf den Atem in Ihrem Herzzentrum... auf das Bewusstsein Ihres Körpers und auf Ihren Kontakt mit dem Boden... auf Ihre äußere Umgebung... Stellen Sie sich vor, dass Sie von einem Lichtmantel umhüllt sind, an dem sich auch eine Kapuze für Ihren Kopf befindet...

- Nehmen Sie sich Zeit, um Ihre Reise aufzuschreiben oder aufzumalen.

ÜBUNG 36   *Ihren Schutzengel*
            näher zu sich bringen

Sorgen Sie dafür, dass Sie ungestört gestört bleiben. Setzen oder legen Sie sich in eine bequeme Position, in der Ihr Körper symmetrisch ausgerichtet sein sollte. Legen Sie eine Decke bereit für den Fall, dass Ihnen kalt werden sollte, sowie Schreib- und Zeichenutensilien, um Ihre Reise im Anschluss aufzuzeichnen.

- Spüren Sie Ihren Atemrhythmus ... Bringen Sie allmählich diesen Rhythmus in Ihr Herzchakra hinein ... Reisen Sie auf Ihrer Herzenergie in Ihre innere Landschaft hinein ... Finden Sie sich auf einer Wiese wieder ... Aktivieren Sie Ihre sämtlichen Sinnesorgane und betrachten Sie die Sie umgebenden Farben und Gegenstände ... Lauschen Sie den Geräuschen ... Fühlen Sie die Beschaffenheit der Dinge in Ihrer Umgebung ... Riechen Sie die Düfte ... Schmecken Sie die unterschiedlichen Geschmacksrichtungen.
- Auf Ihrer Wiese befindet sich ein Regenbogen ... Sie können tatsächlich den Ort wahrnehmen, an dem der Regenbogen beginnt bzw. endet ... All die leuchtenden, durchscheinenden Farben des Spektrums strömen hinunter und in die Erde hinein ... Stehen Sie in diesem Regenbogenlicht, und wenn Sie dann die Farben erleben, bitten Sie darum, dass die bestimmte Farbe, die Ihnen helfen wird, Ihren Schutzengel näher zu sich zu bringen, Sie vollkommen durchdringt und Ihnen Heilung und Harmonie schenkt ...
- Verlassen Sie den Regenbogen, aber wenn Sie dann noch einmal auf die Wiese hinausgehen, dann werden Sie weiterhin von den Farben, die Sie ausgewählt haben (oder der Farbe, von der Sie ausgewählt wurden), umgeben sein ... Spüren Sie, wie Sie beginnen, an den Rändern ein wenig weich zu werden und in die Farbe hineinzuschmelzen ...
- Lassen Sie die Farbe Sie als weiche Struktur umgeben, wie das sanfte Streifen und der sanfte Schutz eines Engelflügels ... Fühlen Sie sich

mit Licht umgeben und beschützt, aber auch frei, wenn die Farbe zu Ihrem Schutzengel wird, der Sie sanft in seinen Armen hält ...

- Ihr Engel trägt vielleicht mehr als eine Farbe in seinem Licht ... Lassen Sie diese Farben sich entwickeln und spüren Sie ihre beschützende Qualität ...

- Erinnern Sie sich an eine Zeit in Ihrem Leben, als Sie das Gefühl hatten, dass es einen beschützenden Einfluss um Sie herum gab, obwohl Sie sich in Gefahr befanden oder einem Risiko ausgesetzt waren ... Danken Sie Ihrem Schutzengel für dieses Einschreiten ... Bitten Sie Ihren Schutzengel noch einmal, Ihnen diesen Schutz und die Hilfe, die Sie zu jeder Zeit umgibt, immer stärker bewusst zu machen ...

- Wenn Sie bereit sind, aus dieser Erfahrung zurückzukommen, dann suchen Sie sich Ihren Weg durch die Wiese und spüren Sie dabei Ihren Engel hinter sich oder an Ihrer Seite ... Kehren Sie zu einem Bewusstsein zurück, in dem Sie Ihren Atemrhythmus in Ihrem Herzzentrum wahrnehmen ... Werden Sie sich Ihres physischen Körpers und Ihres Kontaktes mit der Erde bewusst ... Bringen Sie das Gefühl für die Präsenz Ihres Schutzengels in Ihre äußere Welt hinein ... Erinnern Sie sich an die Farben und an die starke und gleichzeitig sanfte Präsenz Ihres Schutzengels, wann immer Sie sich besorgt oder in Not fühlen.

Farben

Die Farben für das Stirnchakra sind Indigo, Türkis und Malve.

Indigo ist eine Farbe, die schwer auszumachen und zu beschreiben ist; es handelt sich bei ihr weder um ein Purpurrot noch um ein Marineblau. Indigo ist eine intensive Farbe von großer Tiefe; manchmal ist sie fast schwarz, enthält jedoch immer eine Spur Rot. Die für die Chakrenarbeit geeignete Farbe sollte transparent sein, so wie Farben aussehen, wenn Sonnenlicht durch bunte Glasscheiben scheint. Für die Öffnung und Erweckung des Stirnchakras ist es bereits eine gute Übung, wenn man versucht zu lernen, Indigo auszumachen.

In positiver Hinsicht bringt Indigo Frieden, Selbstvertrauen und ein Gefühl von Sicherheit.

In negativer Hinsicht kann es schwer sein; manchmal wird es auch mit der »dunklen Nacht der Seele« in Verbindung gebracht.

Malve hat im Stirnzentrum einen dunklen Ton, eine Farbschattierung, die sich zwischen Lavendel und Purpur bewegt.

In positiver Hinsicht hilft es, das Numinose mit dem Materiellen in Verbindung zu bringen, und es hebt den Geist an.

In negativer Hinsicht kann es kalt sein und Energien absorbieren; dadurch führt es ein Gefühl von Lethargie herbei.

Die Farbe Türkis ist hell; sie hat die Farbe des Edelsteins mit demselben Namen.

In positiver Hinsicht nährt Türkis unsere Spiritualität, und es fungiert darüber hinaus als spiritueller Schutz.

In negativer Hinsicht kann es unser Urteilsvermögen vernebeln und uns das Gefühl geben, vom Leben distanziert zu sein.

Die Farben für das Solarplexuschakra sind Gelb, Gold und Rosa.

Die Farben für das Kronenchakra sind Violett, Weiß und Gold.

Die Farben für das Herzchakra sind Lindgrün, Rosa und Amethystrosa.

Verwenden Sie diese Farben wie in Übung 8 (Seite 61) vorge-schlagen ist, um Ihre Chakren zu entwickeln, zu erwecken und zu heilen.

Düfte

Weißer Moschus und Hyazinthe beruhigen das Stirnchakra, wäh-rend Veilchen und Rosengeranie es anregen. Wenn Sie sich Sor-gen in Bezug auf Ihre spirituellen Fortschritte machen bzw. me-ditative oder spirituelle Praktiken übereifrig anwenden, dann könnte es sein, dass Sie Ihr Stirnchakra zu stark anregen, was sich durch Kopfschmerzen im Bereich dieses Chakras und seiner Um-gebung anzeigt. In solchen Fällen sollten beruhigende Düfte ver-wendet werden, um den Fluss und die Bewegung in der Stirn da-hingehend zu unterstützen, dass sie sich beruhigen und stetiger fließen.

Wenn Sie gerade erst mit Ihrer spirituellen Entwicklung begon-nen haben, dann verwenden Sie die anregenden Düfte sanft, um das Stirnchakra zur Öffnung anzuregen und es zu unterstützen, in Ihrem Sinne zu funktionieren. Die beruhigenden Düfte für das So-larplexuschakra sind Vetiver und Rose, die anregenden Bergamot-te und Ylang-Ylang. Die beruhigenden Düfte für das Herzchakra sind Sandelholz und Rose, Kiefer und Geißblatt regen es an. Ros-marin und Bergamotte beruhigen das Krónenchakra, Veilchen und Ambra regen es an.

Wenn Sie die Düfte, wie auf Seite 62 f. vorgeschlagen, mischen, dann wird Sie das in der Verbindung der Chakrenpaare und der Chakrentriade unterstützen.

Edelsteine und Kristalle

Auf Seite 63 f. und im Glossar finden Sie eine allgemeine Anleitung zum Gebrauch von Edelsteinen und Kristallen. Bei den in diesem

Kapitel behandelten Themen sind folgende Edelsteine und Kristalle besonders hilfreich:

Amethyst   Erhöht Ihr spirituelles Bewusstsein und fördert Ihre Visionskraft. Dieser Edelstein ist außerdem ein Schutzstein, der negative Energien aufnimmt und transformiert.

Saphir   Stärkt Ihr spirituelles Bewusstsein und Ihre Kommunikationsfähigkeit. Er erleichtert die Kommunikation mit Geistführern und Engeln.

Weißer Fluorit   Hilft Ihnen, eine Verbindung zwischen dem Stirn- und dem Solarplexuschakra zu schaffen. Er hilft, Depressionen und Desillusionierung zu verhindern.

Elestiale   Helfen Ihnen, den Geist und die Materie zu erwecken und so die Verbindung zu der höchsten verfügbaren Führung zu stärken. Diese Edelsteine ermutigen engelhafte Wesen, sich um Sie herum und in Ihrem Leben aufzuhalten.

Gebete bzw. Affirmationen

Das Gebet bzw. die Affirmation für das Stirnchakra lautet:

❯ *Wir streben danach, durch die Inspiration der Meisterschaft Gottes Herrschaft über uns zu erlangen. Mögen uns wahre Einsichten gewährt werden, und möge der begrenzte Geist zu einem Wissen von seiner Vollendung inspiriert werden.* ❮

Das Gebet bzw. die Affirmation für das Kronenchakra lautet:

❯ *Lasse durch Hingabe und Loslassen den einströmenden Wille wirklich den Willen Gottes sein, der in uns und durch uns arbeitet und uns auf diesem Wege ein immer größeres Wissen von der mystischen Vereinigung und der mystischen Hochzeit vermittelt.* ❮

Das Gebet bzw. die Affirmation für den Solarplexus lautet:

❯ *Mögen durch das Geschenk des Feuers der Verstand, das logische Denken, die Meinungsfindung und die Aufnahme von Informationen sich mit wahrer Inspiration verbinden, so dass wir nicht in Begrenzungen und Trennungen gefangen sein mögen.* ❮

Das Gebet bzw. die Affirmation für das Herzchakra lautet:

❯ *Im goldenen Zentrum der Rose des Herzens möge sich zartes Mitgefühl mit bedingungsloser Liebe vereinen. Möge wahre Loslösung Wachstum und Kontinuität ermöglichen. Möge durch das Verständnis der Geburt im Tod und des Todes in der Geburt echte Transformation geschehen.* ❮

Vorschläge, wie Sie Gebete oder Affirmationen anwenden können, finden Sie auf Seite 64.

KAPITEL 9

Innere Weisheit:
Älter und weiser werden

Schlüsselthemen:
Innere Weisheit, älter und weiser werden, Fülle des Seins

Chakrenpaare:
Herzchakra und Kronenchakra, Herzchakra und Kehlchakra

Archetypus:
Der weise Mann und die weise ältere Frau

Dieses Kapitel wird Ihnen helfen:

- mit dem Prozess des Älterwerdens zurecht-zukommen
- mehr über die Weisheit aus dem Herzen zu lernen
- die Aktivierung und den Ausdruck der Weis-heit zu unterstützen, die Ihr Seelenstiel aus anderen Leben in sich trägt

Bereiche, denen die Chakren zugeordnet werden

Eine Liste der Bereiche, denen das Herzchakra zugeordnet ist, finden Sie auf Seite 104, diejenigen für das Kehlchakra auf Seite 210 und diejenigen für das Kronenchakra auf Seite 32.

Herz und Krone als Chakrenpaar

Wenn wir ein Chakra für sich betrachten, dann steht es in hohem Maße für die Aktivierung bestimmter Eigenschaften. Wenn es mit einem anderen Chakra verbunden ist, mit dem es ein natürliches Paar bildet, dann ist es möglich, dass der eine oder andere Aspekt des Chakras betont wird bzw. ein anderer, tiefer Aspekt eines der Chakren an die Oberfläche tritt.

Wir haben gesehen, dass das Herzchakra mit den Gefühlen verbunden ist, und die Gefühle sind als zweite Ebene der Emotionen definiert worden (vgl. Seite 168 ff.). Wenn zwischen Herz und Krone eine energetische Verbindung besteht, dann tritt dadurch die Qualität der Weisheit hervor. Die Weisheit der Seele ruft die innere Weisheit hervor und bringt sie zum Erwachen und umgekehrt.

Gildas hat gesagt, dass die Wahrscheinlichkeit, eine erfolgreiche Verbindung zu unseren höheren Geistführern aufbauen, paradoxerweise dann am größten ist, wenn unsere innere Weisheit aktiviert worden ist. Wie wir bei der Darstellung der Archetypen des Guru und seiner Anhänger gesehen haben, möchten die wahren Geistführer nicht, dass wir von ihnen abhängig sind. Wie gute, erfahrenere Freunde möchten sie uns helfen, indem sie uns ihre weiterführende Sichtweise anbieten. Dabei möchten sie sich weder aufdrängen, noch uns gegenüber wie überfürsorgliche Eltern auftreten; sie möchten weder in uns eindringen, noch uns beurteilen. Wenn wir ihre Lehren annehmen, sie in Frage stellen, sie deuten und sie als Interpretationsquelle benutzen können, und gleichzeitig unsere eigenverantwortlichen, auf Informationen beruhenden Entscheidungen treffen, dann ist Führung ein wertvolles Instrument. Wenn wir ein überaus großes *Bedürfnis* nach einem Geistführer haben, weil wir mit unserem Leben nicht zurechtkommen, dann können wir zu einem Medium gehen, um Führung zu bekommen, doch unser eigener höherer Geistführer wird so lange nicht zu uns durchdringen, bis unsere Entscheidungskrisen zumindest teilweise gelöst sind.

Die Verbindung zwischen Herz und Krone verleiht uns den Mut, unsere Unterstützungssysteme weise einzusetzen und unser inneres Wissen zum Erblühen zu bringen. Dadurch wird der Kern unseres Wesens, in dem sich jene Integrität befindet, die unseren Weg erleuchtet und unsere Stärke ausmacht, zum Leben erweckt.

Wenn diese Verbindung stärker wird, dann finden wir häufig den Zugang zu unserer Weisheit oder auch zu Fähigkeiten, die wir nicht bewusst erlernt haben. Das könnte man auch als positives Karma bezeichnen. In anderen Leben haben wir viel gelernt. Ein Aspekt der Lehren aus vielen Leben, der allgemein für Verwirrung sorgt, besteht darin, dass wir anscheinend bei jeder Inkarnation das vergessen, was wir früher bereits gelernt haben, so dass wir noch einmal von vorne anfangen müssen. Das liegt daran, dass jedes Leben neue Lektionen für uns bereithält, doch einer der großen Vorteile der Arbeit an den Chakren besteht darin, dass wir unser höchstes Potential allmählich aktivieren bzw. reaktivieren können.

Die Verbindung zwischen Herz und Krone ist der Katalysator, um mit unserem weiteren Wesen in Berührung zu kommen. Vielleicht können wir uns nicht an ganz spezifische vergangene Leben erinnern, doch wir werden erkennen, dass wir zu einer Quelle des Wissens Zugang haben, die sehr viel größer ist als alles, das wir jemals auswendig gelernt oder uns mit Geduld und Ausdauer im unserem jetzigen Leben angeeignet haben.

Herz und Kehle als Chakrenpaar

Während die Verbindung zwischen Herz und Krone unsere Weisheit aktiviert, aktiviert die Verbindung zwischen Herz und Kehle unser Bewusstsein, dass wir sie besitzen. Wir können dieser Weisheit dann in unserem Leben und gegenüber unseren Mitmenschen Ausdruck verleihen; dabei müssen wir nicht dogmatisch sein, uns selbst verherrlichen oder andere herablassend behandeln, sondern wir werden ihnen gegenüber Mitgefühl und Unterscheidungsfähigkeit an den Tag legen.

Unsere Gesellschaft hat den Respekt für die Weisheit des Alters verloren. In der heutigen Zeit wird der wachsende Bevölkerungsanteil der älteren Menschen als gesellschaftliches Problem und finanzielle Belastung angesehen. Die älteren Menschen können das Gefühl bekommen, dass sie Ressourcen aufbrauchen und dass ihre Lebenserfahrung kaum zählt. Wenn man sich allzu sehr diesen Ansichten verschreibt, dann kann daraus eine sich selbst erfüllende Prophezeiung werden. Ältere Menschen können dann kindlich werden, in ihrer Entwicklung regredieren und auf unwürdige Weise abhängig werden.

Wenn wir den reichen Ressourcen, die ältere Menschen häufig besitzen, insbesondere denjenigen spiritueller Natur, Respekt entgegenbringen könnten, dann könnten die auftretenden wirtschaftlichen Probleme einer immer älter werdenden Bevölkerung auf leichtere Art und Weise gelöst werden.

Der Tradition der Indianer zufolge hängt die spirituelle Kontinuität und das Wachstum eines Stammes von der Weisheit, den Lehren und der Initiation ab, die die Großmütter und Großväter geben können. Alter ist ein Mantel für Würde und Respekt. Neue Traditionen entstehen auf natürliche und kreative Weise aus dem Alten ohne den Nachteil und die potentielle Verschwendung der von der Jugend entwickelten Innovationen.

Auf einer spirituellen und seelischen Ebene und vor dem Hintergrund der Vorstellung von mehreren Leben hat das Älter- und Weiserwerden noch eine weitere Dimension. Wir alle haben die weise ältere Frau oder den weisen Mann in uns. Wenn wir über die gegenwärtige Tendenz hinausgehen können, den Prozess des Älterwerdens als peinlich, angsteinflößend, entwürdigend oder widerwärtig zu empfinden, dann wird es uns leichter fallen, Verbindung zu der alten Seele in uns aufzunehmen und uns der Weisheit zu bedienen, die im kollektiven Unbewussten der gesamten Menschheit gespeichert ist (vgl. auch Kapitel 11). Wir könnten sogar über den Punkt hinausgehen, an dem wir als Familie von Wesen immer wieder die gleichen Fehler wiederholen müssen. Wenn wir zu der alten Seele in uns Kontakt aufnehmen, dann werden mit unserem persönlichen Älterwerden besser umgehen können.

FALLSTUDIE   **In Weisheit leben**

Joan war bereits Ende sechzig, als ich sie kennen lernte. Sie war unglücklich, weil sie das Gefühl hatte, dass ihre Familie und ihre Enkelkinder sie als »dumm und nicht intelligent« ansahen.

Joan hatte ihren kranken Ehemann und ihre älter werdende Mutter gepflegt, ohne selbst eine Schul- oder Berufsausbildung zu haben. Daneben hatte sie hart gearbeitet, um das Geld aufzubringen, mit dem sie ihrem Sohn und ihren beiden Töchtern eine gute Ausbildung sichern konnte. Sie hatten gute Leistungen gezeigt und hatten alle entweder ein College oder die Universität besucht; jetzt verfolgten sie erfolgreich ihre beruflichen Karrieren, waren glücklich verheiratet, hatten ein schönes Zuhause und gesunde Kinder. Sie lebten ein modernes Leben in einem hektischen Tempo und waren von Computern, Mobiltelefonen und schnellen Autos umgeben.

Joan hatte den Kontakt zu dem Gefühl verloren, etwas in ihrem Leben geleistet zu haben, indem sie die Talente ihrer Kinder gefördert und so gut für sie gesorgt hatte. Sie hatte das Gefühl, überflüssig zu sein, zu den jungen Leuten keinen wirklichen Kontakt zu haben und von ihnen nicht geschätzt zu werden. Später stellte sich heraus, dass Letzteres objektiv gesehen nicht stimmte, doch in dem Moment stimmte es für sie, und deshalb musste diesem Gefühl Beachtung geschenkt werden. Eigentlich war Joan auch deshalb erfolgreich gewesen, weil sie ihren Kindern eine tiefe Wärme mitgegeben hatte, und diese waren genauso besorgt um sie wie Joan um sich selbst.

Mutig besuchte Joan einige meiner Seminare und fing an, sich für das Heilen, für das sie ein beachtliches Talent besaß, zu interessieren. Allmählich begann sie Heilungssitzungen und Trost anzubieten, und der natürliche Rat, den sie als erfahrener älterer Mensch ihren Freunden in dem Dorf, in dem sie lebte, geben konnte, brachte ihr einen guten Ruf ein. Zu ihrer Verwunderung und Freude fingen die jungen Leute an, sich bei ihr zu Hause zu treffen, wobei sie nicht nur Heilung für sich und ihre Kinder suchten, sondern sie auch bei allen möglichen weltlichen und spirituellen Angelegenheiten um Rat fragten. Sie genossen ihre Gesellschaft, fanden, dass sie sich durch nichts schockieren ließ, und luden sie als Dank zu Familienfeiern und Aktivitäten ein oder halfen ihr beim Einkauf und im Garten, als sie älter wurde.

Zwangsläufig bemerkte auch ihre eigene Familie, dass Joan sich verändert hatte. Wenn sie zu Besuch kamen, war das Haus häufig voller Menschen. Sie sahen, mit welchem Respekt ihre Mutter bzw. Großmutter behandelt wurde, und auch sie begannen nun, sie um Heilungen oder ihren Rat zu bitten.

Um ihr Heiltalent zum Leben zu erwecken, hatte Joan mit ihren Chakren und allen energetischen Verbindungen gearbeitet, jedoch besonders mit der Verbindung zwischen Herz und Krone und derjenigen zwischen Herz und Kehle. In dem Maße, in dem ihre Heilkraft zu fließen begann, floss auch ihre natürliche Weisheit, welche die jungen Leuten in ihrer Nähe beeindruckte, so dass diese instinktiv die weise ältere Frau zu schätzen begannen und ihr in ihrem Dorf und ihrem Leben einen besonderen Platz zukommen ließen.

Jetzt ist Joan älter, als sie gerne zugeben möchte, aber sie ist immer noch aktiv, voller Würde und immer noch gefragt und geachtet.

Die Archetypen:
Die weise ältere Frau und der weise Mann

Wie wir bereits gesehen haben, vernachlässigt unsere Gesellschaft die Archetypen der weisen älteren Frau und des weisen Mannes. Mit zu großem Eifer streben wir nach der Quelle oder dem Elixier ewiger Jugend. Das ist zum einen ein Zeichen dafür, dass wir den Kontakt zu den natürlichen Rhythmen und Zyklen verloren haben, zum anderen zeigt sich darin unsere Angst vor dem Tod und der Vergänglichkeit.

Wir können zahlreiche Aspekte des Lebens leichter verstehen oder sie durchleben, wenn wir an die Ewigkeit des Seins glauben. Die Vorstellung, viele Leben zu leben, kann uns bewusst machen, dass keine Erfahrung je verschwendet ist, und dass wir nicht unter dem Druck stehen, all das, was wir in einem Leben tun wollen, abschließen zu müssen. Solche Vorstellungen machen nicht nur unser Leben leichter, sondern sie helfen uns auch, leichter zu sterben, da wir wissen können, dass unsere Essenz weiterleben wird.

Die Archetypen des weisen Mannes und der weisen älteren Frau personifizieren die Kontinuität der Erfahrung und die andauernde Weisheit.

ÜBUNG 37   *Die Energien des Herzchakras und des Kronenchakras miteinander verbinden*

Sorgen Sie dafür, dass Sie ungestört bleiben. Diese Übung sollten Sie im Sitzen oder Stehen ausführen, wobei Ihr Rücken aufrecht ist. Richten Sie Ihren Körper symmetrisch aus und achten Sie darauf, dass Ihre Beine an den Knien oder Fußgelenken nicht überkreuzt sind, außer wenn Sie im Schneidersitz oder in der Lotosposition sitzen.

- Beginnen Sie mit der Beatmung des zentralen Energiekanals (vgl. Seite 29).
- Richten Sie Ihre Aufmerksamkeit auf Ihr Herzchakra und atmen Sie durch seine Blütenblätter ein und seinen Stiel aus (fünf bis zehn Atemzüge lang).
- Atmen Sie durch die Blütenblätter Ihres Herzchakras ein und lenken Sie Ihren Atem in die Mitte des Herzchakras, wobei Sie Ihren Atem dort so lange halten, bis Sie bis drei gezählt haben, lenken Sie Ihren Atem dann durch den zentralen Energiekanal nach oben in Ihr Kronenchakra und atmen Sie durch Ihre Krone aus (fünf bis zehn Atemzüge lang).
- Atmen Sie durch die Blütenblätter Ihres Kronenchakras ein und lenken Sie Ihren Atem in die Mitte des Kronenchakras, wobei Sie Ihren Atem dort so lange halten, bis Sie bis drei gezählt haben, lenken Sie Ihren Atem dann nach unten in die Mitte Ihres Herzchakras und atmen Sie durch seine Blütenblätter aus (fünf bis zehn Atemzüge lang).
- Beenden Sie diese Übung mit der Beatmung des zentralen Energiekanals, wobei Sie zum Schluss nach unten, die Wirbelsäule hinunter atmen.

ÜBUNG 38   *Die Energien des Herzchakras*
             und des Kehlchakras
             miteinander verbinden

Nehmen Sie dieselbe Position wie in der Übung 37 ein.

- Beginnen Sie mit der Beatmung des zentralen Energiekanals (vgl. Seite 29).
- Richten Sie Ihre Aufmerksamkeit auf Ihr Herzchakra und atmen Sie durch seine Blütenblätter ein und seinen Stiel aus (fünf bis zehn Atemzüge lang).
- Atmen Sie durch die Blütenblätter Ihres Herzchakras ein und schicken Sie Ihren Atem bis in das Zentrum Ihres Herzchakras. Halten Sie Ihren Atem dort so lange, bis Sie bis drei gezählt haben, und lenken Sie Ihren Atem dann durch den zentralen Energiekanal nach oben in das Zentrum Ihres Kehlchakras und atmen Sie durch seine Blütenblätter aus (fünf bis zehn Atemzüge lang).
- Atmen Sie durch die Blütenblätter Ihres Kehlchakras ein und durch seinen Stiel aus (fünf bis zehn Atemzüge lang).
- Atmen Sie durch die Blütenblätter Ihres Kehlchakras ein und schicken Sie Ihren Atem bis in das Zentrum Ihres Kehlchakras. Halten Sie Ihren Atem dort so lange, bis Sie bis drei gezählt haben, und lenken Sie Ihren Atem dann durch den zentralen Energiekanal nach unten in das Zentrum Ihres Herzchakras und atmen Sie durch seine Blütenblätter aus (fünf bis zehn Atemzüge lang).
- Beenden Sie diese Übung mit der Beatmung des zentralen Energiekanals, wobei Sie zum Schluss nach unten, die Wirbelsäule hinunter atmen.

274   *Kapitel 9*

ÜBUNG 39   ***Einen Platz der***
             inneren Weisheit schaffen

Sorgen Sie dafür, dass Sie ungestört bleiben. Richten Sie sich einen
ruhigen Platz ein und nehmen Sie eine bequeme Position im Sitzen oder
Stehen ein, in der Ihr Körper symmetrisch ausgerichtet ist.

- Beginnen Sie mit der Beatmung des zentralen Energiekanals (vgl.
  Seite 29). Wenn sich bei Ihnen ein Gefühl von Zentriertheit und Frieden einstellt, atmen Sie durch die Blütenblätter Ihres Kronenchakras ein und durch die Blütenblätter Ihres Herzchakras aus ...
- Stellen Sie sich im Geiste vor, dass sich Ihr Herzchakra wie eine voll
  aufgeblühte Rose öffnet ... Stellen Sie sich vor, wie Sie sich ins goldene Zentrum dieser Rose hineinbegeben ... Im goldenen Zentrum
  der Rose befindet sich ein ruhiger Punkt der Weisheit und des Wissens ... Suchen Sie diesen ruhigen Punkt auf und bleiben Sie fünf
  bis zehn Minuten lang mit ihm in Kontakt ... (Immer wenn Ihre Aufmerksamkeit abschweift, kehren Sie wieder ruhig zum goldenen
  Zentrum der Rose zurück ...) Vergegenwärtigen Sie sich, dass Sie
  nach Ihrer Rückkehr alle Probleme in Ihrem Leben aus einer anderen, neuen Perspektive sehen werden ...
- Wenn Sie bereit sind, machen Sie sich wieder bewusst, wie Ihr Atem
  durch die Krone Ihres Kopfes einströmt und durch die Blütenblätter
  Ihres Herzchakras ausströmt ... Schließen Sie die Blütenblätter Ihres
  Herzchakras allmählich ... Nehmen Sie mit Ihren Füßen Kontakt
  zum Boden unter Ihnen auf ... Behalten Sie das Gefühl von innerem
  Frieden bei, wenn Sie wieder zu Ihrem normalen Leben zurückkehren ...

ÜBUNG 40   *Über die weise ältere Frau*
                    oder den weisen Mann nachdenken

- Gehen Sie für diese Übung einfach nach innen, ohne eine formale geführte Reise durchzuführen ...
- Stellen Sie sich vor, dass Sie einer uralten weisen Frau oder einem uralten weisen Mann begegnen ...
  - Welches Geschenk möchten Sie dieser Person machen?
  - Welches Geschenk möchten Sie von dieser Person bekommen?
  - Welche Fragen möchten Sie stellen?
  - Was verlangt Ihre uralte innere Person von Ihnen?

Farben

Die Farben für das Herzchakra sind Lindgrün, Rosa und Amethystrosa.

Die Farben für das Kehlchakra sind Blau, Silber und Türkis.

Die Farben für das Kronenchakra sind Violett, Weiß und Gold.

Verwenden Sie diese Farben wie in Übung 8 (Seite 61) vorgeschlagen, um Ihre Chakren zu entwickeln, zu erwecken und zu
heilen.

Düfte

Beruhigende Düfte für das Herzchakra sind Sandelholz und Rose;
Kiefer und Geißblatt sind anregende Düfte. Beruhigende Düfte für
das Kehlchakra sind Lavendel und Hyazinthe; Patchouli und
weißer Moschus sind anregende Düfte. Beruhigende Düfte für das
Kronenchakra sind Rosmarin und Bergamotte; Veilchen und Ambra sind anregende Düfte.

Wenn Sie die Düfte, wie auf Seite 62 f. vorgeschlagen, miteinander vermischen, dann können Sie dadurch die Verbindungen zwischen den Chakrenpaaren stärken.

Edelsteine und Kristalle

Auf Seite 63 f. und im Glossar finden Sie eine allgemeine Anleitung
zum Gebrauch von Edelsteinen und Kristallen. Bei den in diesem
Kapitel behandelten Themen sind folgende Edelsteine und Kristalle besonders hilfreich:

Schneeflockenobsidian   Steht mit den Zyklen von Geburt, Tod
und Wiedergeburt in Verbindung; dieser Stein verleiht Durchhaltevermögen und Weisheit.

Pfauenerz   Dieser manchmal auch als Buntkupferkies oder
Chalkopyrit bezeichnete Stein hilft, sich an Fähigkeiten zu erinnern, die in einem anderen Leben bekannt waren und ausgeübt

worden sind, bzw. solche, die im kollektiven Unbewussten gespeichert sind. Das gilt besonders für das Wiedererwecken uralter Heilfähigkeiten.

Gebete bzw. Affirmationen

Das Gebet bzw. die Affirmation für das Herzchakra lautet:

❯ *Im goldenen Zentrum der Rose des Herzens möge sich zartes Mitgefühl mit bedingungsloser Liebe vereinen. Möge wahre Loslösung Wachstum und Kontinuität ermöglichen. Möge durch das Verständnis der Geburt im Tod und des Todes in der Geburt echte Transformation geschehen.* ❮

Das Gebet bzw. die Affirmation für das Kehlchakra lautet folgendermaßen:

❯ *Hilf uns, Verantwortung zu entwickeln. Möge die universelle Wahrheit das kausale Handeln durchdringen, so dass sich die Stimme der Menschheit mit der Stimme der Erde in wahrer Harmonie verbinden kann.* ❮

Das Gebet bzw. die Affirmation für das Kronenchakra lautet folgendermaßen:

❯ *Lasse durch Hingabe und Loslassen den einströmenden Wille wirklich den Willen Gottes sein, der in uns und durch uns arbeitet und uns auf diesem Wege ein immer größeres Wissen von der mystischen Vereinigung und der mystischen Hochzeit vermittelt.* ❮

Vorschläge, wie Sie Gebete oder Affirmationen anwenden können, finden Sie auf Seite 64.

KAPITEL 10

Wie oben, so unten:
Spiritualität und Göttlichkeit

Schlüsselthemen:
Spirituelle Manifestation

Chakrentriade:
Kehlchakra, Stirnchakra und Kronenchakra

Archetypus:
Das Göttliche

Dieses Kapitel wird Ihnen helfen:

- mehr über den Prozess der spirituellen Manifestation zu lernen
- ein größeres Verständnis für den Prozess der Positionsynchronizität zu bekommen
- über das Göttliche nachzudenken

Bereiche, denen die Chakren zugeordnet werden

Eine Liste der Bereiche, denen das Kehlchakra zugeordnet ist, finden Sie auf Seite 210, diejenigen für das Stirnchakra auf Seite 242 und diejenigen für das Kronenchakra auf Seite 32.

Kehle, Stirn und Krone als Chakrentriade

Das Kehlchakra ist ein Chakra mit der Funktion eines Tores: Das siebenfache Chakrensystem ist in zwei miteinander im Austausch stehende Gruppen unterteilt und das Kehlchakra gehört beiden Gruppen an. Aufgrund seiner Zugehörigkeit zu den fünf unteren Chakren wird ihm ein Element zugeordnet, ein Entwicklungsalter und eine Sinnesfunktion. Als Erstes der drei oberen Chakren hat es etwas mit überpersönlichem Ausdruck zu tun und steht mit dem höheren Selbst, dem Geist und der Seele in Verbindung.

Wenn die drei oberen Chakren offen sind und als Triade miteinander kommunizieren, dann nimmt häufig unser Bedürfnis zu, der Menschheit zu dienen, ohne uns zu isolieren. Der Dienst an der Allgemeinheit wird zu einem notwendigen und wesentlichen Teil unseres eigenen Wachstums und unserer Bewusstheit.

Der transpersonale Psychologe Abraham Maslow sprach über Selbstverwirklichung. Er hatte das Gefühl, dass, wenn das Wachstum und die notwendigen Heilungsvorgänge einen bestimmten Punkt erreicht haben, jeder Anteil unseres Wesens zum Ausdruck kommen kann. Dann kann der Entwurf, mit dem wir uns inkarniert haben, realisiert werden. Wahrscheinlich hat ein Wesen, das sich vollkommen selbstverwirklicht hat, nur noch ein geringes Bedürfnis, sich weiterhin zu inkarnieren; und wenn es selbstverwirklicht ist, erfüllt es seine ihm zugeteilte Aufgabe und kann in Anmut sterben. In unserem Leben kann es jedoch auch Phasen geben, in denen wir das Gefühl haben, dass »wir auf vollen Touren laufen«. Diese Phasen können zyklisch verlaufen bzw. Teil der Wachstumsspirale sein. Wenn wir diesen Zustand einmal erreicht haben, dann kann er wieder verblassen oder eine Weile für uns nicht fassbar sein, doch wenn wir einmal mit ihm in Kontakt gekommen sind, und sei es für kurze Zeit, dann wissen wir, dass wir die Fähigkeit besitzen, unser gesamtes spirituelles Selbst während unseres Dasein als Mensch zu manifestieren.

Energetisch gesehen vollzieht sich Selbstverwirklichung dann, wenn im gesamten Chakrensystem Harmonie herrscht; diese Harmonie tritt insbesondere dann ein, wenn das Kehlchakra, das Stirnchakra und das Kronenchakra als Triade aktiv sind.

Der Archetypus oder die Essenz des Göttlichen ist abstrakt. Wenn wir sie zu stark personifizieren bzw. definieren, dann setzen wir ihr einerseits Grenzen und verleihen ihr andererseits eine ihr nicht entsprechende Macht. Das Unendliche ist nicht definierbar. Eine Religion, die auf dem Bild eines alten Mannes mit Bart beruht, der auf einem Thron sitzt und Urteile in ein riesengroßes Buch einträgt, ist noch nicht erwachsen geworden: Es handelt sich dabei um eine eng begrenzte Vorstellung, die patriarchalisch geprägt und unreif ist. Das Kehlchakra in Verbindung mit dem Stirn- und Kronenchakra als Triade fordert uns auf, spirituelle Reife zu erlangen.

Religionen, die viele Personifizierungen – sowohl männliche als auch weibliche – brauchen, um die große Bandbreite des Göttlichen auszudrücken, sind häufig mit dem Etikett »pantheistisch« versehen worden; das Unendliche muss jedoch auch unendlich viele Facetten besitzen, aus denen sich das Ganze zusammensetzt. Die unzähligen Namen für das Göttliche scheinen mehr Möglichkeiten zu beinhalten als die eine Vorstellung von einem alten Mann auf einem Thron.

Spirituelle Manifestation

Unser offensichtliches Bedürfnis, Dinge zu kontrollieren bzw. zu definieren, stellt für die spirituelle Manifestation ein Hindernis dar.

Das, was abstrakt, diffus und kaum definierbar ist, kann nur dann wirklich inspirierend und für unsere Entwicklung förderlich sein, wenn wir es so belassen, wie es ist, oder wenn wir ganz bewusst Definitionen verwenden, die keine endgültige Festlegung erfordern.

Daher besteht eine Funktion des Kronenchakras darin, durchlässig für das diffuse und unbenennbare Potential zu sein. Wenn zwischen dem Kronen-, dem Stirn- und dem Kehlchakra eine Verbindung besteht, dann kann das unbenennbare Potential von der Kausalebene auf der Ebene der Krone durch die höhere Mentalebene auf der Ebene des Stirnchakras in die mentale bzw. Manifestationsebene auf der Ebene des Kehlchakras einströmen.

Die höhere Mentalebene ist von ihrer Natur her zwar ebenfalls abstrakt, doch nehmen wir auf dieser Ebene die Energien der Kausalebene wahr, und sie beginnen dort, Form anzunehmen. Die göttlichen Prinzipien bewegen uns in unserem Innern, bevor wie sie benennen und als Vorbild für unser Leben verwenden können. Die engelhaften Wesen, die die göttlichen Prinzipien für uns auf eine Stufe führen, die sich vor der Manifestation befindet, berühren uns mit sanfter Hand. Wenn diese Energien die Mentalebene erreichen, dann erhalten sie einen Namen. Wenn sie einmal benannt worden sind, beginnen sie auf unserer materiellen Ebene zu existieren, und wir arbeiten in Form von Archetypen mit ihnen.

Welche Bedeutung hat das für unser Leben? Es ist nicht einfach, mit Abstraktionen umzugehen. Ich möchte dazu folgende Vorschläge machen:

- Wir sollten nicht danach streben, uns zu sehr zu definieren.
- Wir sollten niemals etwas als unmöglich erachten. In dem Sprichwort »Es ist schon alles einmal da gewesen« scheint viel Wahres zu stecken.
- Wir sollten die Kunst des Spiels und seine Ausübung immer mehr schätzen lernen. Wenn wir unsere Fähigkeit zu spielen auf-

rechterhalten, dann fließt unsere Kreativität, und wir erforschen unablässig die Welten der Wunder und der Magie. Die Freude an neuen Zusammensetzungen ermöglicht Entdeckungen, die von Ideen über Farben und Formen bis hin zu Bereichen wie Design, Möbeln, Gebrauchsgegenständen und Mode reichen können, die einen hohen Grad an Manifestation verkörpern.

- Wir sollten uns an der Welt der Musik orientieren. Musikern und Komponisten gehen niemals neue Kombinationsmöglichkeiten für Noten und Klänge aus, die immer mehr Harmonien erzeugen, um unsere Ohren zu erfreuen.

- Um unsere Unsicherheit, die unsere Tendenz zu Kontrolle und Kraftverlust schürt, loslassen zu können, sollten wir darauf vertrauen, dass der Entwurf des Unendlichen durch Liebe angetrieben wird.

FALLSTUDIE ***Spirituelle Manifestation***

Joshua war geistig behindert. Zwar waren nicht alle Einzelheiten aus seiner frühen Kindheit bekannt, doch war er körperlich misshandelt und stark vernachlässigt worden. Er wurde in ein Kinderheim gebracht, kam dann zu Pflegeeltern und wurde schließlich von einem warmherzigen und liebevollen Ehepaar adoptiert, das keine eigenen Kinder bekommen konnte.

Durch die Liebe, Fürsorge und Sicherheit, die ihm seine Adoptiveltern zuteil werden ließen, entwickelte sich Joshua von einem sehr ängstlichen und gehemmten Kind zu einem Jugendlichen mit mehr Selbstvertrauen, der danach strebte, sein volles Potential zu verwirklichen, auch wenn dies vergleichsweise begrenzt war. Als er fünfzehn Jahre alt war, wandte sich seine Mutter an Gildas um Rat, da Joshua die zwanghafte Gewohnheit besaß, alles zu ordnen. Alles, was ihm gehörte, musste nach einem bestimmten Ordnungsmuster hingelegt werden. Er konnte einen Wutanfall bekommen, wenn irgendetwas verändert worden war. Solange sich Joshuas Ordnungsliebe auf sein eigenes Zimmer und seine eigenen Sachen beschränkte, hatten Nesta und Mike, seine Adoptiveltern, dies respektiert, doch jetzt, wo Joshua damit begonnen hatte, einen größeren Teil der täglichen Hausarbeiten zu übernehmen, waren alle von seinem Ordnungswahn betroffen. Der Besteckkasten war zum Auslöser für Wutanfälle geworden, und manchmal verbrachte er Stunden damit, das Besteck darin in zwanghafter Manier zu ordnen.

Gildas hatte das Gefühl, dass Joshua neben seinen offensichtlichen seelischen Wunden und seinem sich nicht im Gleichgewicht befindlichen Emotionalkörper auch die instinktive Verbindung zum Entwurf seines höheren Selbst verloren hatte. Diese Verbindung kann gefördert und geheilt werden, wenn die Triade von Kehl-, Stirn- und Kronenchakra aktiviert wird. Mittels seines Ordnungsstrebens suchte Joshua nicht nur Sicherheit und Kontrolle in seinem Leben, sondern er definierte sich auch selbst zu stark. Als er das dem Kehlchakra zugeordnete Entwicklungsalter erreicht hatte, wurde sein Bedürfnis nach Kontrolle immer ausgeprägter.

Es war offensichtlich, dass wir Joshua keine komplexen Theorien über die Chakren vermitteln konnten. Doch er liebte Kristalle und Halbedelsteine, Farben, Düfte, Klänge und Musik. Nesta kaufte Joshua einen Amethyst und eine Pyrit-Sonne und ermutigte ihn, Kleider in den Farben Blau, Malve und Violett zu tragen. Sie stellte ihm einen eigenen Badezusatz und ein eigenes Massageöl aus dem Trägeröl Jojoba her, in das sie jeweils vier Tropfen der ätherischen Öle Lavendel, weißer Moschus, Rosengeranium, Veilchen und Bergamotte mischte. Einem Vorschlag von Gildas zufolge gab sie ihm eine Kassette mit Panflötenmusik, da die klar zu unterscheidenden Töne der Panflöte Kombinationen aufweisen, die das Kehl-, Stirn- und Kronenchakra ansprechen.

Nachdem diese Behandlungen über längere Zeit durchgeführt worden waren und Nesta und Mike Joshua besonders viel Liebe und Geduld zukommen ließen, zeigte sich in Joshua eine Veränderung. Nesta stellte vor allen Dingen fest, dass sie, wenn Joshua bereits mit seinem

Ordnungsritual begonnen hatte, durch die Panflötenmusik seine Aufmerksamkeit leichter ablenken bzw. auf andere Aktivitäten richten konnte. Schließlich konnte Joshua sich damit anfreunden, seine Sachen weniger häufig zu ordnen, und er begann sein Ordnungsbedürfnis sogar mit Humor zu betrachten.

Ich habe Joshua hier als Beispiel genommen, da leicht zu spüren ist, dass die Verbindung zwischen Kehl-, Stirn- und Kronenchakra in spiritueller Hinsicht komplex ist. Sie kann jedoch auch auf einer relativ unbewussten Ebene durch Klänge, Farben, Kristalle und Halbedelsteine entwickelt werden.

ÜBUNG 41   *Die Energien des Kehlchakras,*
            des Stirnchakras und des Kronen-
            chakras zu einer Triade verbinden

Nehmen Sie eine bequeme Position mit geradem Rücken im Liegen
oder Sitzen ein. Ihr Körper sollte symmetrisch ausgerichtet sein und Sie
sollten Ihre Beine nicht überkreuzen, außer wenn Sie eine Position wie
den Schneidersitz oder den Lotossitz eingenommen haben.

• Beginnen Sie mit der Beatmung des zentralen Energiekanals (vgl.
  Seite 29).
• Atmen Sie durch die Blütenblätter Ihres Kehlchakras ein und durch
  seinen Stiel aus (fünf bis zehn Atemzüge lang).
• Atmen Sie durch die Blütenblätter Ihres Kehlchakras ein, halten Sie
  den Atem in der Mitte Ihres Kehlchakras und zählen Sie bis drei. Halten Sie nach der Einatmung den Atem an und lenken Sie ihn durch
  den zentralen Energiekanal nach oben in die Mitte Ihres Stirnchakras und atmen Sie dann durch die Blütenblätter Ihres Stirnchakras wieder aus (fünf bis zehn Atemzüge lang).
• Atmen Sie durch die Blütenblätter Ihres Stirnchakras ein, halten Sie
  den Atem in der Mitte Ihres Stirnchakras an und zählen Sie bis drei.
  Halten Sie nach der Einatmung den Atem an und lenken Sie die
  Energie dann durch den zentralen Energiekanal nach oben in Ihr
  Kronenchakra und lassen Sie sie aus dem Scheitelpunkt Ihres Kopfes
  austreten (fünf bis zehn Atemzüge lang).
• Nehmen Sie einen tiefen Atemzug durch die Krone Ihres Kopfes, len-
  ken Sie ihn in Ihren zentralen Energiekanal und halten Sie nach der
  Einatmung den Atem an; visualisieren Sie, wie die Energie durch die
  Blütenblätter Ihres Stirnchakras aus- und durch die Blütenblätter
  Ihres Kehlchakras eintritt. Atmen Sie die Energie dann schließlich
  durch den Stiel Ihres Kehlchakras aus (fünf bis zehn Atemzüge lang).
• Beenden Sie die Übung mit der Beatmung des zentralen Energiekanals,
  wobei Sie zum Schluss nach unten, die Wirbelsäule hinunter atmen.

Töne

In Übung 30 (auf Seite 235) werden Vorschläge gemacht, wie Sie Ihren eigenen Ton erklingen lassen können. Im Hinblick auf diese Chakrentriade können Sie sich an dieselben Vorschläge halten; wenn Sie jedoch auf Ihre eigenen Klänge hören, dann werden Sie sich der Töne bewusst, die in Ihrem Kehl-, Stirn- bzw. Kronenchakra erklingen – der volle Ton der Chakrentriade ist von Harmonie geprägt.

Farben

Die Farben für das Kehlchakra sind Blau, Silber und Türkis.
Die Farben für das Stirnchakra sind Indigo, Türkis und Malve.
Die Farben für das Kronenchakra sind Violett, Weiß und Gold.
Verwenden Sie diese Farben wie in Übung 8 (Seite 61) vorgeschlagen, um Ihre Chakren zu entwickeln, zu erwecken und zu heilen.

Düfte

Beruhigende Düfte für das Kehlchakra sind Lavendel und Hyazinthe; Patchouli und weißer Moschus regen das Kehlchakra an. Beruhigende Düfte für das Stirnchakra sind weißer Moschus und Hyazinthe; Veilchen und Rosengeranium sind anregende Düfte. Beruhigende Düfte für das Kronenchakra sind Rosmarin und Bergamotte; Veilchen und Ambra sind anregende Düfte.
Vermischen Sie die Düfte, wie auf Seite 62 f. vorgeschlagen ist. (Vergleichen Sie auch die Fallstudie auf Seite 283 ff.)

Edelsteine und Kristalle

Auf Seite 63 f. und im Glossar finden Sie eine allgemeine Anleitung zum Gebrauch von Edelsteinen und Kristallen. Bei den in diesem

Kapitel behandelten Themen sind folgende Edelsteine und Kristalle besonders hilfreich:

Amethyst   Nimmt Negativität auf, transformiert sie und fördert die Schaffung von Verbindungen zwischen den Chakren.

Pyrit-Sonne   Erinnert uns an unsere instinktiven Verbindungen zu unserem höheren Selbst und unserem spirituellen Entwurf.

Diamant   Da Diamanten Vollkommenheit und Klarheit symbolisieren, bringen sie uns zu unserem höchsten Potential und ermutigen den höheren Willen, unsere Persönlichkeit zu erhellen.

Gebete bzw. Affirmationen

Das Gebet bzw. die Affirmation für das Kehlchakra lautet:

❥ *Hilf uns, Verantwortung zu entwickeln. Möge die universelle Wahrheit das kausale Handeln durchdringen, so dass sich die Stimme der Menschheit mit der Stimme der Erde in wahrer Harmonie verbinden kann.* ❧

Das Gebet bzw. die Affirmation für das Stirnchakra lautet:

❥ *Wir streben danach, durch die Inspiration der Meisterschaft Gottes Herrschaft über uns zu erlangen. Mögen uns wahre Einsichten gewährt werden, und möge der begrenzte Geist zu einem Wissen von seiner Vollendung inspiriert werden.* ❧

Das Gebet bzw. die Affirmation für das Kronenchakra lautet:

❥ *Lasse durch Hingabe und Loslassen den einströmenden Wille wirklich den Willen Gottes sein, der in uns und durch uns arbeitet und uns auf diesem Wege ein immer größeres Wissen von der mystischen Vereinigung und der mystischen Hochzeit vermittelt.* ❧

Vorschläge, wie Sie Gebete oder Affirmationen anwenden können, finden Sie auf Seite 64.

**Meine gesamten
Beziehungen sind mit der
Natur in Harmonie**

Schlüsselthemen:
Beziehungen zwischen den Arten, Elfen und
Naturgeister, morphische Resonanz

Chakrenpaare:
Kehlchakra und Alter-Major-Chakra, Alter-
Major-Chakra und Kronenchakra, Alter-Major-
Chakra und Wurzelchakra

Archetypen:
Pan und Flora

Dieses Kapitel wird Ihnen helfen:

- mehr über unsere Beziehung zu anderen
  Arten, Elfen und Naturgeistern zu erfahren
- ein größeres Verständnis für
  Selbstheilungsprozesse zu erlangen
- Hoffnung für das Wachstum des
  menschlichen Bewusstseins zu entwickeln und
  die Rolle zu verstehen, die jedes Individuum
  dabei spielen kann

Bereiche, denen die Chakren zugeordnet werden

Eine Liste der Bereiche, denen das Kronenchakra zugeordnet ist, finden Sie auf Seite 32, diejenigen für das Kehlchakra auf Seite 210 und diejenigen für das Wurzelchakra auf Seite 32.

Das Alter-Major-Chakra

Lage: Die Blütenblätter befinden sich im Bereich der Nase; im Stiel befindet sich ein positives Energiezentrum, das an der Rundung des Hinterkopfes beginnt, an der Stelle, die dem »alten« bzw. dem »Reptilhirn« entspricht, das schon vor der Aufgliederung in eine linke und rechte Gehirnhälfte bestanden hat.

Schlüsselworte: Instinkt, Resonanz, Dualität, Deva-Natur, Heilen
Farben: Braun, Ocker, Olivgrün
Element: Feuchte Erde
Sinn: Geruchssinn
Körper: Instinktkörper und niederer Kausalkörper
Zugeordnete Drüse: Nebennieren
Beruhigende Düfte: Moschus, Zedernholz
Anregende Düfte: Veilchen, Rosengeranium
Edelsteine und Kristalle: Karneol, Tigerauge, Schneeflockenobsidian, Fossile, Pfauenerz (wird manchmal auch als Chalkopyrit bzw. Buntkupfererz bezeichnet)

Gebet bzw. Affirmation

Mögen wir uns durch den Kontakt mit unserer Deva-Natur von der Dualität und der Trennung in die Ganzheit und Einheit bewegen.

Das Alter-Major-Chakra

Da das Alter-Major-Chakra ein weniger bekanntes Chakra ist, wollen wir es erst für sich allein betrachten, bevor wir uns zu den Chakrenpaaren begeben, die es bildet.

Ein »alta major«-Chakra wird in den Schriften von Alice Bailey beschrieben (vgl. Bibliographie). »Alta« bedeutet »höher«, wohingegen »alter« die Bedeutung »anderes« hat. In einigen östlichen Yogasystemen gibt es ebenfalls ein am Hinterkopf angesiedeltes Chakra, dem im Gegensatz zu den klassischen sieben Chakren keine bestimmte Anzahl von Blütenblättern bzw. ein Sanskritlaut zugeordnet sind.

Die anderen sieben Chakren sind entsprechend ihrer Schwingungsfrequenz bzw. ihrer Lage im aufgerichteten menschlichen Körper in aufsteigender Reihenfolge angeordnet. Die Lage des Alter-Major-Chakras fällt demnach aus der Reihe. Obwohl es zwischen dem Kehl- und dem Stirnchakra sitzt, liegt seine Schwingungsfrequenz zwischen der des Wurzel- und des Sakralchakras. Das ihm zugeordnete Element ist eine Kombination aus Erde und Wasser; es teilt den Geruchssinn mit dem Wurzelchakra und die ihm zugeordnete Drüse mit dem Solarplexus.

Während die anderen Chakren in ihren Blütenblättern über eine positive elektrische bzw. magnetische Ladung und in ihrem Stiel über eine negative Ladung verfügen, ist die Polarität bei dem Alter-Major-Chakra als einzigem Chakra umgedreht. Die Energie fließt von der Rückseite des Kopfes nach vorne (vgl. Abbildung auf Seite 17).

Die Arbeit mit dem Alter-Major-Chakra kann als Mittel dienen, um die instinktive Wachheit hervorzuheben. In energetischer Hinsicht ist das Alter-Major-Chakra mit der alten Großhirnrinde bzw. dem Reptilhirn verbunden. Das bedeutet, dass es uns mit dem nonverbalen Nachrichtensystem in Kontakt bringen kann, welches uns vor Gefahren schützt bzw. warnt. Das ist vergleichbar mit dem Instinkt, der Ratten veranlasst, ein sinkendes Schiff zu verlassen, oder mit Grubenponys, die sich weigern, eine Kohlengrube zu betreten, und zwar lange bevor die Warnung, dass etwas nicht stimmt, ausgesprochen wird. Wenn wir es als Menschen »zufälligerweise« schaffen, einen Raum zu verlassen, bevor die Decke über dem

Stuhl, auf dem wir gerade sitzen, herunterfällt, dann erklären wir das damit, dass wir Glück gehabt haben. Wir sagen: »Meine Zeit war noch nicht gekommen« oder: »Mein Schutzengel hat schwer gearbeitet«. Uns fällt es schwer zu glauben, dass wir solche Dinge auf Grund nonverbaler Signale tun, die wir eigentlich bewusster kultivieren könnten. Wenn dieses Gespür nicht so universell verloren gegangen oder in Misskredit geraten wäre, dann wäre unsere Erde nicht der Gefahr bevorstehender Katastrophen ausgesetzt. Warnungen werden tendentiell nur dann akzeptiert, wenn sie wissenschaftlich oder intellektuell bewiesen worden sind. Propheten, die intuitiv oder instinktiv arbeiten, werden nicht respektiert, oder sie werden zu Figuren des allgemeinen Spotts.

Das Alter-Major-Chakra ist das Fenster, durch das wir uns mit dem von Rupert Sheldrake als »morphische Resonanz« bezeichneten Phänomen und seiner Theorie des »Hundertsten Affen« verbinden können. Wenn ein Affe auf einer Insel lernt, Kartoffeln zu waschen, und dies dann einem anderen Affen beibringt, der es seinerseits einem anderen beibringt, dann werden, sobald einhundert Affen auf dieser Insel Kartoffeln waschen können, alle Affen überall anfangen, Kartoffeln zu waschen, ohne dabei einen Lernprozess durchlaufen oder ein Vorbild gehabt zu haben. (Die Zahl »einhundert« repräsentiert die günstigste Anzahl bzw. Menge.)

Jung hat sehr viel über das »kollektive Unbewusste« geschrieben (vgl. Bibliographie). Er hat die Theorie aufgestellt, dass alles, was Menschen tun oder jemals getan haben, jeden Einzelnen von uns betrifft bzw. berührt.

Diese Energien legen aufregende Möglichkeiten hinsichtlich der Rolle des Individuums bei kollektiven Veränderungen nahe. Mit Hilfe von komplexen Kommunikationssystemen kann die optimale Anzahl schneller erreicht werden. In den vergangenen Jahren haben Tage, die weltweit dem Gebet, dem Frieden, der Meditation oder dem Humor gewidmet waren, eine bedeutende Rolle bei der Bewusstseinsveränderung gespielt und uns ermutigt, unsere Ressourcen miteinander zu teilen. Nicht so weit verbreitet ist, dass die Arbeit mit dem Alter-Major-Chakra und seinen Chakrenpaaren die Effektivität der morphischen Resonanz und der »kreativen Minderheit« erhöht. Wenn genug Menschen diese Tatsache anerkennen und an diesen Verbindungen arbeiten, dann werden sich in unserer Zeit mit großer Sicherheit Quantensprünge vollziehen.

Das Alter-Major-Chakra und das Kehlchakra als Chakrenpaar

Wenn wir das Alter-Major-Chakra und das Kehlchakra miteinander verbinden, dann wird unsere Fähigkeit zur Selbstheilung gestärkt; wir haben Zugang zur Vergangenheit und zu gespeichertem Wissen (einschließlich des Verlaufs unserer eigenen Entwicklung), und wir erwerben die Fähigkeit, mit anderen Arten zu kommunizieren, einschließlich unter anderem mit Naturgeistern, Feen und göttlichen Wesen.

Das Kehlchakra ist ein duales Chakra (vgl. Seite 210), und das Alter-Major-Chakra steht mit dem Archetypen Pan in Verbindung, der uns vieles über Dualität vermitteln kann. Die Probleme, die durch Dualität bzw. Gegensätze in unserem Leben verursacht worden sind, sind häufig der Grund für Krankheit. Jeder von uns verfügt über einen natürlichen Selbstheilungsmechanismus. Wenn wir wirklich krank sind, dann wird dieser Selbstheilungsmechanismus unterdrückt. Viele Heilungsmethoden, seien sie nun allopathisch oder aus dem Bereich der Komplementärmedizin, zielen bis zu einem gewissen Grad darauf ab, dem Selbstheilungsmechanismus »einen kräftigen Schub« zu versetzen.

Forschungsergebnisse in diesem Bereich zeigen, dass wir die so genannten autonomen Systeme unseres Körpers bewusst beeinflussen können, indem wir lernen, die rechte Seite unseres Gehirns zu aktivieren. Wenn wir uns bewusst auf unsere Selbstheilungsmechanismen einlassen, dann sind die natürlichen Kräfte in uns in der

Lage, unserem Körper zu helfen und ihn wieder in einen gesunden und harmonischen Zustand zu bringen. Ein Faktor, der bei Gesundheits- bzw. Krankheitsmustern eine große Rolle spielt, ist das Gleichgewicht zwischen Erde, Luft, Feuer und Wasser in unserem Körper.

Wenn wir das Alter-Major-Chakra mit dem Kehlchakra verbinden, dann bedeutet das, dass die Kommunikation innerhalb unserer inneren Systeme verbessert wird. Dann ist es für uns leichter, unseren Körper gesund zu halten und mit den sich entwickelnden Unausgeglichenheiten in Kontakt zu kommen, bevor sie akut oder sogar chronisch werden.

Naturgeister

Das Alter-Major-Chakra und das Kehlchakra sind auf unterschiedliche Weise mit der Fähigkeit der Kommunikation verbunden. Wenn beide Chakren intensiv zusammenarbeiten, dann wird dadurch unsere Kommunikationsfähigkeit mit der Natur und den Rhythmen und Lebenskräften, die sich in der Natur zeigen, verbessert.

Über die Wesen, die die energetischen Hüter der Naturkräfte und der Welt der Natur sind, ist vergleichsweise wenig bekannt. Sie tragen verschiedene Namen wie Devas, Naturgeister, Feen, Gnome, Elfen, Wassernixen, Meerjungfrauen, Salamander oder Kobolde. Als Teil unseres mythischen Bewusstseins sind sie in Geschichten und auf Bildern schon seit ewigen Zeiten dargestellt worden. Devas sind die Hüterinnen der Flüsse, der Täler, der Berge und Bäume. Feen, Elfen, Wassernixen und Meerjungfrauen sind Energiewesen, die Sinn für Humor haben. Sie erscheinen denjenigen, die hellsichtig sind, in halbmenschlicher Gestalt, wenn sie Aufmerksamkeit auf sich ziehen oder kommunizieren wollen. Sie sind häufig äußerst erstaunt, wenn wir ihre Licht- oder Farbblitze nicht sehen und ihr vollklingendes Lachen nicht hören. Wo Energie ist, da sind *sie*. Wenn alles gut läuft, dann arbeiten sie mit den Devas zusammen und lenken deren Energien auf Wachstum, Fruchtbarkeit und Fülle. Wenn die Dinge aus dem Gleichgewicht geraten sind, dann werden sie dorthin gezogen, wo der Energiefluss am stärksten ist. Die aus elementarer Energie bestehenden Naturgeister befinden sich am unteren Ende der Hierarchie und sind auf primitive Weise moralisch indifferent; sie greifen schwierige wie positive Situationen und Interaktionen auf und verstärken sie.

Die Hierarchie der Naturgeister befindet sich auf demselben Bewusstseinsstrom wie die Hierarchie der Engelwesen – doch gibt es unter jenen Wesen im Vergleich zu dem menschlichen Bewusstseinsstrom einen klarer abgegrenzten, direkteren, auf Weiterentwicklung ausgerichteten und zweigleisigen Bewusstseinsstrom. Naturgeister und Elementarwesen sind Teil einer aus der göttlichen Quelle strömenden Energie, gleichzeitig entwickeln sie sich jedoch auch *zu* dieser Quelle hin. Die kleinsten moralisch indifferenten, punktförmigen Elementarwesen werden zu Feen oder Wassernixen und schließlich zu einem Bestandteil der komplexen Devaformen. Devas werden zu Engeln und entwickeln sich innerhalb der angelischen Hierarchie weiter. (Weitere Informationen zu diesem Thema finden Sie in meinem Buch *Working With Guides and Angels*, das in der Bibliographie angegeben ist.)

Tiere und Pflanzen

Wenn wir uns der feinstofflichen Kräfte um uns herum bewusster werden, dann werden wir uns auch der Rolle bewusst, die Tiere und Pflanzen im Universum spielen. Vom wissenschaftlichen Standpunkt aus können wir natürlich die Art und Weise verstehen, wie Tiere und Pflanzen in der Atmosphäre für Gleichgewicht sorgen und uns dabei helfen, die Umweltverschmutzung beträchtlich zu reduzieren. Tiere und Pflanzen sind Teil unserer Nahrungskette, und sie produzieren Substanzen, die unseren Körper heilen. Sie vermitteln uns Schönheit und Überfluss und inspirieren uns häufig dazu, eine höhere Sichtweise einzunehmen und das universelle

Muster besser zu verstehen. Wenn wir Pflanzen würdigen, uns um sie kümmern und mit ihnen zusammenarbeiten, dann lassen wir uns tiefer auf die Inkarnation sein und haben mehr Kontakt zur Erde und deren natürlichen Rhythmen und Zyklen.

Den Tieren gegenüber haben wir eine große karmische Schuld auf uns geladen, und wir tragen eine Kollektivschuld dahingehend, dass wir viele Tierarten schlecht behandelt haben. Wir müssen keine Vegetarier sein, um über die Bedingungen, unter denen Tiere in der Massenzucht gehalten werden, entsetzt zu sein oder darüber, welches Leid Pferde, Hunde und Katzen erfahren, die verhungern oder misshandelt werden. Nur wenn eine Art ausstirbt, scheinen wir eine dunkle Ahnung davon zu bekommen, welchen Stellenwert die Tiere für die Aufrechterhaltung des natürlichen Gleichgewichts in der Natur haben. Die gegenwärtigen Kampagnen, die uns auf die Notwendigkeit aufmerksam machen, bestimmte Tierarten zu retten, erwecken von neuem ein wichtiges Bewusstsein in uns. Wenn unser Alter-Major-Chakra sich nicht »schlafen gelegt« hätte, dann wären solche Kreuzzüge nicht notwendig.

Gildas hat bei verschiedenen Gelegenheiten über die Bedeutung der Töne gesprochen, die Tiere machen, um die uns umgebende feinstoffliche Struktur zu unterstützen und uns bei der Bewältigung der Umweltverschmutzung zu helfen bzw. diese zu verhindern. Die Verbindung zwischen Alter-Major-Chakra und Kehlchakra bewirkt nicht unbedingt, dass wir bewusst all jene feinstofflichen Töne hören oder die essenzielle Wechselwirkung der Tierdüfte als Teil des Gleichgewichts auf der Erde verstehen können, aber sie öffnet uns für ein Verständnis, dass alle Faktoren innerhalb der natürlichen Welt den ihnen bestimmten Platz einnehmen, um die Gesundheit des Ganzen aufrechtzuerhalten. Im Muster des Lebens gibt es keine Zufälle. Menschen haben sich selbst zu den Herrschern gemacht, ohne sich in jedem Fall bewusst zu werden, dass Führung inspirieren und nähren sollte, anstatt zu unterdrücken und zu erniedrigen. Wenn wir die Verbindung zwischen dem Alter-Major-Chakra und dem Kehlchakra herstellen, dann kann uns das zu unbequemen Einsichten führen, doch es ist aus energetischer Sicht unbedingt notwendig, dass wir mit all unseren Beziehungen in Harmonie leben – egal, zu welcher Art sie gehören.

Alter-Major-Chakra und Kronenchakra als Chakrenpaar

Das Alter-Major-Chakra und das Kronenchakra sind hauptsächlich durch einen feinstofflichen Körper verbunden, den sie miteinander teilen. Das Kronenchakra ist mit der Seele verbunden, dem ketherischen bzw. höheren Kausalkörper, während das Alter-Major-Chakra mit dem niederen Kausalkörper verbunden ist, der eine Schicht innerhalb des höheren Körpers darstellt.

Die Seele und der ketherische bzw. der höhere Kausalkörper enthalten den Abdruck der Absichten, die wir für dieses Leben oder andere Leben haben. Während unseres Daseins als Mensch auf der Erde kann uns diese Schicht aufgrund der subtilen Erinnerungen aus anderen Leben beeinflussen; das kann dazu führen, dass wir auf positive bzw. negative Anregungen in einer Weise reagieren, die wir nicht unbedingt anhand unserer gegenwärtigen Lebenserfahrungen erklären können. Unerwartet intensive oder so genannte irrationale Ängste, freischwebende Angstmuster, *Déjà-vu*-Erlebnisse und außergewöhnliche Begabungen können Beispiele dafür sein, dass der Kausalkörper in unser Leben eindringt.

Der niedere Kausalkörper des Alter-Major-Chakras beherrscht die von unserer Seele gewählten Rhythmen. Unsere Geburt ereignet sich zu einer bestimmten Stunde, und wir werden solange vom Tod verschont bleiben, bis unsere vereinbarte Lebenszeit abgelaufen ist. Wenn wir uns dieser Ebene unseres Wesens bewusst sind und mit ihr kommunizieren, dann werden die karmischen Gesetze von Ursache und Wirkung stärker durchgearbeitet werden und

weniger unerledigte Angelegenheiten für ein zukünftiges Leben
übrig bleiben.

Wenn das Alter-Major-Chakra und das Kronenchakra im
Gleichgewicht sind, dann werden die beiden Schichten des Kausal-
körpers stärker integriert, und es wird für uns leichter, uns Klarheit über den Sinn unseres Lebens zu verschaffen.

Alter-Major-Chakra und Wurzelchakra als Chakrenpaar

Wenn wir eine Verbindung zwischen dem Alter-Major-Chakra
und dem Wurzelchakra herstellen, dann wird durch diese Verbindung unser Instinktbewusstsein erhöht. Sie bringt uns mit der positiven Seite unserer Instinktnatur in Kontakt und verleiht uns die
Fähigkeit, auf leichtere und natürlichere Weise in unserem Körper
zu sein und ihm zu vertrauen. Wenn unser Leben nicht länger in
Einklang mit den natürlichen Rhythmen ist, dann fangen wir an,
uns vor der Macht zu fürchten, die unser Körper über uns hat. Der
Körper besitzt eine instinktive Weisheit und hinter jeder Krankheit
verbirgt sich ein tiefes Wissen (vgl. auch Kapitel 3). Doch wenn
unser Körper nicht mehr funktioniert, dann kann unser Leben
wirklich kompliziert werden.

Durch die Verbindung zwischen Alter-Major-Chakra und
Kehlchakra werden wir befähigt, die Signale unseres Körpers
wahrzunehmen, während die Verbindung zwischen Alter-Major-
Chakra und Wurzelchakra diese Signale verstärkt und uns hilft,
unsere persönlichen Rhythmen klarer zu erkennen und uns ihnen
anzupassen. Wenn wir unter Stress stehen, dann bedeutet das, dass
wir die persönlichen Rhythmen, die für eine stabile Gesundheit
förderlich sind, übergangen haben. Wir haben nicht alle dieselbe
Konstitution. Einige von uns blühen bei einem Maß von Stress auf,
das andere unerträglich finden würden. Wenn zwischen Alter-Major-Chakra und Kehlchakra eine Verbindung besteht, dann steigt
die Wahrscheinlichkeit, dass wir im Rahmen unserer Fähigkeiten

leben, und unser Streben geht weniger dahin, irgendwelche vorgegebenen Maßstäbe oder Leistungsnormen zu erreichen. Wir sind wahrscheinlich auch toleranter gegenüber den Mustern anderer Menschen und haben nicht den Wunsch, mit ihnen zu konkurrieren oder mehr von ihnen zu verlangen.

Bei inneren Reisen wird manchmal vorgeschlagen, dass wir Kontakt zu einem inneren Tier aufnehmen sollen, da ein solcher Kontakt eine stärkere Verbindung zu unserer instinkthaften Natur bedeutet. Wenn wir das Krafttier im Inneren unseres Körpers kennen (vgl. Glossar), dann kann uns das bei den täglichen Belastungen und den unnatürlichen Rhythmen der heutigen Zeit dabei helfen, besser auf unseren Körper zu hören. Auf Seite 306 f. finden Sie eine geführte Visualisierung zu diesem Thema.

FALLSTUDIE　　*In Harmonie mit der Natur kommen*

Diese Fallstudie ist ebenfalls in Arbeit mit den Chakren im Kapitel über das Alter-Major-Chakra abgedruckt, da ich keine andere habe, die die Schaffung einer Verbindung zwischen den Chakrenpaaren, die in diesem Kapitel dargestellt ist, besser beschreibt.

Ich lernte James, einen Geschäftsmann kennen, als ich als Beraterin und Heilerin in einem lokalen Zentrum für Naturheilkunde arbeitete. James litt unter großem Stress und sein Blutdruck war bedenklich hoch. Er nahm an meinen täglichen Entspannungskursen teil und bat mich um individuelle Beratungsstunden. Seine Frau Mary kam ebenfalls zum Gesundheitszentrum, wo sie James unterstützte und sich selbst auch eine wohlverdiente Pause gönnte. Sie war um den Zustand ihres Ehemannes ernsthaft besorgt und fand es belastend, mit ihrem arbeitssüchtigen Mann zusammenzuleben.

James fiel es schwer, sich zu entspannen. Er fragte sich bereits, nachdem die erste Woche des Monats vorbei war, wie er die restlichen drei

Wochen, für die er Termine hatte, überleben sollte. Sein »normales« Leben bestand aus einem langen Arbeitstag mit langen Anfahrtswegen. Überallhin nahm er seinen Laptop und sein Mobiltelefon mit. Auf jeder Reise arbeitete er. Wenn er ins Ausland fuhr, nahm er Mary nicht mit und gestattete sich selbst auch nicht, sich die interessanten Orte, die er besuchte, genauer anzusehen. Am Abend oder am Wochenende konnte man ihn immer am Schreibtisch vorfinden.

James besaß ein schönes Haus am Stadtrand, doch er ging niemals spazieren. Er hatte jemanden angestellt, der seiner Frau in ihrem großen Garten half, anstatt selbst mitzuhelfen. Es widerstrebte ihm, Urlaub zu nehmen, und wenn er doch dazu überredet worden war, nahm er immer seinen Laptop und seine Papierstapel mit. Bei den wenigen Gelegenheiten, zu denen seine Frau ihn überreden konnte, ins Theater zu gehen oder sich mit Freunden zu treffen, war er ruhelos, reizbar und kurz angebunden.

Mary erzählte, dass James nur dann das Haus verließ, wenn er zu seinem Auto ging oder einen Zug oder ein Flugzeug erreichen musste. Sie war sich sicher, dass er nicht wusste, welche Jahreszeit gerade herrschte – im Sommer trug er leichtere Hemden und Anzüge, doch nur deshalb, weil sie sie ihm herauslegte.

Als ich James sagte, dass ich sowohl Heilerin als auch Beraterin sei, war er überraschenderweise offen dafür, »es auszuprobieren«. Vielleicht glaubte er, dass ich etwas Magie einfließen lassen könnte, damit er zu seinem alten Zustand zurückkehren konnte, ohne sich selbst krank zu machen. Ich entschloss mich dazu, in erster Linie mit seinem Alter-Major-Chakra zu arbeiten und es anzuregen, sich zu öffnen. Das Energiefeld am Hinterkopf fühlte sich fest und taub an, und es war keine Bewegung darin. Ich führte einige Phantasiereisen mit ihm durch, wobei ich Naturlandschaften und die Naturkräfte besonders betonte. Wie vorauszusehen war, fielen James diese Visualierungen schwer, doch wenn ich im Hintergrund ruhige Musik laufen ließ, half ihm das, und er fing an, unsere Sitzungen wirklich zu genießen.

James gehörte nicht zu den Menschen, die direkt mit ihren Chakren arbeiten würden; ich bat ihn deshalb, den positiven Polaritätspunkt seines Alter-Major-Chakras sanft mit seinen Fingerspitzen zu massieren. Das Gesundheitszentrum war von einem großen Grundstück umgeben, auf den umliegenden Feldern weideten Kühe und Pferde, und es befand sich in der Nähe eines Waldes, in dem es eine dicke Schicht aus Laub gab und der Geruch feuchter Erde hochstieg. Mary ermunterte James dazu, mit ihr im Wald spazieren zu gehen, und stellte fest, dass er langsam etwas von seiner Unruhe ablegte und eher in der Lage war, sich mit ihr auf entspannte Weise zu unterhalten, während sie durch das Grün wanderten.

Eines Tages traf Mary James dabei an, dass er auf einer Bank saß und die wiederkäuenden Kühe beobachtete. Sie saß neben ihm und nach einer Weile nahm er ihre Hand und sagte: »Das Einzige, was ich tun muss, ist einfach nur daran zu denken, die Kühe häufiger zu beobachten.« Das war ein entscheidender Wendepunkt. Die kombinierten Behandlungen im Gesundheitszentrum hatten ihre Wirkung gezeigt. James verließ das Zentrum mit einem wesentlich niedrigeren Blutdruck, der Entschlossenheit, seinen Lebensstil zu verändern und einer Liebe zu Kühen. Mary ging mit der Hoffnung, dass ihr Mann weiterleben würde und dass ihr Leben und ihre Ehe eine andere Qualität bekommen würden.

Die Archetypen: Pan und Flora

In der traditionellen Mythologie ist Pan der König der Naturgeister und Flora seine Begleiterin. Ihnen ist eine gewisse Dualität eigen. Insbesondere Pan erscheint manchmal als der ewige Jugendliche, der auf seiner Flöte spielt, während die Blumen sprießen, um seinen Klängen zu lauschen und Berge tanzen und singen – doch zu anderen Zeiten springt er teuflisch umher, er besitzt Pferdehufe, einen gabelförmigen Schwanz und einen enorm großen, erigierten Phallus, der Stoff für Vergewaltigungen und Albträume liefert.

Kapitel 11

Flora, deren Erscheinungsbild weniger veränderlich ist, kann voller Freude, tanzend oder fruchtbar sein oder aber auf negative Weise verführerisch, grausam und zerstörerisch.

Wenn wir uns im Einklang mit der Natur und unseren Instinkten befinden, dann bringen uns Pan und Flora Heilung, Harmonie und eine feierliche Stimmung. Sie segnen die Erde und bringen Dinge zum Erblühen. Wenn wir die Erde verschmutzen und unsere Instinkte verleugnen, dann toben, verletzen und zerstören sie. Sie spiegeln uns selbst und unsere Beziehung zur Natur und ihren Rhythmen und Zyklen wider. Wenn wir die Erde verletzen und die natürlichen Königreiche nicht respektieren, dann verletzen wir uns letztlich selbst. Wenn wir unsere instinkthaften Triebe wie beispielsweise unsere Sexualität als Schattenseite unserer Natur ansehen, dann wird der Schatten größer als wir und führt zu Zerstörung.

Wenn wir die Chakrenpaare, die in diesem Kapitel dargestellt sind, miteinander verbinden, dann hilft uns das, die Energien von Pan und Flora im Gleichgewicht zu halten.

Die Energien des Kehlchakras und des Alter-Major-Chakras miteinander verbinden

Nehmen Sie eine Position mit aufrechtem Rücken im Sitzen oder Stehen ein, richten Sie Ihren Körper symmetrisch aus und achten Sie darauf, dass Ihre Beine an den Knien oder Fußgelenken nicht überkreuzt sind, außer wenn Sie im Schneidersitz oder in der Lotosposition sitzen.

- Beginnen Sie mit der Beatmung des zentralen Energiekanals (vgl. Seite 29).
- Atmen Sie durch die Blütenblätter Ihres Kehlchakras ein und durch seinen Stiel aus (fünf bis zehn Atemzüge lang).
- Atmen Sie durch die Blütenblätter Ihres Kehlchakras ein und lenken Sie Ihren Atem in seine Mitte. Halten Sie Ihren Atem so lange dort, bis Sie bis drei gezählt haben, lenken Sie Ihren Atem dann durch den zentralen Energiekanal nach oben in die Mitte Ihres Alter-Major-Chakras und atmen Sie durch seinen Stiel aus (fünf bis zehn Atemzüge lang).
- Atmen Sie durch den Stiel Ihres Alter-Major-Chakras ein und durch seine Blütenblätter wieder aus (fünf bis zehn Atemzüge lang).
- Atmen Sie durch den Stiel Ihres Alter-Major-Chakras ein, halten Sie Ihren Atem so lange in der Mitte des Chakras, bis Sie bis drei gezählt haben. Lenken Sie Ihren Atem dann nach unten in die Mitte Ihres Kehlchakras und atmen Sie durch seine Blütenblätter aus (fünf bis zehn Atemzüge lang).
- Beenden Sie diese Übung mit der Beatmung des zentralen Energiekanals, wobei Sie zum Schluss nach unten, die Wirbelsäule hinunter atmen.

Übung 43   *Die Energien des Kronenchakras*
             und des Alter-Major-Chakras
             miteinander verbinden

Nehmen Sie dieselbe Position ein wie in Übung 42 oben.

- Beginnen Sie mit der Beatmung des zentralen Energiekanals.
- Atmen Sie durch den Stiel Ihres Alter-Major-Chakras ein und durch seine Blütenblätter aus (fünf bis zehn Atemzüge lang).
- Atmen Sie durch den Stiel in die Mitte Ihres Alter-Major-Chakras ein, halten Sie Ihren Atem dort so lange, bis Sie bis drei gezählt haben. Lenken Sie Ihren Atem durch den zentralen Energiekanal nach oben und atmen Sie durch die Blütenblätter Ihres Kronenchakras aus (fünf bis zehn Atemzüge lang).
- Atmen Sie durch die Blütenblätter Ihres Kronenchakras ein, lenken Sie Ihren Atem durch den zentralen Energiekanal nach unten in die Mitte Ihres Alter-Major-Chakras und atmen Sie dann durch seinen Stiel aus (fünf bis zehn Atemzüge lang).
- Beenden Sie diese Übung mit der Beatmung des zentralen Energiekanals, wobei Sie zum Schluss nach unten, die Wirbelsäule hinunter atmen.

ÜBUNG 44   *Die Energien des Wurzelchakras und des Alter-Major-Chakras miteinander verbinden*

Nehmen Sie dieselbe Position ein wie in Übung 42 oben (vgl. Seite 303).

- Beginnen Sie mit der Beatmung des zentralen Energiekanals (vgl. Seite 29).
- Atmen Sie von der Erde durch Ihr Wurzelchakra nach oben ein, durch den zentralen Energiekanal nach oben in die Mitte Ihres Alter-Major-Chakras und atmen Sie durch den Stiel Ihres Alter-Major-Chakras aus (fünf bis zehn Atemzüge lang).
- Atmen Sie durch den Stiel Ihres Alter-Major-Chakras ein und durch seine Blütenblätter aus (fünf bis zehn Atemzüge lang).
- Atmen Sie durch den Stiel in die Mitte Ihres Alter-Major-Chakras ein, halten Sie Ihren Atem dort so lange, bis Sie bis drei gezählt haben. Lenken Sie Ihren Atem durch den zentralen Energiekanal nach unten und atmen Sie durch die Blütenblätter Ihres Wurzelchakras nach unten in die Erde aus (fünf bis zehn Atemzüge lang).
- Beenden Sie diese Übung mit der Beatmung des zentralen Energiekanals, wobei Sie zum Schluss nach unten, die Wirbelsäule hinunter atmen.

ÜBUNG 45   *Eine geführte Visualisierung,*
              um Ihrem Körper-Krafttier zu begegnen

*Der Tradition der Indianer zufolge haben wir alle eine Reihe von Kraft- bzw.
Totemtieren (vgl. Glossar). Eines dieser Tiere ist besonders mit unserem Körper
und seiner Gesundheit verbunden. Auf dieser Reise werden Sie Ihrem Körper-
Krafttier begegnen.*

Sorgen Sie dafür, dass Sie ungestört bleiben. Finden Sie eine bequeme,
ausgeglichene Position im Sitzen oder Liegen und richten Sie Ihren
Körper symmetrisch aus. Ihre Beine sollten an den Knien oder Fußgelenken nicht überkreuzt sein, außer wenn Sie im Schneider- oder Lotossitz sitzen. Legen Sie sich eine Decke bereit für den Fall, dass Ihnen kalt
werden sollte und legen Sie sich Papier, Schreib- und Malutensilien
zurecht.

- Spüren Sie Ihren Atemrhythmus ... Lenken Sie Ihren Atemrhythmus
  allmählich in Ihr Herzchakra, reisen Sie dann mit dem Atem Ihres
  Herzens in Ihre innere Landschaft und stellen Sie sich vor, dass Sie
  sich auf einer Wiese befinden ...
- Aktivieren Sie all Ihre inneren Sinne, so dass Sie die Gegenstände
  und Farben betrachten ... den Geräuschen lauschen ... die Düfte riechen ... die Beschaffenheit der Dinge in Ihrer Umgebung fühlen ...
  und unterschiedliche Geschmacksrichtungen schmecken ...
- Von der Wiese aus können Sie auf eine Waldlandschaft blicken ...
  Ein Teil von Ihnen weiß, wo Ihr Körper-Krafttier wohnt ... Bewegen
  Sie sich auf den Wald zu, und wenn Sie dort ankommen, suchen Sie
  nach einer feuchten Stelle im Wald, an der sich ein Loch im Boden
  befindet (vielleicht an den Wurzeln eines Baums), oder halten Sie
  nach einer feuchten, felsigeren Gegend Ausschau, in der es Höhlen
  gibt ... Ihr Körper-Krafttier wohnt entweder in dem Loch oder in der
  Höhle, zu der Sie instinktiv geführt werden ...

- Rufen Sie Ihr Tier entweder herbei, damit es herauskommt, um Ihnen zu begegnen, oder begeben Sie sich in das Loch oder die Höhle hinein und nehmen Sie eine Lampe mit, wenn Sie möchten.

  Denken Sie daran, dass Ihr Tier in der äußeren Welt zwar sehr wild und grimmig sein kann, dass es in Ihrer inneren Welt jedoch ein Freund ist, mit dem Sie sprechen können ... Während Sie beide sich näher kennen lernen, bitten Sie Ihr Krafttier, mit Ihnen zu tanzen – damit feiern Sie potentielle Gesundheit, Heilung und Wohlbefinden ... *(Selbst wenn Sie sich nicht wohl fühlen oder nicht in der Lage sind, in der äußeren Welt zu tanzen, so können Sie Ihren Heilungsprozess dadurch unterstützen, dass Sie Ihr Krafttier zum Tanzen bringen.)*

Übung 46   ***Über Pan und Flora nachdenken***

- Nehmen Sie Mal- und Schreibutensilien zur Hand, sorgen Sie dafür, dass Sie ungestört bleiben und verbinden Sie sich mit Hilfe von kreativem Schreiben, Poesie oder meditativem Malen mit der positiven Seite von Pan und/oder Flora.
- Während Sie schreiben oder malen, denken Sie über Ihre Beziehung zu Feiern, Fröhlichkeit, Sinnlichkeit und Ihr Wissen über die natürlichen Rhythmen und Zyklen nach.
- Vielleicht könnten Sie auch planen, die Wintersonnenwende, die Tagundnachtgleiche oder eines der alten Feste zu feiern (vgl. Cooper, C. J., *The Aquarian Dictionary of Festivals* in der Bibliographie).

Farben

Die Farben für das Alter-Major-Chakra sind Braun, Ocker und Olivgrün. Die Farben haben hier eine dichtere Schattierung, als es bei anderen Chakren der Fall ist; dennoch sollten sie immer so visualisiert werden, als ob sie in bunten Glasscheiben erscheinen würden, durch das Licht hineinfällt.

Das Braun ist ein tiefes Ockerbraun mit einer roten Schattierung. In positiver Hinsicht hilft es uns, uns mit der Erde, der Fruchtbarkeit, den natürlichen Zyklen und unserem natürlichen handwerklichen Geschick zu verbinden.

Negative Schattierungen dieser Farbe können primitive Ängste und Aberglauben auslösen. Sie können primitive Wutanfälle mit Hang zur Gewalt hervorrufen.

Ocker ist die Farbe von dunklem Senf, so wie man sie häufig in Flechten und Baumpilzen sieht. In positiver Hinsicht verbindet sie uns mit der Welt der Pflanzen und dem Heilen mit Heilkräutern und Pflanzen.

In negativer Hinsicht kann diese Farbe für die Psyche Gift sein und dazu führen, dass wir den Kontakt zu uns selbst, zu unseren Instinkten und unseren Selbstheilungsmechanismen verlieren.

Olivgrün ist eher das Silbergrün, das die Blätter des Olivenbaums aufweisen als das Grün grüner Oliven. In positiver Hinsicht verleiht uns diese Farbe inneren Frieden und Stärke, und sie bewirkt, dass wir uns in unserem Körper wohl fühlen. Sie hat keine negativen Schattierungen oder Auswirkungen.

Die Farben für das Wurzelchakra sind Rot, Braun und Malve.

Die Farben für das Kehlchakra sind Blau, Silber und Türkis.

Die Farben für das Kronenchakra sind Violett, Weiß und Gold.

Verwenden Sie diese Farben wie in Übung 8 (Seite 61) vorgeschlagen, um Ihre Chakren zu entwickeln, zu erwecken und zu heilen.

Düfte

Beruhigende Düfte für das Alter-Major-Chakra sind Moschus und Zedernholz; Veilchen und Rosengeranium regen es an.

Die meisten von uns brauchen die anregenden Düfte, damit sich das Alter-Major-Chakra weiter öffnen kann und aktiver wird. Diese Düfte können mit einem anregenden und einem beruhigenden Duft von jedem der anderen Paare vermischt werden, um die Paarverbindungen anzuregen. James Alter-Major-Chakra war relativ fest geschlossen. Sein Masseur im Gesundheitszentrum fügte dem üblichen Massageöl eine Mischung aus Lavendel- und Ambraöl hinzu.

Einige Menschen sind so mit den Elementen und den natürlichen Rhythmen der Erde verbunden, dass sie in ihrer Erscheinung und der Art, sich zu bewegen, wie Kobolde wirken oder eine Art »Schmetterlings-Einstellung« zum Leben haben. In diesen Fällen kann das Alter-Major-Chakra im Übermaß aktiv sein und dann sollten beruhigende Düfte eingesetzt werden.

Beruhigende Düfte für das Wurzelchakra sind Zedernholz und Patchouli; anregende Düfte sind Moschus, Lavendel und Hyazinthe. Beruhigende Düfte für das Kehlchakra sind Lavendel und Hyazinthe; Patchouli und weißer Moschus regen das Kehlchakra an. Beruhigende Düfte für das Kronenchakra sind Rosmarin und Bergamotte; Veilchen und Ambra sind anregende Düfte.

Edelsteine und Kristalle

Auf Seite 63 f. und im Glossar finden Sie eine allgemeine Anleitung zum Gebrauch von Edelsteinen und Kristallen. Bei den in diesem Kapitel behandelten Themen sind folgende Edelsteine und Kristalle besonders hilfreich:

Fossilien (poliert oder im natürlichen Zustand)   Helfen uns, uns mit der morphischen Resonanz und der Weisheit zu verbinden, die im kollektiven Unbewussten gespeichert sind. Sie fördern unsere natürliche Beziehung zu anderen Arten.

Karneol   Fördert den Kontakt mit Naturgeistern und unsere Erinnerung an andere Leben und unterstützt uns dabei, »große Träume« zu träumen (Schlafträume, die einen über die rein persönliche Bedeutung hinausgehende Sinn haben).

Türkis   Fördert unsere Kommunikation zu allem, was natürlich ist, und stärkt die Verbindung zu unseren Körper-Krafttieren.

Gebete bzw. Affirmationen

Das Gebet bzw. die Affirmation für das Alter-Major-Chakra lautet folgendermaßen:

❯ *Mögen wir uns durch den Kontakt mit unserer Deva-Natur von der Dualität und der Trennung in die Ganzheit und Einheit bewegen.* ❮

Das Gebet bzw. die Affirmation für das Wurzelchakra lautet folgendermaßen:

❯ *Möge der Geist durch den Akt der Inkarnation in die Materie hineingebracht werden. Möge die Lebenskraft durch die Verbindung mit der Erde energetisch aufgeladen und ausgetauscht werden. Wir erkennen die Ganzheit an und streben danach, akzeptiert zu werden und andere zu akzeptieren.* ❮

Das Gebet bzw. die Affirmation für das Kehlchakra lautet folgendermaßen:

❯ *Hilf uns, Verantwortung zu entwickeln. Möge die universelle Wahrheit das kausale Handeln durchdringen, so dass sich die*

Stimme der Menschheit mit der Stimme der Erde in wahrer Harmonie verbinden kann. ❻

Das Gebet bzw. die Affirmation für das Kronenchakra lautet folgendermaßen:

❾ *Lasse durch Hingabe und Loslassen den einströmenden Wille wirklich den Willen Gottes sein, der in uns und durch uns arbeitet und uns auf diesem Wege ein immer größeres Wissen von der mystischen Vereinigung und der mystischen Hochzeit vermittelt.* ❻

Vorschläge, wie Sie Gebete oder Affirmationen anwenden können, finden Sie auf Seite 64.

KAPITEL 12

Neue Dimensionen:
Tod und Wiedergeburt

Schlüsselthemen:
Tod und Wiedergeburt, neue Möglichkeiten,
die Jahrtausendwende, die Entstehung neuer
Archetypen

Chakrenpaare:
Die neuen Chakren, die Basis, das Hara,
das Zentrum der bedingungslosen Liebe, das
dritte Auge

Archetypus:
Bedingungslose Liebe, der Narr

Dieses Kapitel wird Ihnen helfen:

- mehr über erst in der letzten Zeit entdeckte
  Chakren zu erfahren
- den Platz des Chaos in der Ordnung der
  Dinge zu verstehen
- etwas über die Möglichkeiten für das neue
  Jahrtausend, die neuen Möglichkeiten und
  die Entstehung neuer Archetypen zu erfahren

Bereiche, denen die Chakren zugeordnet sind

Das Basischakra
Lage: Blütenblätter über dem Schambein, Stiel am Steißbein
Schlüsselbegriffe: Vergeltung, Erlösung, Wahl, Übergang, Frieden, die Welt
Entwicklungsalter: Von der Empängnis bis zur Geburt
Farben: Dunkles Rosarot, Rubinrot und Purpurrot
Element: Erde
Körper: Kausalkörper
Beruhigende Düfte: Heidekraut, Rosenholz
Anregende Düfte: Zitronenkraut, Thymian
Edelsteine und Kristalle: Rhodochrosit, Mondstein, Rosenquarz, Rosenopal, Rubellit

Gebet bzw. Affirmation
Wir erkennen an, dass zwischen der Entscheidung, die unsere nach Vergeltung strebende Seele für unser Leben getroffen hat, und unserer jetzigen emotionalen Umgebung eine Wechselwirkung besteht. Wir versuchen, den Übergang von Vergeltung zu Erlösung zu verstehen und uns ihm anzupassen.

Das Harachakra
Lage: In der Aura zwischen Sakralchakra und Solarplexus
Schlüsselbegriffe: Vitalität, Kraft und Macht, Heilung, Regeneration, Ausgleich, Gott
Farben: Aprikose, Silber, Platin
Element: Granit
Beruhigende Düfte: Hibiskus, Aprikose
Anregende Düfte: Weihrauch, Maiglöckchen
Edelsteine und Kristalle: Honigcalcit, Sonnenstein, Pyrit-Sonnen, Antimonit, Gelbbleierz

Gebet bzw. Affirmation

Wir erkennen die universelle Lebenskraft an und verbinden uns mit ihr. Wir akzeptieren unser Potential für Gesundheit und Regeneration und wissen, dass ein Loslassen von Krankheit kollektive Selbstverwirklichung bringen wird.

Das Zentrum der bedingungslosen Liebe

Lage: Im gewöhnlichen Herzchakra und darüber hinausgehend
Schlüsselbegriffe: Weisheit, bedingungslose Liebe, Selbstverwirklichung, Unterscheidungsfähigkeit, Integrität
Farben: Rosa, Amethyst, Malve mit perlgrauer Schattierung
Element: Meerwasser
Beruhigende Düfte: Orchidee, Kamille
Anregende Düfte: Geranium, Basilikum
Edelsteine und Kristalle: Amethyst, Sugilith (wird auch als Luvulith bezeichnet), Lepidolith, Dolomit, Alexandrit

Gebet bzw. Affirmation

Wir öffnen uns für die Segnungen der bedingungslosen Liebe. Wir akzeptieren, dass wir bedingungslos geliebt werden. Wir bitten darum, bedingungslose Liebe üben zu können, ohne dabei unsere Integrität und weise Unterscheidungsfähigkeit zu verlieren. Hilf uns, aus der Selbstzufriedenheit herauszukommen.

Das Dritte-Auge-Chakra

Lage: Ein Wirbelchakra in der Aura, außerhalb und ein wenig über dem Stirnchakra
Schlüsselbegriffe: Schönheit, Gerechtigkeit, Schutz, Transformation
Farben: Silbrigblau, Indigo, Magenta
Element: Spirituelles Feuer
Beruhigende Düfte: Nelke, Mohn,
Anregende Düfte: Jasmin, Salbei

Edelsteine und Kristalle: Doppeltbrechender Kalkstein, Elestiale, Herkimer-Diamant, Fluoritdoppelpyramiden

Gebet bzw. Affirmation

Wir engagieren uns für die visionäre Kraft. Bei diesem Engagement erkennen wir an, dass die visionäre Kraft der Vergangenheit die visionäre Kraft der Gegenwart beflügelt und dass die visionäre Kraft der Gegenwart die visionäre Kraft der Zukunft ermöglicht. Im Dienste dieser visionären Kraft bitten wir um die Gaben der Schönheit und Gerechtigkeit, so dass unsere Sicherheitsstrukturen flexibel und erneuerbar sein mögen. Um aus den wertlosen Dingen des Lebens und der Erfahrung Gold zu machen, bitten wir darum, das tun zu können, ohne für die wertlosen Dinge selbst Verachtung zu empfinden.

Die neuen Chakren

Schon seit einigen Jahren haben Gildas und andere gechannelte Quellen nahe gelegt, dass das Hauptchakrensystem von sieben oder acht Chakren auf zwölf erweitert werden sollte. Natürlich haben die »neuen Chakren« ebenso wie die »neuen Planeten« schon seit langem existiert, nur sind sie noch nicht entdeckt bzw. zum Leben erweckt worden. Jetzt, kurz nach der Jahrtausendwende, ist es besonders wichtig, die Chakrenressourcen zu erwecken, die uns helfen, die spirituelle Stärke zu finden, die wir benötigen, um Veränderungen, Krisen und ein mögliches Chaos besser zu ertragen.

Die neuen Chakren bilden keine Paare oder Triaden, wie die Chakren im ursprünglichen Chakrensystem; sie formen vielmehr ein eigenes System, mit dem wir uns beschäftigen und im Laufe unseres Lebens arbeiten müssen. Für die neuen Chakren gibt es noch keine Fallstudien, da sie erst vor relativ kurzer Zeit zum Leben erweckt worden sind. Jeder von uns, der bestrebt ist, jetzt, wo wir uns kurz vor einem Quantensprung befinden, eine spirituelle Sichtweise einzunehmen, könnte selbst potentiell als Fallstudie für die neuen Chakren dienen.

In meinem vorherigen Buch *Arbeit mit den Chakren* wurden die neuen Chakren so detailliert wie möglich untersucht. In dem vorliegenden Buch möchte ich mich eher darauf konzentrieren, auf welche Art und Weise sie sich in ihrem »Team innerhalb eines Teams« gegenseitig unterstützen.

Jedes neue Chakra versorgt uns im Laufe unseres Lebens mit bestimmten Ressourcen. Wenn wir die Qualitäten der neuen Chakren entwickeln und wenn die Energien aus diesen Chakren in unsere gegenwärtigen Energiekörper einströmen, dann wird sich sogar unsere Substanz verändern.

Die Chakren, die für uns als Kollektiv und für uns als Individuen existieren, existieren auch in der Substanz des Planeten, auf dem wir leben. Wenn die neuen Erdchakren zum Leben erweckt werden, dann werden sich die Substanz und die Schwingungsfrequenz der Materie verändern und einige unserer gegenwärtigen physikalischen und naturwissenschaftlichen Theorien und Gesetzmäßigkeiten überflüssig werden.

Chaos

Einigen von uns erscheinen solche neuen Möglichkeiten als aufregend; für andere sind solche Vorhersagen mit Angst und Unsicherheit verbunden. Wenn Gesetze, die scheinbar bewiesen waren, und sogar unser Körper selbst sich verändern werden, wie werden wir dann das damit einhergehende Chaos überleben? In der Regel haben wir ebenso große Angst vor dem Chaos wie vor dem Bösen; da wir jedoch dabei sind, für das Potential eines neuen Zeitalters zu erwachen, müssen wir das als Naturgesetz betrachten. Als vor kurzem auf sehr aufregende Weise die Muster des Chaos im Film festgehalten worden waren, musste man eine neue Sichtweise gegenüber dem Chaos einnehmen. Seine Strudel und die in ihm enthaltenen Bewegungen können äußerst schön sein – das Chaos ist weit davon entfernt, unorganisiert zu sein. Es enthält bereits die neue Ordnung in sich, nach der es innerhalb seiner ausgeklügelten Muster aktiv sucht.

Die Energien der neuen Chakren werden uns erhalten und uns die Werkzeuge und den Mut an die Hand geben, dem Chaos zu begegnen, seine Schönheit zu entdecken, es als eines der Wunder der Manifestation des Göttlichen anzuerkennen und erneuert und von den Überresten der alten Ordnung befreit in das neue Potential einzutauchen.

Tod und Wiedergeburt

Allzu oft denken wir, wenn wir an den Tod denken, an Verlust. Wir haben uns noch nicht an die Erkenntnis gewöhnt, dass der Tod das Potential der Wiedergeburt in sich birgt. Zu selten sprechen wir von Tod und Wiedergeburt in einem Atemzug. Die neuen Chakren lehren uns jedoch mehr als je zuvor, dass, wenn wir den Tod zulassen, die Geburt möglich gemacht wird. An alten Strukturen festzuhalten, einfach nur deshalb, weil wir Angst haben, Risiken einzugehen, bringt Schutt hervor, durch den die Geburtskanäle blockiert werden.

Neue Möglichkeiten

Wenn wir einen Horizont sehen, neigen wir dazu zu denken, dass er das Ende von etwas darstellt – für uns kann er damit zu einer Grenze werden. Wenn wir den symbolischen Horizont der alten Ordnung betrachten, dann könnte es sein, dass wir die Befürchtung hegen, dass sich dahinter nur Dunkelheit und Zerstörung befinden können. Doch im wirklichen Leben verschieben sich Horizonte. Wenn wir reisen, ist der Horizont in ständiger Veränderung; er wächst mit unserem Erleben der Landschaft. Wenn wir uns dem Ort des Quantensprungs nähern, dann müssen wir das Vertrauen haben, dass Horizonte keine endgültigen Grenzen darstellen, sondern ein Maßstab sind, an dem wir ablesen können, wie weit wir bereits gekommen sind, ebenso wie ein Zeichen dafür, dass der Weg nie aufhört.

Gildas sagt, dass wir genauso mutig sein müssen wie die ersten Entdecker zur Zeit Elizabeths, die sich aufmachten zu beweisen, dass die Erde keine Scheibe ist. Mit weitaus geringeren Ressourcen, als wir sie heute besitzen, schritten sie mutig über den Horizont und fielen nicht über den Rand, sondern sie kehrten mit neuem Wissen an den Ort zurück, von dem aus sie sich aufgemacht hatten, und jetzt kannten sie diesen Ort so gut, wie sie ihn vorher nie gekannt hatten, da sie ihn jetzt innerhalb des Kontextes von etwas Größerem sahen, das sie sich niemals vorzustellen gewagt hätten.

Die Entstehung neuer Archetypen

Im Verlauf dieses Buches haben wir gesehen, dass Archetypen einen Bezug zu göttlichen Prinzipien haben. Wenn wir die Fähigkeit entwickeln, neue Chakren, neue Planeten, neue Vorstellungen und neue Horizonte zu »entdecken«, dann können wir auch davon ausgehen, dass wir neue göttliche Prinzipien entdecken und sie in die Praxis umsetzen werden. Wenn die Archetypen des Gurus und seiner Anhänger zum Sterben verurteilt sind (vgl. Seite 252), dann ist für den Archetypen der bedingungslosen Liebe die Zeit gekommen, zur vollsten Blüte heranzureifen. Wenn das passiert, werden wir bedingungslos in der Lage sein, uns beim Quantensprung gegenseitig zu unterstützen, da die alten Hierarchien, die auf Habgier, Neid und Machtmissbrauch beruhten, verschwinden werden.

Vielleicht ist gerade ein anderer Archetypus im Entstehen begriffen, nämlich der positive Aspekt des Chaos. In der Vergangenheit haben wir nur auf die Schattenseite des Chaos Bezug genommen, da es aufgrund seines Wesens so schwer ist, genau zwischen positiv und negativ zu unterscheiden.

Der Archetypus der bedingungslosen Liebe

Dieser Archetypus ist gerade erst im Erwachen begriffen. Wir müssen lernen, ihn nicht als etwas anzusehen, das wir versuchen sollten, in die Praxis umzusetzen, sondern als etwas, das jeden Einzelnen von uns umgibt. Überraschenderweise kann es eine große Herausforderung sein und viel Kraft kosten zu erleben, dass man bedingungslos geliebt wird. Viele von uns können einen inneren Teil benennen, der lieber bestraft oder in eine bestimmte Form gebracht werden würde oder dem von einer höher stehenden Autoritätsperson gesagt werden sollte, was er zu tun habe. Bedingungslose Liebe für alle erfordert, dass wir Selbstverantwortung übernehmen und nur aus dem Höchsten in uns heraus leben. Das kann Ängste hervorrufen, denn es bedeutet, dass wir unsere eigenen Entscheidungen treffen und auf eine uns innewohnende Integrität vertrauen müssen, die uns dazu verhilft zu wissen, was bei den einzelenen Schritten auf unserem Weg passieren könnte.

Das Zentrum der bedingungslosen Liebe ist als neues Chakra der Energiepunkt, an dem wir lernen, die Energie der bedingungslosen Liebe zu empfangen und sie zu integrieren. Die Betonung sollte darauf liegen, dass wir lernen, diese Qualität mit Anmut zu empfangen. Wenn wir die bedingungslose Liebe als etwas ansehen, das wir geben müssen, bevor wir in der Lage sind, sie zu empfangen, dann laufen wir Gefahr, uns gegenseitig mit Herablassung zu behandeln und auf subtile Weise zu verurteilen.

Der Archetypus des Narren

Der Narr ist kein neuer Archetypus, er ist jedoch dabei, einen neuen Einfluss zu erlangen. Wenn wir den Narren betrachten, dann müssen wir all unsere Wertvorstellungen und Annahmen immer wieder in Frage stellen, denn der Narr springt mit leeren Händen in den Abgrund und landet immer auf seinen Füßen. Er konfrontiert uns ständig mit der Frage, was Unschuld, was Magie und was Verantwortungslosigkeit sind. Wenn man über diese Fragen diskutiert oder intensiv darüber meditiert, dann sind das keine bequemen Fragen, doch die uns bevorstehende Zeit wird jeden von uns dazu bringen, sich zu wünschen, dass er den Archetypus des Narren als echten Verbündeten haben kann.

Die Dimensionen, die uns die neuen Chakren eröffnen

Die Dimension, die uns das Basischakra eröffnet

Wenn das neue Zeitalter heranrückt, dann wird sich auch unser Karma verändern. Wenn die Energien des Basischakras in unserem Wesen aktiv sind, versetzen sie uns in die Lage, alte, auf Vergeltung ausgerichtete karmische Muster wie »Auge um Auge, Zahn um Zahn« hinter uns zu lassen. In Zukunft werden wir nicht mehr auf dieselbe Weise an das Rad der Wiedergeburten gebunden sein.

Wir wählen unsere eigenen karmischen Aufgaben für ein Leben aus, wenn wir im Stadium zwischen den einzelnen Leben das Leben, das wir gerade gelebt haben, überprüft haben. Wir sind unsere eigenen Lehrmeister. Wir entscheiden uns häufig dafür, das zu empfangen, was wir (in einer anderen Persönlichkeitsperle des Seelenstiels) anderen zugedacht haben. Wir treffen eine solche Wahl, wenn wir immer noch mit der alten Ordnung und der alten Tretmühle der Wiedergeburten verhaftet sind.

Mit bedingungsloser Liebe geht Selbstvergebung und die Erkenntnis einher, dass sich jeder von uns auf einer Reise befindet, auf der er Erfahrungen gemacht hat, und dass diese Reise weitergeht. Sämtliche Erfahrungen, die wir gemacht oder verursacht haben, sind für die Reise der gesamten Menschheit von Vorteil gewesen; deshalb müssen wir Muster nicht fortbestehen lassen, indem wir ernten, was wir gesät haben. Es liegt häufig in der Natur des gegenwärtigen karmischen Musters begründet, dass wir nicht genau das ernten können, was wir gesät haben; außer, wenn eine andere Person in der Lage ist, dieselben Muster zu säen, so dass wir sie ernten

können. Hieraus kann ein Muster entstehen, das einem Teufelskreis gleicht; es ist tatsächlich eine ermüdende Tretmühle und keine Spirale der Erhabenheit. Wir müssen neue Samen mit in unsere
Inkarnation hineinbringen; wir müssen lernen, weder unseren gut-
en Taten noch unseren schlechten Taten verhaftet zu sein, denn das
ist das Wesen der Transzendenz. Auf diese Weise kann uns die Ver-
wirklichung des göttlichen Prinzips der bedingungslosen Liebe mit
Leben erfüllen, so wie wir auch *es* mit Leben erfüllen.

Die Dimension, die uns das Harachakra eröffnet

Das Harachakra bietet uns ein erstaunliches Potential für die Regeneration. Wenn wir das richtig verstanden haben und zulassen, dass
es durch unsere physischen und spirituellen Adern fließt, dann haben wir die vollkommen freie Wahl über Leben und Tod, da sich
unser Körper für den Rest unserer für diese Inkarnation vorge-
sehenen Lebenszeit im bestmöglichen Zustand befinden wird. Wir
werden nicht älter werden und sterben, sondern die Verantwortung dafür übernehmen, bei der Beurteilung unserer Lebensaufgabe bzw. unseres Dienstes auf der Erde selbst zu entscheiden, ob
diese Phase beendet werden kann, oder ob wir in eine neue Phase
derselben eintreten werden. Dann werden wir den Übergang zur
nächsten Lernphase bewusst vollziehen, was in ähnlicher Weise geschehen wird, wie es unsere Geistführer in ihrer Dimension bereits
jetzt tun.

Die Dimension, die uns das Dritte-Auge-Chakra eröffnet

Das Stirnchakra wird häufig mit dem dritten Auge verwechselt.
Obwohl uns das Stirnchakra die Fähigkeit der spirituellen Sicht
verleiht und für das Funktionieren des dritten Auges notwendig
ist, handelt es sich bei beiden nicht um ein und dasselbe Energiezentrum. Das dritte Auge ist ein Wirbel in der Aura, von dem Trä-
ger-Energieverbindungen zu anderen Chakren hin und davon weg
gehen.

Wenn man ein offenes drittes Auge hat, dann bedeutet das nicht, dass man – wie manche Menschen fälschlicherweise annehmen –, einen sofortigen Zugang zu vergangenen Leben oder in der Zukunft liegenden Ereignissen hat, dass man Astralreisen und Veränderungen des Bewusstseinszustands herbeiführen kann, dass man die Gabe besitzt, Krankheiten zu diagnostizieren und sie zu heilen oder die Fähigkeit besitzt, Auren, Naturgeister und Engel zu sehen und auf leichte Weise mit Geistführern zu kommunizieren. Die meisten dieser Fähigkeiten sind ursprünglich übersinnlicher Natur und sie sind nicht spirituell. Sie können nur dann eine wahrhaftig spirituelle Dimension bekommen, wenn wir uns nicht mehr vom Glanz der Phänomene ablenken lassen (vgl. auch Seite 213 f.).

Wenn man ein offenes drittes Auge hat, bedeutet das einfach nur, dass man in der Lage ist, das Leben von einer klaren spirituellen Perspektive aus zu betrachten; dass man sich in einer verwirrenden und sich verändernden Welt Hoffnung, Zuversicht und Ausgeglichenheit bewahrt; dass man die Vorstellung von sich hat, ein verantwortungsbewusster, spiritueller Hüter zu sein, und dass man den Willen besitzt, die für eine solche Aufgabe notwendige Stärke zu entwickeln und die inneren Qualitäten anderer Menschen wahrnehmen kann, ohne sie zu beurteilen; und dass man niemals den Glauben an die Vollkommenheit und das Wohlwollen des göttlichen Plans verliert, in den wir alle ohne Ausnahme eingeschlossen sind. Wenn all diese Qualitäten entwickelt worden sind und die Phänomene keine Anziehung mehr um ihrer selbst willen darstellen, dann werden sich die Phänomene paradoxerweise trotzdem manifestieren.

Das neue Jahrtausend

Es wird mit großer Sicherheit vorausgesagt, dass die Veränderungen, von denen unsere Geistführer sprechen, sich während der ersten Phase des neuen Jahrtausends ereignen werden. Ich vermute, dass der Beginn des neuen Jahrtausends keine unmittelbare magische Schwelle sein wird – jedoch liegt in der Wende ihr Potential begründet. Wenn das alte Jahrtausend ausklingt, dann haben wir eine große Chance, alte Muster hinter uns zu lassen und neue Entscheidungen zu treffen. Im Entwurf des neuen Jahrtausends wird sicherlich das Potential für ein goldenes Zeitalter der Menschheit beinhaltet sein. Als Kollektiv werden wir bald Hebammen und Eltern für ein Wunderkind sein. Das Wesen der Natur muss herausgebracht werden und durch Fürsorge unterstützt werden. Wenn wir als Individuen mit unseren neuen Chakren arbeiten, dann bereiten wir uns auf diese aufregende und gleichzeitig gewaltige Aufgabe vor.

Mit den neuen Chakren arbeiten

Bis zum jetzigen Zeitpunkt ist die Arbeit an den neuen Chraken sehr einfach. Diese Chakren müssen gestärkt und zum Leben erweckt werden. Dafür ist es notwendig, dass wir ihre Farben in sie hineinatmen; dass wir mit ihren Edelsteinen und Kristallen arbeiten, indem wir den entsprechenden Kristall bzw. Edelstein aussuchen und ihn fünf bis zehn Minuten lang über den Chakrenbereich halten; dass ihre Düfte in unserer Umgebung verbreitet und von unserem Energiesystem aufgenommen werden; dass wir ihre Gebete und Affirmationen wiederholen und über sie meditieren.

Die beruhigenden und anregenden Düfte für die einzelnen Chakren sollten mit denen für die neuen Chakren vermischt werden – auf diese Weise werden Sie einen ausgleichenden Duft herstellen oder aber einen, der das entsprechende Chakra zum Leben erweckt. Experimentieren Sie damit, eine ausgeglichene Mischung aus einigen Tropfen der verschiedenen Düfte für die einzelnen Chakren herzustellen, die Sie als angenehm und harmonisierend empfinden.

Mit dem Basischakra arbeiten

An dieser Stelle ist keine spezifische Übung für das Basischakra angeführt; setzen Sie einfach nur seine Farben, Edelsteine bzw. Kristalle, seine Düfte und Affirmationen ein wie oben vorgeschlagen. Wenn Sie das tun, dann wird das Basischakra darin unterstützt, zu einem aktiven Mitglied des Chakrensystems zu werden.

Die Farben für das Basischakra

Die Farben für das Basischakra sind ein dunkles Rosarot, Rubinrot und Purpurrot.

Ein tiefes Rosarot können wir häufig in unseren Rosengärten sehen. In positiver Hinsicht wärmt es und heißt willkommen.

In negativer Hinsicht kann es für Verwundungen und zu große Verletzlichkeit stehen.

Rubinrot ist die Farbe des gleichnamigen Edelsteins und die von tiefrotem Wein. In positiver Hinsicht bringt uns diese Farbe dazu, unsere innere Tiefe zu suchen und sie zu respektieren.

In negativer Hinsicht kann diese Farbe erstickend wirken, alles absorbieren und uns von positiven Schwingungen abschneiden.

Purpurrot ist hell, jedoch nicht so strahlend wie das Violett des Kronenchakras. In positiver Hinsicht verstärkt es das Selbstwertgefühl.

In negativer Hinsicht übertönt es alles und entzieht Kraft.

Wenn Sie diese Farben in Ihr Basischakra einatmen, dann vergessen Sie nicht, sie so zu visualisieren, als ob sie in bunten Glasscheiben erscheinen würden, durch das Licht hineinfällt.

Edelsteine und Kristalle für das Basischakra

Auf Seite 63 f. und im Glossar finden Sie eine allgemeine Anleitung zum Gebrauch von Edelsteinen und Kristallen. Bei den in diesem Kapitel behandelten Themen sind folgende Edelsteine und Kristalle besonders hilfreich:

Rhodochrosit   Dieser Stein hat eine sanfte Energie. Er fördert unsere Fähigkeit, die Erde zu lieben und die Wechselwirkung zwischen Geist und Materie anzuerkennen.

Mondstein   Für das Basischakra sollte der Mondstein eine leicht rosafarbene Schattierung aufweisen. Er hilft uns dabei, Übergange zu vollziehen und uns vom Sühnekarma zum Erlösungskarma zu bewegen.

Rosenquarz   Ein Trost spendender Stein. Auf das Basischakra gelegt hilft er, die Verbindung zu unserem Schutzengel aufrechtzuerhalten.

Rosenopal   Erleichtert die Geburt; für Mütter während der Wehen nützlich, fördert außerdem die Entstehung von Ideen und hilft bei neuen Lebensphasen oder Übergangsriten.

Rubellit   Unterstützt unsere Erinnerung an die spirituellen Welten und Ebenen. Er ermuntert uns, Schönheit und heilige Dimensionen in die Dinge, die wir erschaffen, und die Gebäude, die wir erbauen, einfließen zu lassen.

Mit den Wirbelchakren arbeiten

Das Harachakra und das Dritte-Auge-Chakra unterscheiden sich in ihrer Struktur von den Chakren des herkömmlichen Systems. Sie sind Wirbel im Energiefeld, die von wichtigen Energieverbindungen zu anderen größeren oder kleineren Chakrapunkten unterstützt werden. Zum Aufbau dieser Strukturen vergleichen Sie Übung 47 auf Seite 328 ff. und Übung 48 auf Seite 330 f.

Die Farben für das Harachakra

Die Farben für das Harachakra sind Aprikose, Silber und Platin. Aprikosenfarben ist die Farbe reifer Aprikosen, ihr Farbton ist weich und warm. In positiver Hinsicht verbessert es die Selbstheilungskraft des Körpers und verleiht ein Gefühl von Wohlbefinden. Es hat keine negativen Aspekte oder Schattierungen.

Silberfarben ist der weiche silbrige Glanz von Edelmetallen. Sie verleiht Flexibilität und Stärke. Am Harachakra hat Silber keine negativen Eigenschaften.

Platinfarben weist zwar eine gewisse Ähnlichkeit zu Silber auf, ist jedoch im Farbton blauer. Es steht symbolisch für Durchhaltevermögen und Ausdauer.

Edelsteine und Kristalle für das Harachakra

Auf Seite 63 f. und im Glossar finden Sie eine allgemeine Anleitung zum Gebrauch von Edelsteinen und Kristallen. Bei den in diesem Kapitel behandelten Themen sind folgende Edelsteine und Kristalle besonders hilfreich:

Honigcalcit Unterstützt das Gleichgewicht; trägt dazu bei, die Energiereserven zu stärken, die das Harachakra für ein optimales Funktionieren braucht.

Sonnenstein Dieser Stein erleichtert die Aufnahme von Energien aus der universellen Quelle. Er regt die Selbstheilungskräfte an.

Pyrit-Sonne Hier handelt es sich um eine relativ seltene Ausprägung der Pyritfamilie; es sind flache goldene Scheiben mit leuchtenden Strahlen, die von einem zentralen Punkt ausgehen. Sie fördern die Widerstandskraft gegenüber Stress.

Antimonit Ein für Heiler nützlicher Stein; der Antimonit hat ein metallisches, gestreiftes Aussehen. Er ermöglicht einen ständigen Energiefluss zu anderen Menschen und verhilft zu einer ruhigen, erfrischenden Präsenz.

Gelbbleierz Er wird aufgrund seiner Aprikosenfarbe mit dem Harachakra in Verbindung gebracht. Er stärkt die Aura. Er hilft denen, die eine Führungsposition einnehmen, dabei, Macht durch Mitgefühl auszugleichen.

ÜBUNG 47   **Die energetische Struktur für den Wirbel des Harachakras aufbauen**

Für diese Übung ist es wichtig, dass Sie aufrecht sitzen und Ihren Rücken, falls notwendig, abstützen. Wenn Sie nicht im Schneider- oder Lotossitz sitzen, sollten Ihre Beine an den Knien oder Fußgelenken nicht überkreuzt sein.

• Beginnen Sie mit der Beatmung des zentralen Energiekanals (vgl. Seite 29).

• Richten Sie Ihre Aufmerksamkeit auf Ihr Sakralchakra und konzentrieren Sie sich darauf, dass sich seine Blütenblätter auf flexible Weise öffnen.

• Gehen Sie mit Ihrer Aufmerksamkeit durch den zentralen Energiekanal nach oben zum Solarplexuschakra. Erlauben Sie, dass sich auch dessen Blütenblätter öffnen.

• Gehen Sie mit Ihrer Aufmerksamkeit ein wenig nach oben und nach links und lokalisieren Sie ein Energiezentrum über Ihrer Milz.

• Gehen Sie mit Ihrer Aufmerksamkeit auf Ihre rechte Körperseite und spüren Sie das Energiezentrum über Ihrer Leber.

• Stellen Sie sich vor, dass goldene Energiefäden spiralförmig aus diesen Zentren in Ihre Aura einströmen und sich an einem Punkt vor und über Ihrem Sakralchakra, jedoch unter dem Solarplexus, treffen. Konzentrieren Sie sich so lange darauf, bis Sie das Gefühl haben, dass diese Struktur klarer und stärker wird. Wenn Sie jeden Tag ein paar Minuten auf diese Weise arbeiten, dann werden Sie am Ende mehr Erfolg haben, als wenn Sie sich in einer einzigen Sitzung zu sehr anstrengen.

• Wenn Ihre Struktur gut aufgebaut ist, dann werden Sie sich auf natürliche Weise Ihres Harawirbels bewusst werden und merken, wie er sich öffnet, sich dreht und den lebenswichtigen Organen Ihres Körpers durch die spiralförmigen Verbindungslinien Lebenskraft zurückgibt. Sie müssen Ihr Harazentrum nicht wieder verschließen, denn es reguliert sich entsprechend Ihren Bedürfnissen.

Mit dem Dritte-Auge-Chakra arbeiten

Die Farben für das Dritte-Auge-Chakra

Die Farben für das Dritte-Auge-Chakra sind Silbrigblau, Indigo und Magenta. Silbrigblau hat eine metallische Qualität und ist die Farbe, die man in einem Pfauenerz (Buntkupfererz oder Chalkopyrit) sieht.

In positiver Hinsicht verbessert Silbrigblau die visionäre Kraft.

In negativer Hinsicht ist es eine kalte Farbe, die grausame, kalte Gleichgültigkeit hervorrufen kann.

Für Indigo gilt die gleiche Beschreibung wie für das Stirnchakra, das auf Seite 242 beschrieben ist.

Magenta ist ein rötliches Violett. Es soll eine höhere Schwingung als Violett haben, das in der Regel als die Farbe mit der höchsten Schwingung im gesamten Spektrum angesehen wird. Wahrscheinlich wird es aus diesem Grunde die erste Farbe sein, die sich uns in einer neuen Oktave des Spektrums enthüllen wird.

In positiver Hinsicht hebt Magenta die Stimmung. Es hat keine negativen Eigenschaften, obwohl sie für manche Menschen zu anregend sein kann.

Edelsteine und Kristalle für das Dritte-Auge-Chakra

Auf Seite 63 f. und im Glossar finden Sie eine allgemeine Anleitung zum Gebrauch von Edelsteinen und Kristallen. Bei den in diesem Kapitel behandelten Themen sind folgende Edelsteine und Kristalle besonders hilfreich:

Doppeltbrechender Kalkstein   Eine durchsichtige Variante des Kalkspats in Form eines Rhomboeders; dieser Kristall bricht das Licht in das Farbspektrum auf und ist deshalb voller Regenbogen. Seinem Namen getreu fördert er klares Sehen und eine spirituelle Vorstellungskraft.

Elestiale   Diese Steine gehören zu den Kristallen, die erst vor einiger

Zeit entdeckt wurden. In ihrer Erscheinungsform ähneln sie dem Rauchquarz, doch ihre Form ist viereckig und flach. Sie bilden enge Cluster
und enthalten häufig eingeschlossenes Wasser. Es sind inspirierende
Kristalle, die uns ermutigen, unser höchstes Potential zu erreichen.

Herkimer-Diamant   Bei diesem Stein handelt es sich um ein Mitglied
der Quarzfamilie. Es sind diamantförmige Kristalle, die gewöhnlich
ziemlich klein und durchsichtig sind, so als ob sie poliert oder geschlif-
fen worden wären. Sie werden nur in Herkimer County im Staat New
York abgebaut und bilden sich in flüssigen Lösungen heran. Sie verstärken alle spirituellen Eigenschaften, verleihen Vitalität und fördern
die Freude.

Fluoritdoppelpyramiden   Bei diesen Pyramiden handelt es sich ebenfalls um diamantförmige Steine, die die Entwicklung des spirituellen Bewusstseins fördern und uns dabei helfen, spirituelle Ideen in die
materielle Wirklichkeit umzusetzen. Sie kommen in verschiedenen
Farbschattierungen vor, hauptsächlich in Weiß, Purpurrot, Malve und
Grün. Die weißen bzw. purpurroten Kristalle eignen sich am besten für
das dritte Auge.

ÜBUNG 48   ***Die feinstoffliche Struktur
für das dritte Auge aufbauen***

Nehmen Sie dieselbe Position wie in Übung 47 ein.

- Beginnen Sie mit der Beatmung des zentralen Energiekanals (vgl.
  Seite 29).
- Stellen Sie sich das Energiefeld Ihrer Aura vor, das sich im Abstand
  von 1 bis 2 Zentimetern um Ihren physischen Körper herumlegt.
  Spüren Sie den Bereich, in dem die Blütenblätter Ihres Stirnchakras
  in das Energiefeld hineinreichen.

- Richten Sie Ihre Aufmerksamkeit auf den Bereich, der sich ein wenig oberhalb und jenseits der Blütenblätter Ihres Stirnchakras befindet, und suchen Sie einen intensiven Energiepunkt im Energiefeld Ihrer Aura oder einen Wirbel sich spiralförmig bewegender Energie.
- Visualisieren Sie die Farben Silbrigblau, Indigo und Magenta in diesem Bereich.
- Visualisieren Sie eine Energielinie, die von diesem Energiepunkt oder Wirbel in Ihr Stirnchakra und durch es hindurch geht, um sich mit Ihrer Zirbeldrüse (vgl. Seite 242) zu verbinden. Atmen Sie an dieser Linie entlang (zwei bis drei Atemzüge lang).
- Stellen Sie sich eine weitere Energielinie vor, die von Ihrem dritten Auge bis hoch zu Ihrem Kronenchakra verläuft. Atmen Sie an dieser Linie entlang (zwei bis drei Atemzüge lang).
- Visualisieren Sie eine Energielinie, die von Ihrem dritten Auge durch die Blütenblätter Ihres Alter-Major-Chakras verläuft und in seinen Stiel hineingeht. Atmen Sie an dieser Linie entlang (zwei bis drei Atemzüge lang).
- Visualisieren Sie eine Energielinie, die vom Wirbel Ihres dritten Auges in Ihr Kehlchakra verläuft. Atmen Sie an dieser Linie entlang (zwei bis drei Atemzüge lang).
- Bringen Sie Ihre Aufmerksamkeit zu Ihrem Dritte-Auge-Punkt und spüren Sie, wie er sich klärt und gestärkt wird.
- Spüren Sie, wie Ihre Füße Kontakt zum Boden haben, und visualisieren Sie, wie sich ein Lichtmantel, an dem sich auch eine Kapuze für Ihren Kopf befindet, um Sie legt.
- Sie müssen den Wirbel Ihres Dritten Auges nicht wieder schließen, er reguliert sich selbst.

Mit dem Zentrum der bedingungslosen Liebe arbeiten
Auch dieses Chakra hat eine neue Form, da es ein Chakra innerhalb eines anderen Chakras ist. Die grundlegende Meditation, um das Zentrum der bedingungslosen Liebe zu öffnen bzw. Kontakt mit ihm aufzunehmen, wird in Übung 49 auf Seite 334 f. beschrieben.

Die Farben für das Zentrum der bedingungslosen Liebe

Die Farben für das Zentrum der bedingungslosen Liebe sind Rosa, Amethyst und Malve mit perlgrauen Schattierungen. Das Rosa ist ein zartes, aber volles Rosa. In positiver Hinsicht verleiht es ein Gefühl von Sicherheit und Akzeptanz.

In negativer Hinsicht kann es ersticken.

Amethyst ist am Zentrum der bedingungslosen Liebe die Farbe, die in blasseren bzw. lavendelfarbenen Amethyststeinen zu sehen ist. Diese Farbe fördert die Qualitäten einer feinen Unterscheidungsfähigkeit. Sie hat keine negativen Eigenschaften bzw. Schattierungen.

Malve mit perlgrauen Schattierungen hat ebenfalls einen hellen Ton mit einem perlfarbenen Schimmer. Es ist die Farbe, die Lepidolithe ausstrahlen. Es ist eine beschützende Farbe, die zu hohen Zielen ermuntert. Sie hat keine negativen Schattierungen oder Eigenschaften.

Edelsteine und Kristalle für das Zentrum der bedingungslosen Liebe

Auf Seite 63 f. und im Glossar finden Sie eine allgemeine Anleitung zum Gebrauch von Edelsteinen und Kristallen. Bei den in diesem Kapitel behandelten Themen sind folgende Edelsteine und Kristalle besonders hilfreich:

Amethyst   Wenn Sie diesen Kristall für das Zentrum der bedingungslosen Liebe wählen, dann sollte er blass bzw. leicht gräulich sein.

Einerseits unterstützt er dieses Zentrum beim Erwachen und andererseits stärkt und schützt er es.

Sugilith / Luvulith   Vergleichsweise selten; fördert die Selbstakzeptanz und ermuntert dazu, Gefühle der bedingungslosen Liebe für sich selbst und andere zu entwickeln.

Lepidolith   Eine Art Katzensilber, das die Selbstvergebung und das Loslassen unterstützt; Prozesse, die häufig notwendig sind, bevor sich bedingungslose Liebe entwickeln kann.

Dolomit   Stärkt das Zentrum der bedingungslosen Liebe und fördert die Entwicklung von Integrität.

Alexandrit   Unterstützt die Kultivierung kluger Unterscheidungsfähigkeit.

ÜBUNG 49   **Eine geführte Visualisierung zum Zentrum der bedingungslosen Liebe**

Setzen oder legen Sie sich in eine bequeme Position, wobei Sie Ihren Körper symmetrisch ausrichten. Ihre Beine sollten an den Knien oder Fußgelenken nicht überkreuzt sein, außer wenn Sie im Schneider- oder Lotossitz sitzen.

• Spüren Sie Ihren Atemrhythmus ... Nehmen Sie Ihren Atemrhythmus zu Hilfe und bringen Sie Ihre Aufmerksamkeit allmählich in Ihr Herzchakra ... Stellen Sie sich im Geiste vor, wie sich jedes Blütenblatt des Chakras bei jeder Ein- und Ausatmung rhythmisch öffnet ...

• Betreten Sie Ihren inneren Raum und stellen Sie sich vor, wie Sie in eine große, wohlriechende, rosafarbene Rose hineinschauen ... Nehmen Sie die Beschaffenheit der Blütenblätter wahr ... Jedes hat am oberen Ende einen zarten Hauch Grün ... Der Mittelpunkt der Rose ist aus purem Gold ...

• Die Rose wird so groß, dass Sie in sie hineingehen können ... Das Gold in ihrer Mitte wird zu einem goldenen Eingangstor, durch das Sie hindurchgehen dürfen ... Sie betreten einen Garten ... und finden sich in einem Rosengarten vor, der voller malven- und rosafarbener Rosen ist ... Der Garten ist formal gestaltet, in ihm befinden sich grasbewachsene Alleen, auf denen man umherspazieren kann, und hölzerne Sitze unter Laubengängen aus Rosen ... Verbringen Sie etwas Zeit damit, diesen wohlriechenden Ort zu erkunden, und setzen Sie sich vielleicht auch ein Weilchen in einen der Laubengänge ...

• Nun sehen Sie einen Weg, den Sie vorher noch nicht bemerkt haben, und Sie entschließen sich, ihm zu folgen ... Sie verlassen den formal gestalteten Teil des Gartens und erreichen ein paar Steine, die in einem klaren malvenfarbenen Licht schimmern ... Vor Ihnen liegt ein überwölbter Torweg aus Stein, auf dem eine engelhafte Figur steht ... Während Sie sich dem Torweg und dem Lichtwesen nähern, wissen Sie, dass Sie willkommen sind und dass dieser Hüter nicht dazu da ist, Sie aus dem Garten herauszuhalten, sondern Sie willkommen zu heißen und zu beschützen, während Sie diesen heiligen Ort betreten ...

- Nun können Sie einen Tempel aus Amethysten sehen ... Während Sie näher kommen, öffnet sich die Tür und Sie gehen hinein ... Überall um Sie herum sind Amethyste und die Atmosphäre ist warm und einladend ... Sie fühlen sich total verletzlich und dennoch vollkommen sicher ... Sie wissen, dass Sie vollkommen akzeptiert, ganz gesehen und bedingungslos geliebt werden ... Wärmen Sie sich in diesem Wissen und fühlen Sie es eine Weile ...

- Wenn Sie dazu bereit sind, dann gehen Sie auf demselben Weg wieder zurück ... aus dem Kristallpalast heraus, an dem Hüter des überwölbten Torweges vorbei, durch den formal gestalteten Garten zurück zum goldenen Eingangstor ... Gehen Sie durch das Eingangstor hindurch ... und werden Sie sich wieder Ihres Atems in Ihrem Herzchakra bewusst ... Lassen Sie die Blütenblätter dieses Zentrums sich wieder zusammenfalten und stellen Sie einen Lichtstern oder ein Lichtkreuz in einen Lichtkreis als Segen darüber ... Spüren Sie den Kontakt Ihrer Füße zum Boden und gleiten Sie sanft und schrittweise wieder in Ihre normale Umgebung zurück ...

Schlusswort

Es scheint angemessen zu sein, das Buch mit folgender Bemerkung zu beenden – mit der Öffnung des Zentrums der bedingungslosen Liebe am Beginn des neuen Jahrtausends, das uns die lang vorhergesagten Veränderungen bringen wird (wenn nicht sofort, dann vielleicht in der vorhersehbaren Zukunft, die viele von uns noch erleben werden). Die Arbeit mit den Chakrenpaaren und -triaden und den neuen Chakren bringt nicht nur jedem Einzelnen von uns Energie und Entwicklungsmöglichkeiten, sondern darüber hinaus der gesamten Menschheit und der Erde selbst.

GILDAS' GEBET

❥ *Lasse das Licht aus der Quelle in die Dunkelheit der Erde hineinscheinen und Heilung bringen*
Lasse die Liebe aus der Quelle in unsere Herzen hineinscheinen und Frieden und Harmonie bringen
Lasse die Kraft des Lichts, die von Liebe durchdrungen ist, in unseren Geist treten, damit die Dinge, die wir selbst erschaffen, das Göttliche in wahrhaftiger Weise widerspiegeln
Lasse Licht und Liebe, Frieden und Stärke, Heilung und Harmonie schließlich jene Vereinigung mit der Quelle herbeiführen, die jegliches Verstehen übersteigt
Lasse das Verstehen, das aus Frieden und Harmonie, Licht und Liebe geboren ist, die Erde umfassen, jetzt und bis in alle Ewigkeit. Amen. ❧

Glossar

Alchimie   Eine Tradition, die ursprünglich aus Persien stammt. Im Europa des Mittelalters wurden die Alchimisten als Forscher angesehen, die sich darum bemühten, Blei (unedles Metall) in Gold zu verwandeln. Es besteht kein Zweifel daran, dass einige von ihnen an derartigen Forschungen arbeiteten. Die echte spirituelle Alchimie verwendet das Bild des unedlen Metalls, das in Gold verwandelt wird, als Grundlage für komplexe esoterische Lehren über die Reise und die Weiterentwicklung der Seele.

Edelsteine und Kristalle   Natürliche Kristalle wie Bergkristalle, Amethyst, Rosenquarz und Aventurin erinnern uns an den Geist, der in der Materie wohnt. Kristalle und Edelsteine, die als Unterstützung bei der spirituellen Arbeit verwendet werden, verstärken und vervielfachen die Heilwirkungen. Außerdem sind Edelsteine und Kristalle Träger aktiver Heilenergien, die freigesetzt werden, wenn wir unsere Heilabsichten bekannt geben und dann den jeweiligen Stein einsetzen, um unsere Aufmerksamkeit auf unsere Absicht, den betreffenden Körperteil oder unsere Chakren zu richten.

Edelsteine und Kristalle kann man in verschiedenen Geschäften erwerben, von Händlern beziehen oder auf besonderen Märkten einkaufen. Informieren Sie sich im entsprechenden Abschnitt eines jeden Kapitels über die verschiedenen Steine, die Sie sich anschaffen möchten. Wenn Sie eine Bezugsquelle ausfindig gemacht haben, dann verlassen Sie sich bei der Auswahl der richtigen Steine auf Ihre eigene Intuition.

Nehmen Sie sich etwas Zeit, um Ihren Stein kennen zu lernen. Betrachten Sie ihn sorgfältig, nehmen Sie ihn in die Hand und bewundern Sie ihn. Wenn Sie bereit sind, ihn für ernsthafte Arbeit einzusetzen, dann warten Sie bis drei Tage vor dem Vollmond und legen Sie ihn dann in Wasser, dem Sie etwas Meersalz zugesetzt haben. Diese Methode sollten Sie jedoch nicht bei Steinen anwenden, die als Juwelen ausgezeichnet sind, nicht bei synthetischen Steinen und auch nicht bei solchen, die sich weich oder brüchig anfühlen, wie es beispielsweise beim Lithionglimmer der Fall sein kann. Bei solchen Steinen empfiehlt es sich, sie während dieser Zeitspanne unter fließendes Wasser zu halten oder auf eine große, vorher gereinigte Amethystgruppe zu legen.

Trocknen Sie Ihren Stein in der Vollmondnacht mit einem Seidentuch oder einem weichen Baumwolltuch ab und legen Sie ihn in den Garten oder auf ein Fensterbrett. Selbst wenn der Vollmond hinter Wolken verborgen sein sollte, wird Ihr Stein das aufnehmen, was er braucht. Danach sollten Sie ihn zwölf Stunden lang mit Sonnenlicht aufladen. (Sie können ihn auch hinter eine Fensterscheibe legen, das Licht sollte jedoch so direkt wie möglich auf den Stein scheinen, der regelmäßig gedreht werden sollte.) Diese Aufladung können Sie auch mit Unterbrechungen durchführen, bis der Stein insgesamt zwölf Stunden Sonnenlicht mitbekommen hat.

Führen Sie in einer einfachen Zeremonie Ihre Steine ihrer Bestimmung zu. Zünden Sie eine Kerze an, halten Sie den Stein eine Weile in Ihren hohlen Händen und bitten Sie ihn dann darum, Ihnen bei Ihrer Entwicklung oder Heilung zu helfen.

(Weitere Informationen finden Sie in Soozi Holbeches *The Power of Gems and Crystals* in der Bibliographie.)

Höheres Selbst   Unser höheres Selbst ist im Wesentlichen der Teil unseres Bewusstseins oder unserer Seele, der sich nicht inkarniert.

Das höhere Selbst hat Überblick über all unsere Leben und entscheidet über unsere Aufgabe und unseren Sinn für jede Inkarnation.

Innere Reisen Geführte Reisen, die der Selbsterforschung dienen, erfordern – und bewirken – einen leicht veränderten Bewusstseinszustand, in dem unsere Aufmerksamkeit nach innen gerichtet sein kann. Sie helfen uns dabei, uns mit dem, »was innen ist«, oder dem, was häufig als die »innere Landschaft« bezeichnet wird, allmählich vertraut zu machen.

Mit Hilfe von geführten Reisen werden nicht nur Informationen aus dem eigenen Inneren an die Oberfläche gebracht, sondern der Selbstheilungsprozess und die Ausweitung unseres spirituellen Bewusstseins können einer persönlicheren Führung bzw. Kontrolle unterzogen werden. Alles hat seine Zeit, seinen eigenen Rhythmus oder Zyklus, doch wenn der Wellengang genau die richtige Stärke erreicht hat, dann müssen wir als geübte Surfer aufspringen, anstatt uns lediglich als Treibgut dorthin treiben zu lassen, wohin uns die Wellen werfen. Jedes Stadium auf einer inneren Reise oder einer Reihe von inneren Reisen führt Sie ein Stück tiefer in Ihr Inneres hinein, um Ihnen so zu helfen, psychologisches Material und die nächsten Schritte auf Ihrem spirituellen Weg zu klären.

Bei den inneren Reisen in diesem Buch sind Sicherheitsfaktoren eingebaut worden. Die Entspannung und Harmonisierung Ihres physischen Körpers ist ein Beitrag, um Ihre Chakren und feinstofflichen Energien ins Gleichgewicht zu bringen. Obwohl es manchmal wie eine Wiederholung wirken kann, ist die Anfangsszene auf der Wiese wie ein sicherer Ort am Rande des normalen Wachbewusstseins und der inneren Welten. Bevor Sie sich ernsthaft auf die Reise begeben, ist es ratsam, eine Verbindung zur Wiese herstellen und Ihre Sinne zu aktivieren. Bevor Sie zur äußeren Welt zurückkehren, müssen Sie die Wiese passieren, damit Sie Ihrem Bewusstsein das Signal geben, dass Sie jetzt von einem Bewusstseinsbereich in einen anderen übergehen. Wenn Sie sich irgendwann einmal bei irgendeinem Geschehen aus Ihrer inneren Welt unwohl fühlen, dann können Sie die Wiese als sicheren Übergangsbereich nutzen. Von dort aus können Sie sich das innere Geschehen friedlich ansehen oder sich ausruhen, bevor Sie mit Leichtigkeit zu den Anforderungen der äußeren Welt hinübergleiten.

Bei der Einführung zu jeder inneren Reise werden Sie – unabhängig davon, welches Chakrenpaar oder welche Chakrentriade angesprochen wird – dahin geführt, Ihr Herz zu öffnen. Die Herzenergie ist eine besonders sichere und weise Energie, um auf eine innere Reise zu gehen. Wenn diese Energie aktiviert worden ist, dann ist sichergestellt, dass Ihre Erfahrungen sanft sein werden und dass sich Ihnen nur diejenigen Geheimnisse Ihrer Psyche enthüllen werden, mit denen Sie zum jeweiligen Zeitpunkt auch umgehen können.

Widerstehen Sie der Versuchung, die inneren Reisen dazu zu verwenden, in der Vergangenheit oder in alten Erinnerungen herumzuwühlen. Akzeptieren Sie das, was kommt. Wenn Sie mit Enthusiasmus an Ihre psychologische und spirituelle Entwicklung herangehen, dann ist es verführerisch, Grenzen auszutesten und blockierte Erinnerungen an die Oberfläche kommen zu lassen. Die Psyche ist jedoch sehr weise und enthüllt ihre Tiefen nur in einer von Vertrauen geprägten Umwelt. Wenn Sie sich während einer inneren Reise an etwas erinnern, selbst wenn es Ihnen sehr vertraut oder banal vorkommt, dann hat Ihre Psyche einen Grund dafür, diese Erinnerung in Ihnen in jenem Moment hochsteigen zu lassen. Wenn Sie das respektieren und mit dem, was vorhanden ist, arbeiten, dann werden Ihnen tiefere Offenbarungen allmählich auf sanfte Weise zugänglich werden. Traumata oder Dramen sind keine Maßstäbe, an denen Sie die Tiefe oder Geschwindigkeit Ihres Wachstums messen können.

Symbole, die bei der Einführung zu den Reisen benutzt werden können, wie beispielsweise ein Talisman oder ein Amulett, ein weises inneres Wesen oder ein Krafttier, tragen dazu bei, die Kraft, die Stärke und die Weisheit Ihrer Psyche zu wecken. Sie helfen Ihnen dabei, weise auf Ihre Reise zu gehen und währenddessen zentriert zu bleiben. Wenn Sie an einer Wegkreuzung angekommen sind oder während einer Reise eine Entscheidung treffen müssen, dann werden diese Aspekte Ihres Selbst Ihnen dabei helfen, die richtige Richtung einzuschlagen und die richtige Entscheidung zu treffen.

Amulett　Ist einem Talisman ähnlich und hat eine diesem verwandte Funktion. Sie können ein Amulett und/oder einen Talisman haben. Während ein Talisman ein Gegenstand ist, der für Sie zu etwas Besonderem geworden ist oder eine bestimmte Bedeutung für Sie angenommen hat, muss ein Amulett auf besondere Weise aufgeladen oder gesegnet worden sein; normalerweise bekommen Sie es von jemand Besonderem oder zu einer besonderen Gelegenheit. Wie ein Talisman kann ein Amulett sowohl in der äußeren als auch der inneren Welt existieren. Er ist höchstwahrscheinlich ein Schmuckstück, ein wertvoller Stein oder Kristall, eine schöne Flasche oder Schatulle, ein mit Juwelen verziertes Messer, Schwert oder Kelch.

Sie können auf Ihren Reisen immer denselben Talisman bzw. dasselbe Amulett benutzen oder Sie können für bestimmte Reisen speziell dafür bestimmte Geschenke verwenden. Die meisten Menschen, die sich auf Reisen in die innere Welt begeben, kehren mit einer beträchtlichen Sammlung innerer Schätze zurück!

Krafttier　Das Konzept des Krafttieres geht auf schamanistische Überlieferungen zurück. Tiere können uns in unseren inneren Welten helfen. Sie schützen uns, führen uns, spiegeln Lektionen für uns wider und helfen uns, mit unserem natürlichen Empfinden für das, was richtig, heilsam und sicher ist, in Kontakt zu bleiben. Mit ihrer Hilfe können wir in der Dunkelheit sehen, unter Wasser schwimmen und dabei weiteratmen, auf Luftströmungen fliegen und gleiten, durchs Feuer gehen und die Sümpfe und die Hölle überleben. Die starken und gleichzeitig sanftmütigen Krafttiere unserer inneren Welten können in der äußeren Welt sehr wild und grimmig sein. Wenn wir die Schwelle zu unseren inneren Erfahrungen überschreiten, dann werden sie unsere Freunde, sie können zu uns sprechen und unsere Führer und Beschützer werden.

Es ist möglich, dass wir in unseren inneren Welten Tieren begegnen, die nicht freundlich sind, da sie einen inneren Konflikt oder eine Unausgeglichenheit symbolisieren, doch dem wahren Krafttier kann man immer vertrauen; es kommt herbei, wenn wir es rufen, bringt uns wieder auf den richtigen Weg, wenn wir uns verirrt haben, führt uns Energie zu, wenn wir erschöpft sind und es heilt uns, wenn wir krank sind. Man erkennt es an dem Licht, das aus seinen Augen strahlt, und der Freude, wenn wir es entdecken und zu einer Reise einladen.

Talisman   Kann eine Widerspiegelung von etwas sein, das Ihnen auch in der äußeren Welt ein Gefühl von Geborgenheit vermittelt. Für manche ist es der Teddybär oder das Schaukelpferd aus der Kindheit, das auf eine angenehme Größe verkleinert wird oder für eine leichtere Reise lebendig gemacht wird. Für andere hingegen mag der Talisman einen stärkeren Bezug zu den Archetypen haben oder klassischer Natur sein, wie ein Leitstern, ein Stab oder eine Laterne. Es ist unwichtig, welche Form er hat, doch er muss Ihnen ein Gefühl von Sicherheit und Geborgenheit vermitteln können, wann immer Sie ihn berühren.

Die weise innere Präsenz   In unseren positiven Momenten, wenn wir klare Entscheidungen treffen oder einem Freund einen weisen, wertfreien Rat geben, dann wissen wir, dass wir Zugang zu einem inneren Platz der Weisheit haben. Dieser hat nur sehr wenig mit persönlicher Erfahrung zu tun und er steht mit dem Wissen um ein inneres Potential und das Potential der Menschheit in Verbindung. Bei inneren Reisen wird diese Wissensquelle personifiziert. Sie kann dann in Gestalt eines mythologischen Wesens oder Tieres auftreten oder sie kann ganz einfach eine heilige und liebevolle Atmosphäre sein. Wenn wir beim Besuch unserer inneren Welten lernen, dass wir dieses Wesen oder diese Präsenz nach unserem Willen zu uns herbeirufen können, dann können wir zu tieferen Schichten der Selbsterkenntnis vordringen und können außerdem befähigt werden, die Kraft aus dieser Quelle häufiger und bewusster in unserem äußeren Leben einzusetzen.

Karma Hierbei handelt es sich um das spirituelle Gesetz von Ursache und Wirkung (die Idee lässt sich nicht mit wenigen Worten wiedergeben). »Was du säst, das wirst du ernten« ist das grundlegende, vereinfacht dargestellte Prinzip. Der Glaube an das Karma stützt sich auf den Glauben an die Reinkarnation und die Weiterentwicklung des Individuums. Es besteht die Tendenz, Karma als etwas Problematisches oder Schweres anzusehen, das in einem bestimmten Leben überwunden werden muss – jedoch hat das Karma auch positive Eigenschaften wie zum Beispiel bestimmte Begabungen und angeborene Weisheit.

Psyche Analytische und transpersonale psychologische Ansätze haben gezeigt, wie komplex die menschliche Persönlichkeit ist. Die Psyche umfasst das gesamte Wesen mit all seinen Motivationen, Bedürfnissen, Konflikten, Krankheiten, seinem Gesundheitszustand, seinen Begabungen und seinem Potential.

Der Schatten Der Teil des »Ich«, den wir nicht vollständig in unser Bewusstsein steigen lassen. Das, was unbewusst, undefiniert, formlos, dunkel, schattenhaft und ohne Konzept ist; das Unbekannte.

Tarot Alte Karten, die zum Zwecke der Weissagung gelesen werden können. Die 72 Karten bilden die Großen und die Kleinen Arkana. Die Großen Arkana bestehen aus 22 Archetypen, die alle Aspekte der menschlichen Erfahrung abdecken. Die Kleinen Arkana haben vier Farben, die bei den verschiedenen Kartensets unterschiedliche Bezeichnungen haben, doch die meisten stellen den Geist, den Körper, die Emotionen und die Seele dar. Die 22 Archetypen der Großen Arkana heißen: der Narr, der Magier, die Hohepriesterin, die Herrscherin, der Herrscher, der Hierophant, die Liebenden, der Wagen, die Kraft, der Eremit, das Schicksalsrad, die Gerechtigkeit, der Gehängte, der Tod, die Alchimie, der Teufel, der Turm, der Stern, der Mond, die Sonne, das Gericht, die Welt.

Tibetische Klangschalen   Diese gehämmerten Messingschalen stammen ursprünglich aus Tibet, wo ihre Herstellung eine Kunstform ist. Wenn die Schalen in Schwingung versetzt oder angeschlagen werden, dann geben sie klare Töne von sich, die von Unter- und Obertönen begleitet sind, die »weitersingen« bzw. für einen ungewöhnlich langen Zeitraum weiterschwingen. Die Klänge haben eine Heilwirkung und können bei der Chakrenabeit unterstützend wirken.

Transpersonale Therapie und Beratung   Diese richtet sich an die spirituellen Bedürfnisse und Ziele des Menschen sowie an Verhaltensfragen. Sie konzentriert sich darauf, wie wichtig es ist, im Leben einen Sinn zu finden, kreativ und erfüllt zu sein, Kontakte aufzubauen und Entscheidungen zu treffen.

Yin und Yang   Chinesische Begriffe für die grundlegenden, jedoch gegensätzlichen Aspekte der Schöpfung. Yin ist empfänglich, weiblich und dunkel. Yang ist aktiv, männlich und hell. In der traditionellen Yin- und Yang-Symbolik fügen sich eine schwarze Fischform und eine weiße Fischform zusammen und bilden zusammen einen vollständigen Kreis. Das Auge der schwarzen Form ist weiß, und das Auge der weißen Form ist schwarz, wodurch aufgezeigt wird, dass der Same des einen jeweils im anderen vorhanden ist.

Bibliographie

Bücher von Ruth White
(Die ersten drei Titel gemeinsam mit Mary Swainson)

Gildas Communicates, C. W. Daniel Co. Ltd.
Seven Inner Journeys, C. W. Daniel Co. Ltd.
The Healing Spectrum, C. W. Daniel Co. Ltd.
A Question of Guidance, C. W. Daniel Co. Ltd.
Working With Your Chakras, Piatkus Books; *Arbeit mit den Chakren*, Synthesis Verlag
A Message of Love, Piatkus Books
The River of Life, Piatkus Books
Working With Guides and Angels, Piatkus Books

Empfohlene Literatur

Bailey, Alice, *Jüngerschaft im neuen Zeitalter*, Lucius Trust / EDIS'
Cooper, C. J., *The Aquarian Dictionary of Festivals*, Aquarian
Cooper, C. J., *Illustriertes Lexikon der traditionellen Symbole*, Drei Lilien Verlag
Ferrucci, Pierro (Schüler von Assagioli), *Werde was du bist. Selbstverwirklichung durch Psychosynthese*, rororo Sachbuch transformation
Heider, John, *Tao der Führung*, Sphinx

Holbeche, Soozie, *The Power of Gems und Crystals,* Piatkus Books

Jung, Carl Gustav / von Franz, Marie-Louise: *Der Mensch und seine Symbole,* Walter-Verlag

Krystal, Phyllis, *Die inneren Fesseln sprengen. Befreiung von falschen Sicherheiten,* Econ Taschenbuch

Krystal, Phyllis, *Die inneren Fesseln sprengen. Arbeitsbuch,* Econ Taschenbuch

Krystal, Phyllis, *Frei von Angst und Ablehnung,* Econ Taschenbuch

Raphaell, Katrina, *Heilen mit Kristallen. Die therapeutische Anwendung von Kristallen und Edelsteinen,* Knaur Taschenbuch

Register